Mechthild Wolff (Hg.) · Zukunft Europa – Zukunft für Mädchen?!

Mechthild Wolff (Hg.)

Zukunft Europa – Zukunft für Mädchen?!

Strategien gegen die Ausgrenzung benachteiligter Mädchen und junger Frauen in Europa

VOTUM

Dieses Buch wurde mit freundlicher finanzieller Unterstützung durch das Bundesministerium für Familie, Senioren, Frauen und Jugend hergestellt.

Grevener Straße 89-91, D-48159 Münster

ISBN 3-935984-19-7

Umschlag: KJM Werbeagentur, Münster
Druck: Fuldaer Verlagsagentur, Fulda

Die Deutsche Bibliothek – CIP-Einheitsaufnahme
Ein Titeldatensatz für diese Publikation ist bei
Der Deutschen Bibliothek erhältlich.

Votum im Internet: www.votum-verlag.de

Inhalt

■ Forderungen für ein mädchengerechtes Europa

■ Geleitwort

Die Frage der Zukunftschancen für Mädchen und junge Frauen im zusammenwachsenden Europa, über die in diesem Buch Expertinnen aus unterschiedlichen europäischen Ländern berichten, ist spannend und interessant. Schon allein die unterschiedlichen Betreuungs- und Schulsysteme wie auch Ausbildungssysteme in den europäischen Ländern lassen vermuten, dass die Lebenslagen von Mädchen nicht überall gleich sind.

Die Frage der Chancengleichheit von Jungen und Mädchen ist eng verknüpft mit der Entwicklung adäquater politischer Strategien zur Durchsetzung dieses Anspruchs. Schon lange ist klar, dass eine vordergründige geschlechtsneutrale Politik die unterschiedlichen Lebenslagen von Jungen und Mädchen nicht erfassen kann. Doch erst die 4. Weltfrauenkonferenz hat mit der Postulierung des Gender Mainstreaming-Ansatzes zur Konzeption und Planung politischer Maßnahmen und Programme zu einer Änderung bei den Politikansätzen in der Europäischen Union wie auch in den einzelnen Ländern beigetragen. Seitdem geht es darum, Projekte und Programme so zu gestalten, dass sie eine geschlechterdifferenzierte Sichtweise beinhalten, dass sie den unterschiedlichen Lebenssituationen von Frauen und Männern Rechnung tragen. Die europäische Union hat sich in den vergangenen Jahren als Motor bei der Implementierung des Gender Mainstreaming-Ansatzes erwiesen. Die Bundesregierung hat sich in dieser Legislaturperiode durch eine Änderung der Geschäftsordnung dem Gender Mainstreaming-Ansatz verpflichtet. Auch das Programm »Frau und Beruf«, das die beruflichen Chancen von jungen Frauen verbessern soll, enthält die Verpflichtung zur Integration einer geschlechterspezifischen Sichtweise in allen Politikbereichen. Zur Umsetzung diesen Anspruches hat das Bundesfrauenministerium eine interministerielle hochrangig besetzte Arbeitsgruppe eingerichtet, die zurzeit u.a. durch Fortbildungsmaßnahmen in allen Ministerien dazu beitragen soll, dass der Gender Mainstreaming-Ansatz in Verwaltungshandeln integriert wird. Am Ende soll ein Kriterienkatalog und ein Handbuch für die Anwendung dieser Strategie in der Bundesverwaltung stehen.

Die Erkenntnis, dass Mädchen und Jungen unterschiedliche Bedürfnisse haben, hat in der Vergangenheit dazu geführt, dass innerhalb der Kinder- und Jugendhilfe in Deutschland, aber auch auf kommunaler Ebene zahlreiche Initiativen zur Förderung von Mädchen entwickelt wurden. Insbesondere die kommunalen Frauenbüros haben zahlreiche Maßnahmen zur Förderung von Mädchen entwickelt. Eine Untersuchung des Bundesfrauenministeriums hat zum Ziel, diese unterschiedlichen Ansätze der Mädchenarbeit außerhalb der Jugendhilfe in Deutschland einmal zusammengetragen, um davon ausgehend spezifische Bedarfslagen von Mädchen und jungen Frauen zu entwickeln.

Ein weiterer Schwerpunkt unserer Maßnahmen liegt auf dem Gebiet des Arbeitmarktes. Das Sofortprogramm der Bundesregierung zur Integration benachteiligter Jugendlicher in den Ausbildungs- und Arbeitsmarkt sieht vor, dass Mädchen entsprechend ihrem Anteil an den Lehrstellen und Arbeitsuchenden gefördert werden. Die entsprechenden Zielvorgaben wurden in den ersten zwei Jahren auch erreicht, nicht zuletzt deshalb, weil Mädchen im Durchschnitt über wesentlich bessere und höher qualifizierte schulische Abschlüsse verfügen als Jungen. Mit dem Projekt IDEE-IT, einer in Kooperation mit der Computerwirtschaft durchgeführten bundesweiten Ausbildungsinitiative zur Gewinnung von Mädchen und junger Frauen für die modernen Informations- und Kommunikationsberufe, wollen wir das berufliche Spektrum junger Frauen erweitern und sie animieren, sich für diese zukunftsträchtigen Berufsbilder zu entscheiden. Ziel ist die Steigerung des Frauenanteils in diesen Berufen von derzeit vierzehn bis zum Jahr 2006 auf vierzig Prozent.

Wenig wissen wir über die Lebenssituation ausländischer Mädchen in Deutschland. Deshalb haben wir in diesem Jahr eine empirische Untersuchung zur Lebenslage ausländischer Mädchen und Frauen in Auftrag gegeben. Wir versprechen uns davon Erkenntnisse über Defizite bei der Integration dieser jungen Frauen, aber auch über spezifische Bedarfslagen von Frauen aus unterschiedlichen Nationen.

Eine spezifische Fragestellung ist die Gewalterfahrung, der nicht wenige Mädchen und junge Frauen in unserer Gesellschaft ausgesetzt sind. Mit dem bundesweiten Aktionsplan zur Bekämpfung von Gewalt gegen Frauen und Kindern hat die Bundesregierung erstmals ein in sich geschlossenes politisches und strategisches Konzept entwickelt, das von der Prävention über die Täterarbeit bis hin zur Verbesserung der Schutzmöglichkeiten von Mädchen und Frauen mit Gewalterfahrung angelegt ist. Begleitet wird der Aktionsplan u.a. auch durch eine bundesweite Kampagne zur Sensibilisierung zur Bekämpfung von Gewalt gegen Kinder.

Dies sind nur einige Stichworte zu den politischen Aktivitäten des Bundesfrauenministeriums, die sich an die Zielgruppe Mädchen richten. Hinzu kommen zahlreiche europäische Programme, in deren Rahmen auch mädchenspezifische Ansätze umgesetzt und erprobt werden können. Der Austausch zwischen den europäischen Ländern kann uns auf nationaler Ebene helfen, unsere Angebote auf die Zielgruppe hin zu überprüfen und von den Erfahrungen anderer zu profitieren. Vor diesem Hintergrund hat das Bundesfrauenministerium die Tagung, die Hintergrund für diese Publikation war, gerne unterstützt. Ich wünsche dieser Veröffentlichung eine große Verbreitung.

Christine Bergmann

Dr. Christine Bergmann
Bundesministerin für Familie, Senioren, Frauen und Jugend

Danke ...

Im Mai 2001 veranstaltete die Diakonische Akademie Deutschland gGmbH unter der Schirmherrschaft der Bundesministerin für Familie, Senioren, Frauen und Jugend, Dr. Christine Bergmann, in Berlin das EU-Forum: »Zukunft Europa – Zukunft für Mädchen?! Politische Strategien gegen die Ausgrenzung von Mädchen und junge Frauen in Europa«. Das Rahmenkonzept der Veranstaltung wurde von der Fachgruppe »Mädchen und Frauen« der Internationalen Gesellschaft für erzieherische Hilfen erarbeitet, die zuvor Studienreisen zur Mädchen- und Frauenarbeit in europäische Nachbarländer unternommen hatte. Die Referate, die während des EU-Forums vorgetragen wurden, sind die Grundlage dieses Buches.

Viele Menschen und Organisation haben zum Gelingen des Forums beigetragen: Bedanken möchte ich mich in erster Linie bei Rita Bünemann de Falcón vom Jugendaufbauwerk Berlin, die mich bei den vielfältigen Vorbereitungsarbeiten tatkräftig unterstützt hat sowie bei den Referentinnen, die ihre Beiträge in Schriftform zur Verfügung gestellt haben. Darüber hinaus gilt der Dank für die finanzielle Unterstützung dem Bundesministerium für Familie, Senioren, Frauen und Jugend – und dort insbesondere Frau Irene Bangert – sowie dem Diakonischen Werk der EKD, der Internationalen Gesellschaft für erzieherische Hilfen, Jugend für Europa und der Berliner Senatsverwaltung für Arbeit, Soziales und Frauen. Allen Förderinnen und Förderern sowie den aktiven Frauen der Fachgruppe »Mädchen und Frauen« der Internationalen Gesellschaft für erzieherische Hilfen sei auch für ihre Mitwirkung an der Veranstaltung ganz herzlich gedankt.

Das vorliegende Buch konnte mit Fördermitteln des Ministeriums für Familie, Senioren, Frauen und Jugend dankenswerterweise realisiert werden. Die Übersetzungen wurden von dem Allgemeinen Dolmetscherdienst in Berlin erstellt. Ein besonderes Dankeschön geht an Frau Elena Campos, die alle Manuskripte einer sorgfältigen ersten Korrektur unterzogen hat. Bei den Übersetzungen, die z.T. aus ihrer Muttersprache zunächst in die englische und dann in die deutsche Sprache übersetzt wurden, sind möglicherweise einige Ungenauigkeiten entstanden. Da die nicht deutsch sprechenden Autorinnen keine Korrekturen in den deutschen Texten vornehmen konnten, bitte ich bei evtl. unklaren Formulierungen um Nachsicht.

Mechthild Wolff
Diakonische Akademie Deutschland
Februar 2002

Einleitung: Weibliche Biografien und Lebensentwürfe im Wandel

Der Grad des gesellschaftlichen Wandels der letzten Jahrzehnte lässt sich insbesondere in den veränderten Biographien junger Frauen ablesen. Mit der gesellschaftlichen Individualisierung haben sich für Frauen und Mädchen neue Wahlmöglichkeiten und Chancen eröffnet, zugleich sind damit auch ihre Lebensrisiken vielfach gestiegen. Durch die wirtschaftliche, politische und mediale Europäisierung und Globalisierung werden gesellschaftliche Transformationsprozesse auf nationaler Ebene derzeit noch verstärkt und beschleunigt. Wie deutsche, spanische, italienische Mädchen und Frauen zukünftig leben werden und können, entscheidet sich demnach immer weniger allein im jeweiligen nationalen Kontext, sondern wird zunehmend abhängig von europäischen und weltweiten Entwicklungstendenzen. Bereits jetzt zeigen sich europaweit deutliche Parallelen in den Veränderungen, denen weibliche Biografien unterliegen. Erhöhte Teilnahme am Bildungssystem, gestiegene Frauenerwerbsquote, eine sinkende Zahl von Heiraten bei steigenden Scheidungsraten etc. sind Anzeichen, die darauf hinweisen, dass sich europaweit in einigen Bereichen die Lebensmöglichkeiten junger Frauen denen der Männer angleichen. Neben Erwerbslosigkeit, Armut und fehlender Infrastruktur bleibt aber die Geschlechtszugehörigkeit ein wesentlicher Risikofaktor, der Ausgrenzungsphänomene begründet bzw. mit sich bringt.

Dabei ist davon auszugehen, dass der gesellschaftliche Wandel nicht alle Frauen und Mädchen in gleichem Maße trifft. So wie in vielen Ländern schon jetzt die soziale Schere immer weiter auseinander geht, so werden sich auch die Differenzen unter Frauen und Mädchen verschärfen, d.h. die Startvoraussetzungen in die Zukunft Europa ist je nach sozialer Herkunft sehr unterschiedlich. Vor allem sozial benachteiligte Mädchen – Mädchen, die z.B. keine abgeschlossene Berufsausbildung haben und schulische und außerschulische Bildungs- und Freizeitangebote nur marginal nutzen, die Gewalterfahrungen in ihren Familien gemacht haben und ihre Herkunftsfamilien schon früh verlassen haben, die in Armut oder in unterentwickelten ländlichen Gebieten aufwachsen, die früh Mutter werden etc. – drohen langfristig in gesellschaftlich marginalisierte Positionen zu geraten und auf Dauer zu den Verliererinnen im europäischen Einigungsprozess zu werden.

Trotz besserer Schulabschlüsse haben es Mädchen überall auf dem europäischen Ausbildungs- und Arbeitsmarkt schwerer als Jungen, eine gut bezahlte Ausbildungsstelle zu finden. In allen Ländern tragen Frauen nach wie vor den

Großteil der Verantwortung für Hausarbeit und Kindererziehung. Dass sie mit dem Status der Alleinerziehenden europaweit das höchste Risiko tragen, unter die Armutsgrenze zu rutschen, macht deutlich, dass die Sozialsysteme sich noch immer nicht ausreichend auf die sich wandelnden weiblichen Lebensentwürfe eingestellt haben und gerade Frauen und Mädchen besonders von Sozialabbau und gesellschaftlichen Ausschlussprozessen bedroht und betroffen sind. Die europäische Einigung eröffnet somit einerseits Chancen für eine grundlegende Neudefinition und Veränderung des Geschlechterverhältnisses, birgt aber andererseits auch die Gefahr, Frauen und Mädchen erneut und nachhaltig auszugrenzen.

Angesichts der fortschreitenden Globalisierung und Transnationalisierung erscheint es dringend geboten, den Blick der Mädchen- und Frauenpolitik auf die Lebensbedingungen von Mädchen und Frauen in der EU zu erweitern und zu schärfen und dabei insbesondere auch auf die Lebenssituation benachteiligter junger Frauen abzuzielen. Für eine europäische Perspektive der Frauen- und Mädchenpolitik stellen sich dabei aus unserer Sicht drei zentrale Herausforderungen.

1. Herausforderung: Erweitertes Begriffsverständnis von Armut und Privatheit

So ist zunächst festzustellen, dass im Zuge des gesellschaftlichen Wandels die Notlagen der 'Verliererinnen' zunehmend privatisiert werden und strukturelle Ursachenzusammenhänge wie Armutsverhältnisse, Ausgrenzungsmechanismen oder Gewalt gegen Frauen und Mädchen aus dem Blick geraten. Um so mehr jede/r Einzelne als des eigenen Glückes SchmiedIn erscheint, umso mehr gilt auch umgekehrt, dass das Scheitern der/dem Einzelnen als individuelles Schicksal oder persönliches Defizit angelastet wird. Die Chancen, aber auch die Nöte und Lebensrisiken von Mädchen und Frauen sind allerdings keinesfalls nur Produkt ihres individuellen Geschicks, sondern sie sind extrem abhängig von dem Wirken komplexer Systeme der Ökonomie, Politik, Bildung sowie des Rechts. Das Zusammenwirken dieser Bereiche hat für einen großen Teil der weiblichen Bevölkerung in Europa zur Folge, dass Mädchen und Frauen in Europa nach wie vor in erzwungener Ungleichheit im Geschlechterverhältnis leben und ein großer Teil der weiblichen Bevölkerung darüber hinaus in die Armut gezwungen ist. Armut bedeutet für Frauen und Mädchen, über geringe emotionale, finanzielle und Bildungsressourcen zu verfügen und ihr Leben nicht nach eigenem Willen führen zu können. Armuts-, Ausgrenzungs- und Gewaltphänomene als soziales und politisches Problem kenntlich zu machen, vorherrschende Definitionen von Privatheit kritisch zu überprüfen und der gängigen engen Interpretation von Armut einen erweiterten Blick ge-

genüberzustellen, ist somit eine der zentralen Herausforderungen an eine europäische Frauen- und Mädchenpolitik.

2. Herausforderung: Interkulturelle Orientierung in Gesellschaft, Frauen- und Sozialpolitik

Mit dem zusammenwachsenden Europa werden sich Migrationsbewegungen verändern. Im Sinne von Flexibilität und Mobilität sind diese einerseits gesellschaftlich gefordert und gewollt; im Sinne einer Homogenisierung bemühen sich die europäischen Sozialsysteme darum, die Voraussetzungen für eine freie Wahl des Arbeitsplatzes und Lebensortes in Europa zu schaffen. Der Blick auf tatsächliche Migrationsprozesse zeigt aber, dass diese vielfach Folge sozialer sowie ökonomisch hervorgebrachter Unrechts- und Unterdrückungssysteme sind und bisher eher problematische Auswirkungen auf das (Auf-) Wachsen von Mädchen und jungen Frauen haben. Gewalt und Chancenlosigkeit für Jung und Alt, Männer und Frauen beschleunigen Wanderungs- und Flüchtlingsbewegungen von Ost nach West, Süd nach Nord. Für eben diese Menschen, die aus Armuts- und Unterdrückungsverhältnissen fliehen, gibt es noch immer gesetzliche Barrieren als Mensch, als neue MitbürgerInnen, mit gleichen Rechten und Pflichten, anerkannt zu werden und z.B. mit eigener Arbeit Geld zu verdienen. Es gibt in den aufnehmenden Ländern in der Regel nur ein unzureichendes soziales Netz für die Integration. Benachteiligungen, Diskriminierungen bis hin zu Gewalttaten gegenüber der jeweiligen einheimischen Bevölkerung, Gesundheitsgefährdung, Kriminalisierung Einzelner etc. sind nur einige Folgen. Eine weitere Herausforderung für eine europäisch ausgerichtete Mädchen- und Frauenpolitik besteht deshalb darin, sich für eine weitere interkulturelle Öffnung sozialer Dienste einzusetzen und das Wissen um politische und kulturelle Hintergründe sowie über Wandlungs- und Ausgrenzungsprozesse in den Familien, Schulen und Gesellschaft zu fördern. Der Umgang mit Menschen aus fremden Kulturen, das sich Einlassen auf fremde Gewohnheiten, Denk- und Handlungsmuster muss integraler Bestandteil des europäischen Einigungsprozesses werden.

3. Herausforderung: Netzwerke schaffen und Leistungen von Frauen sichtbar machen

Die Deutsche Frauenbewegung der 60er-Jahre war mit dem Slogan angetreten: Das Private ist politisch! Diesem Motto fühlt sich ein großer Teil der bundesdeutschen Mädchen- und Frauenarbeit auch heute noch verpflichtet. Etwas für Mädchen und Frauen zu erreichen, bedeutet, sich mit dem Grundsatz »think globally – act locally« auf vielen Ebenen politisch aktiv einzumischen: auf kommunaler, regionaler, bundesweiter und eben auch europäischer Ebene in Arbeitsgemeinschaften, in Ausschüssen, in Parteien, in Fachverbänden, in Wohlfahrtsverbänden, in Bildungsinstitutionen etc. Für uns ist Mädchen- und Frauenarbeit Teil einer weltweiten sozialen Bewegung, die sich an universale Werte wie Respekt vor menschlichem Leben und menschlicher Würde, Gleichheit, Gerechtigkeit und Frieden orientiert. Die Bedeutung von Sozialarbeit als Menschenrechtsdisziplin wird gerade in der Frauen- und Mädchenbewegung sichtbar. Wie engagierte Frauen in anderen Ländern unermüdlich Strategien gegen Unrecht und Unfreiheit entwickeln, Solidarität üben und soziale Verantwortung übernehmen, bleibt in der Öffentlichkeit allerdings oft unbekannt. Dieses transparent zu machen und den Leistungen der Frauen in Europa zu mehr Anerkennung zu verhelfen, ist schließlich die dritte Herausforderung für eine europäische Perspektive in der Frauen- und Mädchenpolitik.

Ziele des Buches

Bislang gibt es wenige Veröffentlichungen zu den Lebenslagen benachteiligter Mädchen und junger Frauen (ausländische Mädchen/Asylbewerberinnen, Mädchen aus sozial-ökonomisch schwachen Familien, Mädchen mit Gewalterfahrungen, drogenabhängige Mädchen, Mädchenprostitution, Mädchen auf der Straße und minderjährige Mütter) in Europa. Das auf der Grundlage der Tagung entstandene Buch ist deshalb mehr als eine Tagungsdokumentation. Das Buch schließt eine Lücke, denn es enthält viele Daten, Fakten, Einschätzungen und Informationen über Soziale Arbeit und die Praxis der Mädchen- und Frauenarbeit in Europa und Osteuropa, die in dieser Weise bislang noch nicht vorliegen.

Ziel dieses Buches ist es, die unterschiedlichen Gesichter und die Dynamik von Ausgrenzungsprozessen, die sich im Zuge der europäischen Einigung in den Lebenslagen von Mädchen widerspiegeln, aufzuzeigen. Dabei werden die Lebenslagen von Mädchen und jungen Frauen ganzheitlich in den Bereichen Familie, Vereinbarkeit von Beruf und Familie, Gewalterfahrungen, Soziale Arbeit und Politik im Ländervergleich betrachtet. Ziel ist es zudem, den LeserInnen insbesondere durch Portraits verschiedener Projekte die Arbeitsweisen und die Ansätze der Mädchen- und Frauenarbeit in den Ländern näher zu bringen, aber auch den Projekten im Sinne von 'models of good practice' zu einer breiten Öffentlichkeit zu verhelfen. Mit dieser Veröffentlichung soll schließlich auch ein Beitrag dazu geleistet werden, nationale Netzwerke unter Frauen zu stärken, aber auch Bündnisse zwischen Frauen- und Mädchenpolitik sowie einer für die Belange von Mädchen und Frauen sich einsetzenden Jugend- und

Sozialpolitik, Wissenschaft und Praxis europaweit auszudehnen. Insgesamt versteht sich das Buch als Plädoyer, dass die Rechte von Mädchen und jungen Frauen auf Selbstbestimmung und auf Chancengleichheit überall gelten und in allen Lebenslagen Anwendung finden müssen. Benötigt wird gerade eine Lobby in Europa für die benachteiligten Mädchen, die nicht sichtbar sind und die aus allen sozialen Netzen herausfallen oder für die es gar keine Netze gibt.

Inhalte der Kapitel

In Kapitel 1 »Mädchen und Frauen im zusammenwachsenden Europa – Annäherungen und Problemaufrisse« werden länderübergreifend verschiedene Perspektiven auf die Lebenslagen von Mädchen und jungen Frauen sowie auf die europäische Frauen-, Jugend- und Sozialpolitik eröffnet. Zunächst geht es um Einsichten und Eindrücke von den Studienreisen der IGfH-Fachgruppe »Frauen und Mädchen«. »Wenn eine eine Reise tut« – so das Fazit des Beitrags – lernt sie nicht nur Neues, sondern es tun sich viele Fragen an die eigenen Denkweisen und die eigene Praxis auf. Auch in dem Bericht von Eva Kultus, Mitarbeiterin aus dem Projekt »Papatya«, einer Einrichtung für Mädchen und Frauen türkischer Herkunft, die Schutz, Zuflucht und Beratung nach Gewalt in der Familie suchen, geht es um den Umgang mit dem Fremden. Der Bericht schildert Ansätze und Erfahrungen aus dem Berliner Projekt »Papatya« ähnlichen Projekten für Migrantinnen mit Gewalterfahrungen in verschiedenen europäischen Ländern, deren Kooperation und Austausch durch das europäische DAPHNE-Programm ermöglicht wurde. Der Überblicksartikel von Patsy Sörensen geht abschließend auf die einzelnen Verträge und Förderprogramme innerhalb der EU zur Chancengleichheit von Mädchen und Frauen ein und beschreibt beispielhaft einige Maßnahmen der Europäischen Kommission zur Problematik des Frauenhandels.

In Kapitel 2 »Lebensbedingungen von Mädchen und jungen Frauen und Strategien sozialer Arbeit im europäischen Vergleich – Länder- und Projektberichte« werden allgemeine Informationen und Fakten zu den Bereichen Familie, Vereinbarkeit von Beruf und Familie, Gewalterfahrungen, Soziale Arbeit und Politik aus den Ländern Türkei, Spanien, Russland, aus dem Vereinigten Königreich, aus Italien und Deutschland zusammengetragen. Aus allen Ländern – mit Ausnahme der Türkei – schließen sich Projektportraits an, die Zugangsweisen und Ansätze der Mädchen- und Frauenarbeit für spezifische Zielgruppen in den jeweiligen Ländern beschreiben. Die Berichte sind Beleg für den Ideenreichtum und die beeindruckenden Kompetenzen der Professionellen, die Arbeit für Mädchen und junge Frauen zu gestalten und weiterzuentwickeln. Der vergleichende Beitrag von Ria Puhl am Ende des Kapitels systematisiert die Ergebnisse und hebt hervor, wie sich die Lebenslagen, aber auch die Problemlagen von Mädchen und jungen Frauen in den Ländern ähneln. Hier wird offenkundig und erfahrbar, dass Armut weiblich ist und welche konkreten Auswirkungen dies auf das Leben von Mädchen und jungen Frauen hat. Das Kapitel dokumentiert eindrücklich, dass die soziale Arbeit mit Mädchen und jungen Frauen in der EU und in Russland einen langen Atem, Solidarität und einen starken Durchsetzungswillen der Professionellen und der betroffenen Mädchen und Frauen erfordert – insbesondere wenn es um die finanzielle Absicherung der Arbeit geht.

Das abschließende Kapitel 3 »Forderungen für ein mädchengerechtes Europa« fasst die Ergebnisse des Kongresses zusammen. Aus den Arbeitsgruppen werden Forderungen an die nationale und europäische Politik formuliert und gebündelt.

Wir hoffen, dass dieses Buch Grundlagen für eine europäische Lobby für Mädchen und junge Frauen bietet und den Leserinnen und Lesern Mut machen wird, sich für die Rechte von Mädchen auch in Zukunft in ihren Bereichen und mit ihren Möglichkeiten einzusetzen. Wir hoffen auch, dass das Projekt eines zusammen wachsenden Europas damit mehr Gestalt annimmt und ein Stück näher rückt, wie dieses im Sinne von Frauen und Mädchen gestaltet werden kann.

Rita Bünemann de Falcón, Monika Weber, Mechthild Wolff
Februar 2002

Mädchen und Frauen im zusammenwachsenden Europa – Annäherungen und Problemaufrisse

■ Monika Weber

»Wenn eine eine Reise tut...«

Erfahrungen und Erkenntnisse aus den Studienreisen der IGfH-Fachgruppe »Mädchen und Frauen«

Zusammenfassung: In den letzten fünf Jahren hat die Fachgruppe »Mädchen und Frauen« der Internationalen Gesellschaft für erzieherische Hilfen (IGfH) Studienreisen innerhalb und außerhalb Europas unternommen, um dort etwas über die Situation von Mädchen und jungen Frauen zu lernen und Mädchen- und Frauenprojekte sowie Kolleginnen kennen zu lernen. Die Autorin lässt die Reisen Revue passieren und trägt Erfahrungen und Erkenntnisse, die in diesem Rahmen gewonnen wurden, zusammen.

Motive und Anlässe für die Studienreisen

Die Hauptmotivation unserer Fachgruppe, Reisen in europäische und außereuropäische Länder zu unternehmen, bestand darin, über den deutschen Tellerrand hinauszublicken und auch von den Erfahrungen von Kolleginnen aus anderen Ländern zu lernen und zu profitieren. Die Möglichkeiten, die die Idee Europa den Frauen bietet, wollten wir offensiv nutzen.

Ebenso haben wir immer wieder erfahren, dass Politik und Lobbyarbeit für Mädchen und junge Frauen vor allem eins braucht: starke Bündnisse, Netzwerke und möglichst vielfältige Kontakte unter Frauen. Uns ging es also ebenso darum, neue Kontakte zu knüpfen, unser bestehendes Frauennetzwerk über die Grenzen Deutschlands hinaus zu erweitern und damit politische Voraussetzungen zu schaffen, damit wir die Idee und Zukunft Europa gemeinsam im Sinne von Mädchen und jungen Frauen mitgestalten können.

Anlass für die thematische Ausrichtung der Studienreise war für uns aber auch insbesondere unser Interesse für die Veränderungen, die wir in den Lebenschancen von Mädchen und jungen Frauen beobachten können. Mit dem gesamtgesellschaftlichen Wandel, den wir hier in Deutschland mit dem Stichwort 'Individualisierung' kennzeichnen, haben sich in den vergangenen drei Jahrzehnten die Möglichkeiten von Frauen und Mädchen, zwischen verschiedenen Lebensentwürfen und Zukunftsvorstellungen wählen zu können und ihr Leben selbstbestimmter zu gestalten, vergrößert. Mädchen haben mittlerweile in Deutschland in gleichem Maße wie Jungen am Schulsystem teil, in ihren Schulnoten und Schulabschlüssen haben sie die Jungen sogar überholt. Erwerbstätigkeit und damit eine unabhängigere Lebensführung gehören mittlerweile ebenso selbstverständlich zu den Zukunftsplänen der meisten Mädchen wie die Familiengründung. Die Erwerbsquote der Frauen und damit ihre finanzielle Unabhängigkeit ist entsprechend gestiegen. Junge Frauen entscheiden sich gleichermaßen mehrheitlich – wenn auch später – für Ehe, Familie und Kinder; sie verlassen diese aber auch wieder, wenn sie ihren eigenen Lebensvorstellungen nicht entsprechen. Die Zahl der Ehescheidungen wächst und diese werden mehrheitlich von Frauen initiiert.

So weit – so gut. Die Lebensmöglichkeiten junger Frauen scheinen sich zunehmend denen der Männer anzugleichen. Gesellschaftliche Individualisierungsprozesse haben jedoch auch eine Kehrseite. In einer Gesellschaft, in der das Motto gilt, dass jede ihr eigenes Glück schmiedet, steht jede einzelne auch unter dem Druck, erfolgreich ihre eigene Biographie zu basteln – und trägt jede einzelne das Risiko des Scheiterns. Soziale Ursachenzusammenhänge geraten zunehmend aus dem Blick. So gerät in Vergessenheit, dass die Kategorie Geschlecht immer noch bei der Verteilung gesellschaftlicher Chancen entscheidend mitmischt. Trotz besserer Schulabschlüsse haben es beispielsweise Mädchen auf dem Ausbildungs- und Arbeitsmarkt nach wie vor schwerer als Jungen, eine gut bezahlte Ausbildungsstelle zu finden. Und übersehen wird auch, dass es bei diesem gesellschaftlichen Wandel Gewinnerinnen und Verliererinnen gibt. Die weiße Mittelschichtstochter mit hoher Bildungsmotivation, die möglichst noch zugunsten ihres Berufs auf Familie verzichten will, startet mit ganz anderen Voraussetzungen in die Zukunft als die Tochter aus einer Migrantenfamilie, die die deutsche Sprache nur schlecht beherrscht und in einem sozialen Brennpunkt wohnt. Alleinerziehende – d.h. in der Regel Frauen mit kleinen Kindern – tragen europaweit das größte Risiko, unter die Armutsgrenze zu rutschen. Sozial benachteiligte Gruppen drohen noch weiter gesellschaftlich zurückgesetzt zu werden. Und diese Entwicklung wird durch die mediale, politische und wirtschaftliche Globalisierung und die damit verbundenen Anforderungen an jede einzelne, sich zu orientieren, mobil zu sein, Sprachkenntnisse vorweisen zu können, noch beschleunigt. Die Mädchen und jungen Frauen, denen unser Interesse in der Fachgruppe gilt, die Probleme in der Familie haben, die z.T. keine abgeschlossene Berufsausbildung haben, die Gewalterfahrungen in ihren Familien gemacht haben und ihre Herkunftsfamilien schon früh verlassen haben – sie drohen lanfristig gesellschaftlich ausgeschlossen zu werden. Und diese Entwicklung trifft nicht alleine Deutschland, sondern ihr ist nur europaweit entgegenzutreten, so unsere Einschätzung. Auch das war für uns ein ganz wesentlicher Anlass, die Studienreisen durchzuführen. Deshalb haben wir »Armut« und die »Situation benachteiligter Mädchen« als thematischen Schwerpunkt für unsere Reisen gewählt.

Wie wird die Situation benachteiligter Mädchen in anderen Ländern wahrgenommen? Was wird von Seiten der Politik, von Seiten sozialer Arbeit und von Seiten von Frauenorganisationen gegen Prozesse sozialer Ausgrenzung unternommen? Diesen Fragen sind wir nachgegangen.

Wir haben insgesamt fünf Länder für jeweils fünf Tage besucht: Großbritannien, die Niederlande, Russland, Italien und Spanien. Wir waren zumeist in den Hauptstädten bzw. größeren Städten, einzig in Italien haben wir eine Region, Umbrien, besucht. Es haben jeweils zwischen zehn und fünfzehn Frauen teilgenommen: Mitfrauen aus der Fachgruppe, aber auch andere interessierte Frauen, aus den erzieherischen Hilfen ebenso wie aus der Mädchenarbeit, aus den alten ebenso wie aus den neuen Bundesländern. Wichtig war uns, in den Ländern unterschiedliche Perspektiven auf die Situation von Mädchen kennen zu lernen. So haben wir mit Kolleginnen unmittelbar aus der praktischen Arbeit mit Mädchen und Frauen ebenso gesprochen wie mit Verantwortlichen aus Politik und Verwaltung oder mit Vertreterinnen aus der Wissenschaft.

Welche Eindrücke und Erkenntnisse haben wir mitgenommen?

Der größte Gewinn der Reisen für uns war m.E., ein Gespür für dieses Europa zu bekommen. Was im begrenzten Alltag so weit weg erscheint und so abstrakt bleibt, haben wir im Kontakt mit anderen, im Austausch in seinen Potenzialen und Möglichkeiten erspüren können. Wir haben erfahren, welche Themen, Handlungsansätze und Denkweisen uns verbinden, aber auch, wo sie sich unterscheiden. Wir haben vor allem eine große Vielfalt an Projekten, Ansätzen und politischen Strategien erlebt, die einen spannenden und konstruktiven Austausch garantiert. Unsere Fragen sind längst nicht beantwortet, es sind eher mehr geworden und wir sind noch neugieriger geworden. Die Vision Europa hat ein Bild bekommen und dieses Bild fällt durchaus attraktiv und positiv aus.

Im Folgenden möchte ich einige Aspekte herausgreifen, dabei handelt es sich eher um ein persönliches Resümee, um meine subjektive Sicht. Diese ist zwar mit meinen Kolleginnen aus der Fachgruppe abgesprochen und von ihnen ergänzt, aber wir sind uns darüber im Klaren, dass wir dennoch immer nur Ausschnitte der Lebenssituation von Mädchen in unseren Nachbarländern gesehen haben, dass wir sie mit unserer deutschen Brille betrachten. Ich erhebe deshalb keinen Anspruch auf Vollständigkeit noch auf Richtigkeit, sondern hoffe vor allem, neugierig zu machen.

Wir haben zunächst die Erfahrung gemacht, dass die Problemlagen von Mädchen und Frauen in den meisten Ländern sehr ähnlich beschrieben werden: Ihre Lebensmöglichkeiten sind beschränkt

- durch nach wie vor wirksame stereotype Bilder, wie Frauen zu sein haben,
- durch eine strukturelle Diskriminierung auf dem Arbeitsmarkt, die ihnen z.T. eine eigenständige Existenzsicherung versagt,
- durch mangelnde Möglichkeiten der Vereinbarkeit von Beruf und Familie, die als Leistung allein den Frauen abverlangt wird, ohne dass ausreichend soziale Unterstützung dafür zur Verfügung gestellt wird,
- durch Gewalt gegen Frauen und Mädchen.

Entsprechend groß sind die Übereinstimmungen in den 'großen' Themen und Strategien der Frauenpolitik. Europaweit geht es darum, wirksame Maßnahmen gegen Gewalt an Frauen und Mädchen zu treffen, Frauen Möglichkeiten einer eigenständigen Existenzsicherung zu erschließen und stereotypen Weiblichkeitsvorstellungen entgegenzutreten. Den immer wieder spürbaren Konsens haben wir als Potenzial und als politische Kraft erfahren, die wir Frauen uns gemeinsam zu Nutze machen können. Zentraler Motor der Frauenpolitik ist dabei in allen Ländern eine Infrastruktur mit z.T. Frauenbüros und Gleichstellungsstellen, vor allem aber Frauennetzwerken, die wir über diese Veranstaltung auch gerne europaweit ausdehnen möchten.

Wenn es um die Problemlagen benachteiligter Mädchen geht, werden diese ebenfalls nahezu identisch mit Stichworten wie Arbeitslosigkeit, Migration, Armut, Drogenkonsum, Gewalterfahrungen, frühen Schwangerschaften, Prostitution etc. beschrieben. Parallelen taten sich auch dort auf, wo Kolleginnen diese Mädchen beschrieben. Sie wurden nie nur als Opfer sozialer Ausgrenzung gesehen, sondern verwiesen wurde auch immer wieder auf die Überlebensstrategien und die Widerstandskraft der Mädchen und damit auf ihre Stärken im Umgang mit gesellschaftlichen und individuellen Benachteiligungen.

Je nach Reiseland haben wir dabei ganz unterschiedliche Facetten und Ausschnitte gesehen:

In *England*, dem europäischen Land, das meines Wissens derzeit die höchste Quote von Teenagerschwangerschaften hat, war die Lebenssituation jugendlicher Schwangerer und minderjähriger Frauen mit Kindern ein zentrales Thema unserer Reise. Während wir in Deutschland dieses Thema vor allem unter Aspekten von pädagogischen Angeboten diskutieren, war es spannend für uns zu sehen, dass in England die sozialstaatliche, materielle Unterstützung viel stärker im Fokus der fachlichen Auseinandersetzung steht. In *Italien* und *Spanien* haben wir mit vielen Kolleginnen immer wieder über die dortigen Veränderungen der Familienstrukturen in ihren Konsequenzen für junge Frauen gesprochen. In *Russland* hingegen dominierte das Thema Armut unsere Reise und wir haben vor allem Projekte für Straßenkinder besucht. In den *Niederlanden*, dem Land, das jetzt als erstes die – europaweit auch in feministischen Kreisen sehr umstrittene – Anerkennung von Prostitution als Beruf umgesetzt hat, haben wir auch damals schon Projekte besucht, die sich prostituierende Frauen sozial und materiell unterstützen.

In *Deutschland* hat die neuere Arbeit mit Mädchen und jungen Frauen – wir nennen sie parteiliche Mädchenarbeit in Abgrenzung zur traditionellen Mädchenerziehung, die Mädchen eindimensional auf ihre Rolle als Hausfrau und Mutter vorbereitete und stärker an den gesellschaftlichen Interessen als an den Interessen der Mädchen selbst orientiert war –, diese parteiliche Mädchenarbeit blickt in Deutschland auf eine mittlerweile fast 30-jährige Geschichte zurück. Pädagoginnen haben die Benachteiligung von Mädchen in allen gesellschaftlichen Bereichen aufgedeckt und Ansätze für eine mädchengerechte Praxis entwickelt. Die Bundesregierung hat zwischenzeitlich einen umfassenden Bericht zur Lebenssituation von Mädchen in Auftrag gegeben. Das Gesetz schreibt inzwischen vor, die unterschiedlichen Lebenswelten von Mädchen und Jungen zu berücksichtigen und geschlechtsspezifische Benachteiligungen abzubauen. Und Fachfrauen und Projekte der Arbeit mit Mädchen und jungen Frauen haben sich kommunal, landesweit und bundesweit vernetzt. In den anderen Ländern fiel es uns nicht immer leicht, eine Arbeit, die sich speziell an Mädchen und junge Frauen wendet, ausfindig zu machen. Mädchenarbeit bewegt sich – auch in Deutschland – immer im Grenzbereich von Frauenorganisationen bzw. -politik und Kinder-/Jugendhilfe. Je nachdem, aus welchem Bereich unsere Ansprechpartnerinnen und Organisatorinnen vor Ort kamen – ob eher aus der Jugendhilfe oder aus der feministischen Arbeit –, differierte auch die Sicht auf Mädchen und junge Frauen – sie wurden entweder unter 'Kinder' oder unter 'Frauen' subsumiert.

Eine eigenständige Mädchenarbeit haben wir noch am ehesten in den *Niederlanden* gefunden. Dort gab es unserer aktuellen Fachdiskussion ähnliche Auseinandersetzungen darüber, wie Pädagoginnen, die mit Mädchen arbeiten, sich vernetzen und an politischem Einfluss gewinnen können. Ansonsten scheint die Schnittmenge zwischen Frauenarbeit und -politik und Jugendhilfe insgesamt klein zu sein. Was wir in Deutschland bemängeln, dass der Jugendhilfe der geschlechtsdifferenzierte Blick fehlt, haben wir auch in anderen Ländern wahrgenommen. Die Frauenarbeit bedenkt hingegen Alters- und Generationendifferenzen nicht immer mit. Hier hoffen wir weiter voneinander lernen zu können und für Mädchen ansprechende Angebote europaweit installieren und ihnen eine gemeinsame politische Lobby sein zu können.

Wir haben vor allem eine Vielzahl von spannenden Praxisprojekten und -ansätzen kennen gelernt, denen wir eine weitere Verbreitung ihrer Erfahrungen wünschen. Des Weiteren haben wir aber Unterschiede in den Sozialsystemen, in den politischen Strategien, im Selbstverständnis von Frauen vor allem so wahrgenommen, dass sie uns anregen könnten, neue Wege zu denken und zu erproben.

Die Studienreisen haben uns zu folgenden grundsätzlichen Fragestellungen und Diskussionen angeregt:

- So scheint beispielsweise *Italien* anders als *Deutschland*, das mittels so genannter passiver Arbeitsmarktpolitik vor allem die Arbeitslosen finanziell unterstützt, stärker auf aktive Arbeitsmarktpolitk zu setzen, die Beschäftigung und Existenzsgründungen fördert. Was sind die Vorteile, was sind die Nachteile im Hinblick auf Frauen und Mädchen?

- In *Spanien* veranstaltet das Frauen- und Gleichstellungsministerium ausdrücklich Kampagnen zur Umverteilung der Hausarbeit und Kindererziehung zwischen den Geschlechtern. Ein Thema, von dem wir den Eindruck hatten, dass es ist in der bundesdeutschen Frauenpolitik aus dem Blick geraten ist. Was können wir davon lernen, wo sind vielleicht Stolpersteine?

- In *Spanien* mussten wir uns auch fragen lassen, wie *Deutschland* es wagen könne, Prostitution, deren Grundlage die körperliche Ausbeutung von Frauen sei, zum Beruf zu erheben und was wir davon halten würden. Eine ausgereifte Antwort fehlte uns als Gruppe in dem Moment, die Frage hat Anlass zu Diskussionen untereinander gegeben.

- Spannend war auch immer wieder der Blick auf das Selbstverständnis der in pädagogischen und politischen Zusammenhängen tätigen Frauen. Verstehen sie ihre Arbeit therapeutisch, politisch oder karitativ? Sehen Sie sich als Sozialarbeiterin, als politisch wirkende Frau, als Feministin? Was sind ihre Ziele für die Arbeit mit Mädchen und Frauen? Wie stehen sie z.B. zur Einbeziehung von Männern in die Arbeit? Diese Fragen, die auch in der bundesdeutschen Frauenbewegung immer wieder Anlass zur Diskussion geben, gewinnen im europäischen Kontext neue Aspekte.

■ Eva Kultus

Zur Situation von Migrantinnen in Europa und ihr Zugang zu Hilfesystemen

Erfahrungen aus dem europäischen Daphne-Netzwerk

Zusammenfassung: Berichtet wird von der Arbeit der Berliner Kriseneinrichtung Papatya, die Frauen und Mädchen türkischer Herkunft Schutz, Zuflucht und Beratung nach Gewalt in der Familie bietet. Vor dem Hintergrund von Erfahrungen aus einem EU-geförderten Daphne-Netzwerk zum Thema »Schutz für Mädchen und junge Frauen muslimischer Herkunft vor Gewalt in der Familie« wird aufgezeigt, wie unterschiedlich der »Umgang mit dem Fremden« – am Beispiel des islamischen Kopftuches – ist und auf welche Hilfesysteme Mädchen und junge Frauen muslimischer Herkunft in europäischen Ländern zurückgreifen können.

Benachteiligte Mädchen türkischer Herkunft in Berlin und die Arbeit von »Papatya«

Nach fast 40 Jahren Einwanderung aus der Türkei nach Deutschland ist es heute kaum mehr möglich, allgemein gültige Aussagen über die Situation von Frauen und Mädchen türkischer Herkunft zu treffen:

- Es gibt die erste, zweite und dritte Generation von türkischen MigrantInnen nebeneinander und immer wieder neu.
- Die Gründe für das Leben in Deutschland sind unterschiedlich: Arbeitsmigration, Familiennachzug, Heiratsmigration, Flucht vor Verfolgung.
- Die soziale Schicht ist Indikator dafür, wie viele Ressourcen eine Familie hat, um Schwierigkeiten selbst zu bewältigen.
- Die möglichen Lebensentwürfe sind vielfältig, und die individuellen Biografien werden bestimmt von einer Vielzahl von oft widersprüchlichen Einflüssen.

Dennoch machen wir in unserer Arbeit in der Kriseneinrichtung Papatya seit 15 Jahren Erfahrungen, die auf eine Vielzahl der Mädchen zutreffen, die zu uns kommen. Einräumen möchte ich jedoch, dass wir in unserer Arbeit nur einem Ausschnitt von Mädchen und jungen Frauen begegnen. Als Sozialpädagoginnen und Mitarbeiterinnen in der Kinder- und Jugendhilfe schauen wir auf die, die »auffallen«, und die, die »rausfallen«. Über diesen Ausschnitt will ich berichten, es handelt sich um diejenigen Mädchen,

- die sehr gravierende familiäre Probleme haben,
- deren Familien wenige oder keine Ressourcen haben, ihre Probleme innerhalb der Familie zu lösen,
- die über kein eigenes soziales Netz verfügen, um sich selbst helfen zu können.

Die Mehrzahl der jungen Mädchen türkischer oder arabischer Herkunft in Berlin hat entweder keine so großen familiären Probleme oder kann sich selbst Lösungswege schaffen, ohne uns zu benötigen. Allerdings gibt es auch diejenigen, die uns nicht erreichen, weil sie völlig eingesperrt leben, abgeschottet von jedem Zugang zu Hilfesystemen, oft der deutschen Sprache nicht kundig und manchmal auch schon in der Persönlichkeit gebrochen.

Papatya ist eine Kriseneinrichtung für Mädchen überwiegend türkischer (inzwischen zunehmend multinationaler) Herkunft und bietet seit fünfzehn Jahren Schutz, Zuflucht und Beratung für Minderjährige und junge Frauen, die vor Gewalt in der Familie fliehen. Wir haben eine Zufluchtswohnung mit acht Plätzen in Berlin. Die Adresse wird zum Schutz der Mädchen vor Verfolgung durch ihre Familien geheim gehalten. Das Aufnahmealter liegt zwischen dreizehn und 21 Jahren, die meisten Mädchen sind fünfzehn bis achtzehn Jahre alt. Die Einrichtung beschäftigt qualifizierte deutsche, türkische und kurdische Mitarbeiterinnen, die über interkulturelle Kompetenzen und langjährige Erfahrungen in der Krisenarbeit mit von Gewalt betroffenen Frauen und Mädchen verfügen. Bis heute fanden mehr als 1.000 Mädchen bei Papatya Zuflucht. Der Träger von Papatya ist der Türkisch-Deutsche Frauenverein, ein kleiner gemeinnütziger Verein von deutschen und türkischen Frauen, die sich insbesondere für den Schutz von Mädchen und jungen Frauen aus der Türkei vor familiärer Gewalt einsetzen – als Beitrag gegen Diskriminierung und für Chancengleichheit.

Die rechtliche Grundlage für die Aufnahme ist die Inobhutnahme nach § 42 KJHG, (übrigens der einzige Paragraph im Kinder- und Jugendhilfegesetz, der dem Jugendlichen ein eigenes Antragsrecht zubilligt, alle anderen Hilfemaßnahmen richten sich als Hilfe zur Erziehung ausschließlich an die Eltern). Wir werden noch vom Berliner Senat über Zuwendung finanziert, die jedoch seit sechs Jahren gedeckelt ist und die Kosten nicht mehr deckt. Wir müssen uns darum ständig um zusätzliche Finanzquellen bemühen, um unsere Zuflucht weiter offen halten zu können. Nicht zuletzt deswegen beteiligt sich der Türkisch-Deutsche Frauenverein seit vier Jahren an der Gemeinschaftsinitiative »Daphne« der europäischen Union mit dem Schwerpunkt: *»Schutz für Mädchen und junge Frauen muslimischer Herkunft vor Gewalt in der Familie«*.

Mittlerweile haben wir ein Netz von Organisationen und Vereinen in etlichen europäischen Ländern geknüpft, die alle mit Mädchen und jungen Frauen, insbesondere mit jugendlichen Migrantinnen aus dem islamischen Kulturkreis und ethnischen Minderheiten arbeiten. Dieses Netzwerk ist inzwischen ausreichend groß und gefestigt, um vergleichende Studien über die Lage junger Migrantinnen in Europa vornehmen zu können und gemeinsame Aktivitäten ins Auge zu fassen. Gewalt und sexuellen Missbrauch gibt es auch in Migranten- und Flüchtlingsfamilien. Gerade in diesen Familien ist dieses Thema noch mehr tabuisiert und dadurch für die Betroffenen noch schwieriger auszubrechen und Hilfe zu finden.

Massive Anwendung von Gewalt kommt wie in deutschen Familien vor allem in Multiproblemfamilien vor, in denen Arbeitslosigkeit, kleine Wohnungen, Trennung der Eltern und Kriminalität eine Rolle spielen. Hinzu kommen häufig Hinderung am Schulbesuch oder an der Ausbildung sowie Ausgangsverbot. Selbst Kontakte zu Freundinnen sind häufig verboten, einen Freund zu haben undenkbar (bzw. nur heimlich). Es bleibt die Reduzierung auf Hausarbeit und Versorgung der Geschwister. Patriarchalische Erziehungsmethoden wie Verpflichtung zum Gehorsam gegenüber den Eltern und Älteren und ein übersteigerter Jungfräulichkeitsmythos machen es betroffenen Mädchen fast unmöglich, sich zu wehren und Unterstützung innerhalb der Familie zu finden.

Eine besondere Form von sexueller Gewalt ist die Zwangsverheiratung. In Migrantenfamilien dient sie nicht zuletzt als Mittel der Familienzusammenführung. Immerhin fast 30 % der Mädchen bei Papatya waren von Zwangsheirat bedroht oder bereits gegen ihren Willen verheiratet worden. Auch Mädchenhandel in Form von »verkauften Bräuten« stellt eine besondere Problematik von Mädchen und jungen Frauen aus Kulturen mit stark patriarchalen Strukturen dar. Ehrmorde und genitale Verstümmelung sind die extremsten Ausdrucksformen der Verfügungsgewalt über Mädchen und Frauen.

Unverändert über die Jahre und – inzwischen wissen wir auch – unverändert über die Länder- und Kulturgrenzen hinweg, versuchen Familien aus dem islamischen Kulturkreis ihre Töchter, die vor Gewalt und Missbrauch fliehen, wegen der Familienehre wieder nach Hause zu holen. Tatsächlich wird dieses traditionelle Familienmodell in Bezug auf die Mädchenerziehung immer wieder angeführt, unabhängig davon, wie weit sich die Familie ansonsten von ihrer dörflichen Tradition entfernt hat. Darin unterscheiden sich pakistanische Familien in London nicht von algerischen Eltern in Paris oder türkischen in Berlin. Um die Mädchen und jungen Frauen vor unerwünschten Übergriffen ihrer Familie zu sichern und ihnen Zeit und Ruhe zum Nachdenken und Entwickeln neuer Lebensperspektiven zu geben, braucht es Einrichtungen mit geheimer Adresse und besonderem Schutzcharakter. Dann kann die Zeit der Krise und des Umbruchs als Chance genutzt werden. Ein katholisches Roma-

Mädchen aus Ex-Jugoslawien kann übrigens die gleichen Probleme wie eine muslimische Bosnierin haben und der christlichen Armenierin aus der Türkei ergeht es u.U. nicht anders als der Muslimin, ebenfalls aus der Türkei. Wir haben es also nicht einfach mit einem Religionskonflikt zu tun, auch nicht nur mit einem Kultur- und Migrationskonflikt, aber auch nicht allein mit einem Beziehungs- oder Familienkonflikt. Immer spielen alle Komponenten ein Rolle und vermischen sich zu einem untrennbaren Konglomerat.

Die Problematik von betroffenen Mädchen und jungen Frauen bleibt oft unsichtbar und ungehört. Durch die Migration sind familiären Netzwerke, die schützend einwirken und Zuflucht bieten könnten, kaum vorhanden. Die Großfamilie lebt zerstreut und weit weg. Die soziale Kontrolle durch Nachbarn ist stark, vor allem in den von Ausländern dicht bewohnten Stadtteilen. Im »Ghetto« ist der soziale Druck auf die Familien besonders groß und das Ansehen ist leicht verloren und nur schwer wieder hergestellt. Die Schwelle, familiäre Probleme in die Öffentlichkeit (Lehrer, Jugendamt, Beratungsstellen) zu tragen, ist hoch – umso höher, wenn Mädchen zusätzlich damit das Gefühl verbinden, Vorurteile und Klischees über ihre Herkunftskultur zu bestätigen.

Durch unsere eigenen Arbeitserfahrungen sowie durch zahlreiche Studienreisen nach England, Frankreich, Österreich, Schweden, Spanien, in die Niederlande sowie in die Türkei mussten wir feststellen, dass die von familiärer Gewalt betroffenen *minderjährigen Mädchen* häufig nicht die Hilfe finden, die sie brauchen. (Ich spreche ausdrücklich von allen Mädchen, nicht nur von denen ausländischer Herkunft. Für die erwachsenen Frauen gibt es wesentlich mehr Zufluchts- und Beratungsstellen sowohl in Selbsthilfe wie auch in öffentlicher Trägerschaft auch die Vernetzung ist besser.) Ganz besonders benachteiligt sind dabei *die Mädchen und jungen Frauen aus Migrantenfamilien* aus der Türkei, vom Maghreb oder dem indischen Subkontinent, die starken patriarchalen Zwängen unterworfen sind. Selbst wo es organisierte Unterstützung für Migrantinnen gibt, ist diese meist nicht an die Minderjährigen gerichtet.

- Für die bestehenden Frauenhäuser sind diese Mädchen zu jung, dort dürfen Minderjährige nicht aufgenommen werden aufgrund der gesetzlichen Bestimmungen zur elterlichen Sorge und Inobhutnahme.

- Selbst die über 18-jährigen jungen Frauen sind dort schlecht untergebracht, weil sie weitaus unselbständiger sind als die dort lebenden erwachsenen Frauen, die vor ihren Ehemännern geflohen sind und weil sie andere Erfahrungen und Interessen haben. Auch die Mitarbeiterinnen der Frauenhäuser fühlen sich von den jungen Frauen türkischer oder arabischer Herkunft überfordert. Interkulturelle Teams sind eher die Ausnahme als die Regel.

- Während der Kinderschutz in den meisten europäischen Ländern einen gewissen Stellenwert hat, fallen Jugendliche häufig durch alle Raster. Zufluchtsstellen für Minderjährige gibt es in vielen Ländern gar nicht oder sie sind, wenn es sie gibt, mit so vielen bürokratischen Hürden versehen, dass sich betroffene Mädchen nicht an die dafür zuständigen Stellen zu wenden wagen. Weitergehende Unterbringungsangebote nach einer Trennung von der Familie sind überwiegend noch monokulturell ausgerichtet.

- Selbst wenn jugendliche Migrantinnen im Rahmen der Jugendhilfe betreut werden, werden diese Angebote häufig nicht den besonderen Bedürfnissen und Lebenslagen der Betroffenen gerecht. Nach Informationen des Statistischen Bundesamts in Deutschland wenden sich zwar überdurchschnittlich viele Mädchen ausländischer Herkunft an Jugendnotdienste und bitten um Inobhutnahme, aber nur ein unterdurchschnittlich kleiner Teil von ihnen landet in einer Einrichtung der Jugendhilfe. Offenbar sind die Hilfeangebote den speziellen Problemlagen dieser Mädchen nicht angepasst und werden nicht angenommen.

- Hinzu kommt die oft fehlende materielle Unterstützung für jugendliche Migrantinnen, wenn ihr Aufenthaltsstatus nicht den Zugangsvoraussetzungen für öffentliche Hilfen entspricht.

Bei der Betrachtung der Situation von Migrantinnen in den verschiedenen europäischen Ländern ist zu berücksichtigen:
1. Die Unterschiedlichkeit der Jugendhilfesysteme.
2. Die unterschiedliche Geschichte der Migration.
3. Unterschiedliche aufenthaltsrechtliche und andere rechtliche Bestimmungen.

Wenn ich im Folgenden über unsere Beobachtungen in den verschiedenen Ländern berichte, so ist dieser Blick immer subjektiv und unvollständig. Als Blick von außen ist er aber für unsere Kolleginnen in den verschiedenen Ländern ein wichtiger Beitrag.

Vom Umgang mit dem »Fremden« am Beispiel des islamischen Kopftuchs

Es gibt innerhalb Europas ganz unterschiedliche nationale Modelle im Umgang mit dem Fremden. Das hat zum einen seinen Ursprung in der kolonialen Geschichte: die Niederlande, Frankreich und England sind Ziele von Einwanderern aus ihren früheren Kolonien. Zum anderen spielen die gemeinsamen ideellen Grundlagen einer Gesellschaft eine Rolle: Laizismus (also strikte Trennung von Kirche und Staat) in Frankreich ebenso wie – für viele erstaunlich – in der

Türkei, Katholizismus in Spanien, Liberalismus in Holland oder Großbritannien. Ich werde im Folgenden am Beispiel des Kopftuchs diesen unterschiedlichen Umgang an der Frage des islamischen versuchen deutlich zu machen.

Die *Niederlande und Schweden* gelten als die Länder der größten Toleranz gegenüber allem, was von der Mehrheitsgesellschaft abweicht: jeder soll nach seiner Facon glücklich werden, kulturelle Eigenheiten sind geschützt, selbstverständlich ist das Kopftuch in der Schule erlaubt. Wir waren bei unserem Besuch bei unserer Partnerorganisation in Rotterdam »SAADET, Zuflucht für islamische Mädchen und Frauen«, erstaunt, dass ein erheblicher Anteil der Mitarbeiterinnen der Frauenzuflucht selbst das Kopftuch trägt.

Wir in Deutschland verhalten uns in der Kopftuch-Frage zwiespältig, wir schwanken zwischen Toleranz gegenüber Minderheiten und den Prinzipien von Frauenrechten und Gleichheit der Geschlechter:

- Das Kopftuch bei Schülerinnen ist gestattet, aber bei Lehrerinnen im Schuldienst nicht.

- Die muslimischen Mädchen können zwar vom Schwimmunterricht befreit werden, aber nicht vom Sexualkundeunterricht im Fach Biologie.

- Wir selbst in unserer Arbeit in der Zufluchtswohnung diskutieren immer wieder, ob wir auch eine Mitarbeiterin mit Kopftuch einstellen würden und kommen immer wieder zum Ergebnis, dass wir uns unsicher wären, ob sie wirklich die Mädchen in ihrem Bruch mit den Normen der Familie akzeptieren und emanzipatorische Mädchenarbeit vertreten könnte.

- Auch mit unserem Namen »Kriseneinrichtung für Mädchen aus der Türkei« versuchen wir einen kulturellen Hintergrund und keinen religiösen zu begründen, obwohl wir schon lange nicht mehr nur für Mädchen türkischer Herkunft da sind, sondern doch vielmehr für Mädchen und junge Frauen aus dem islamischen Kulturkreis.

In *England* wiederum wird die lange Immigration aus den zahlreichen ehemaligen Kolonien des Commonwealth deutlich. Die verschiedenen Migrantengemeinden sind nicht nach Religion zusammengefasst, sondern nach Herkunftsland und -kultur. Die meisten Beratungs- und Zufluchtstellen begreifen sich als politische Organisationen für Rechte von Minderheiten. Das Kopftuch ist Privatsache. Die Religion wird nicht erfasst. Das führt allerdings auch dazu, dass wir über das Problem der Zwangsverheiratung bei indischen und pakistanischen Frauen sprachen, aber nicht herausfinden konnten, ob gleichermaßen muslimische wie hinduistische Frauen und Mädchen davon betroffen sind.

Die Diskussion um das Kopftuch erregt die Gemüter in *Frankreich*: Als laizistischer Staat, der eine strikte Trennung von Kirche und Staat auf allen Ebenen vertritt, verbietet er das Kopftuch sowohl den Schülerinnen wie auch allen Angestellten des Öffentlichen Dienstes. Es gibt im übrigen auch keine christlichen Kreuze in den Schulen, wie es etwa bei uns in Bayern der Fall ist. Es gibt auch kein schulfrei für religiöse Feiertage, weder christliche noch muslimische. Die muslimische Gemeinde fühlt sich dadurch unterdrückt und nicht selten verbirgt sich hinter der Forderung nach dem Recht auf Kopftuch der Protest gegen gesellschaftliche Diskriminierung und Ungleichbehandlung.

Hier trifft sich übrigens die französische Haltung mit der Türkischen: Auch die *Türkei* ist seit Atatürk ein laizistischer Staat, wenn auch mit Widersprüchen. Jedenfalls ist auch dort das Kopftuch an den Schulen sowohl für Schülerinnen wie Lehrerinnen verboten, an der Universität und im Parlament gab es gewaltsame Auseinandersetzungen darum. Frauen gehen für das Recht auf Kopftuch auf die Straße. Ansonsten liegen die Rechte der Frauen in der Türkei im Argen. Zwar hat die Türkei eines der fortschrittlichsten Gesetze zum Schutz der Frauen vor häuslicher Gewalt, jedoch fehlt es völlig an der Umsetzung.

Möglichkeiten zum Schutz junger Mädchen und Frauen aus dem islamischen Kulturkreis vor familialer Gewalt – ein europäischer Vergleich

Anhand von Beispielen aus London, Paris und Rotterdam, die wir auf unseren Studienreisen kennen lernten, will ich versuchen, die Möglichkeiten für junge Mädchen und Frauen aus dem islamischen Kulturkreis zum Schutz vor familialer Gewalt in den verschiedenen europäischen Ländern zu verdeutlichen. Ich verzichte dabei darauf, auf die jeweiligen ausländerrechtlichen Bestimmungen einzugehen, obwohl dies natürlich existenziell wichtig ist für die Betroffenen.

● *Großbritannien*: Wir waren schon lange auf der Suche nach Partnerorganisationen, die in London, der vermutlich größten multikulturellen Metropole Europas, mit Migrantinnen arbeiten. Die schwierige Suche stellte sich als strukturelles Problem heraus: Es gibt wenig londonweit arbeitende Einrichtungen, sondern alles ist nach Bezirken gegliedert. Infolge der Dezentralisierung und nach Auflösung des Inner City Council unter der Thatcher-Regierung handelt jeder Bezirk eigenständig und sehr unterschiedlich, entsprechend seinem Steueraufkommen und dem Reichtum bzw. der Armut des Bezirks. Die freien Träger sind stark ausgeblutet, haben große Existenznöte und sind an der Grenze ihrer Belastbarkeit angelangt. Die meisten leben von Spenden und Stiftungen. Um es vorwegzunehmen: Wir waren vom sozialen Hilfesystem in

London geschockt und sahen gleichzeitig unsere Zukunft hier in Berlin vor uns.

Für junge Mädchen, die vor familiärer Gewalt flüchten, gibt es kaum Hilfeangebote, vor allem für die Altersklasse von sechzehn bis achtzehn Jahren klafft eine Lücke: Verlassen Jugendliche von sich aus die Familie, haben sie keinen gesetzlichen Anspruch auf Hilfe, es sei denn, sie gehören zu einer besonderen Problemgruppe als Alleinerziehende, Schwangere, Behinderte oder Straffällige. Wo es keine Angebote für Jugendliche gibt, gibt es auch keine für Mädchen, also auch keine für Mädchen aus ethnischen Minderheiten. So desolat sich die Situation von Jugendlichen einerseits darstellt, so differenziert und vielfältig sind andererseits die Hilfsangebote verschiedener Frauenberatungsstellen ethnischer Gemeinschaften, mit deren Mitarbeiterinnen wir uns unterhalten haben. Ausgehend von der in England generell viel verbreiteteren Idee, dass man Hilfe in seiner eigenen Community sucht versuchen sie, Selbsthilfegruppen und Netzwerke zu bilden.

Newham Asian Women's Project ist eine bezirklich orientierte Organisation, die seit 1981 im Stadtteil Newham arbeitet, einem der Problemviertel Londons. Die Mitarbeiterinnen leisten psychosoziale Beratung, Beratung in Bezug auf berufliche Qualifizierung, Rechtsberatung und bringen Frauen in Fällen häuslicher Gewalt in einem der beiden angeschlossenen Frauenhäuser unter. Da die Mitarbeiterinnen überwiegend der asiatischen Minderheit angehören, entfallen Sprachbarrieren und die Zugangsschwelle für die Klientinnen ist nicht so hoch. In den Frauenhäusern und in den betreuten Wohnungen können Frauen mit Kindern, die bisher isoliert und abhängig lebten, Selbstständigkeit und Selbstverantwortung lernen, bevor sie eine eigene Wohnung beziehen. Der Bedarf übersteigt die Kapazitäten um das Dreifache. Beide Frauenhäuser befinden sich in Newham, was immer wieder zu Sicherheitsproblemen führt. Minderjährige werden nur sehr ungern aufgenommen, weil das der Erfahrung nach häufig zu Konflikten führt. Die meisten der jungen Frauen zwischen 16 und 21 Jahren, die die Familie verlassen, würden in Pensionen landen. Die überwiegende Zahl (neunzig Prozent) der eingewanderten Frauen ist nach den Zahlen von *NAWP* als Braut gekommen – dies sei die einzige verbliebene Möglichkeit der Einwanderung. Zwangsheiraten seien im Alter von 16 Jahren häufig, wobei die Kolleginnen Wert darauf legen, zwischen arrangierten (arranged) und erzwungenen (forced) Heiraten zu unterscheiden. Das Heiratsalter ist ihrer Beobachtung nach im Sinken begriffen, da die Eltern hofften, dass die Mädchen ihnen weniger Widerstand entgegensetzen, je jünger sie sind. Mittlerweile ist die Regierung auf dieses Problem aufmerksam geworden und hat eine Kommission eingesetzt.

Ähnliche, meist kleinere Selbsthilfeprojekte, existieren auch in anderen Stadtteilen und für andere ethnische Gruppierungen. Allen gemeinsam ist, dass sie mit sehr viel ehrenamtlicher Tätigkeit und wenig öffentlichen Geldern arbeiten und den Hilfebedarf nicht ausreichend abdecken können. Muslim Women Helpline ist eine explizit islamische Frauenorganisation, die mit Spendenmitteln ein Frauen-Notruf-Telefon betreibt. Für uns erstaunlich war ihre emanzipatorische Intepretation des Koran, die sich in ihren Beratungsinhalten ausdrückte: sie ermutigen betroffene Frauen, sich gegen familiäre Gewalt, sexuelle Gewalt und Zwangsverheiratung zur Wehr zu setzen und ihre eigenen Wünsche und Interessen zu vertreten. Im Notfall bringen sie Frauen im Frauenhaus unter. Sie schätzen, dass es ca. zwei bis drei Millionen Muslime in Großbritannien gibt, siebzig Prozent aus dem asiatischen Raum.

- *Frankreich*: Ähnlich wie in England lebt in Frankreich eine große Zahl von MigrantInnen aus den ehemaligen Kolonien. Zudem wurden Arbeitskräfte aus Algerien, Tunesien, Marokko und der Türkei angeworben. Anders als in Deutschland nahm die in Frankreich geborene zweiten Generation bereits die französische Staatsbürgerschaft an, was zumindest für die jungen Französinnen ausländischer Herkunft eine größere Sicherheit des Aufenthalts bedeutet. Da es kaum noch eine legale Möglichkeit gibt, nach Frankreich einzureisen, sollen häufig diese Töchter über Heirat einen Familienangehörigen ins Land holen. An dieser Frage entwickeln sich die schärfsten Familienkonflikte und oft gehen Mädchen eine ungewollte Ehe ein, um sie innerhalb eines Jahres als erzwungen anullieren und den ungewollten Ehemann ins Herkunftsland zurückschicken zu lassen. Das gibt weniger Ärger als den eigenen Eltern zu widersprechen. So berichteten uns Mitarbeiterinnen von *Les Nanas Beurs*, einer kleinen Selbsthilfeorganisation von Frauen arabischer Herkunft in Paris. Auch die Kollegin von *Elele*, einer türkischen Beratungsstelle in Paris, arbeitet gemeinsam mit anderen Organisationen, die mit Migrantinnen arbeiten, in einem stadtweiten Arbeitskreis zum Thema Zwangsverheiratung. Darüber hinaus berichten sie über die gleichen Probleme junger Migrantinnen, wie wir sie erleben. Das Jugendhilfesystem scheint vergleichbar zu sein mit unserem. Allerdings ist es anscheinend kein Problem, bei schweren Familienkonflikten den Eltern das Sorgerecht bzw. Aufenthaltsbestimmungsrecht durch ein Gericht zu entziehen. Dann können Mädchen geschützt unter Geheimhaltung ihrer Adresse untergebracht und im Rahmen der Jugendhilfe betreut und finanziell unterstützt werden. Die von uns besuchten Projekte begreifen sich auch als Mediateure im Familienkonflikt. Das gehe aber nicht immer, da manchmal das Gewaltpotential zu groß sei.

- *Niederlande*: Als Vielvölkerstaat mit langer kolonialer Vergangenheit leben in Holland wesentlich mehr unterschiedliche Nationalitäten zusammen als bei uns. Die türkische Arbeitsmigration verlief in den Niederlanden übrigens ähnlich wie in Deutschland. *SAADET* in Rotterdam hat zum Schutz der Frauen und Mädchen eine geheime Adresse und nimmt aus ganz Holland auf. Das kulturell und religiös aus zahlreichen Herkunftsnationen zusammengesetzte Team versteht seine Arbeit als »Zuflucht für islamische Mädchen und Frauen«, definiert die Gemeinsamkeit über den Islam, jedoch nicht in erster Linie verstanden als Religion, sondern als Lebensweise und Tradition. Anders als bei uns leben in dieser Zuflucht minderjährige Mädchen mit erwachsenen Frauen zusammen. Die meisten Mädchen kommen, weil sie zwangsverheiratet werden sollen, weil sie misshandelt wurden oder aufgrund von sexueller Gewalt und Inzest. Die Kolleginnen berichteten, die Inzestproblematik nehme ständig zu und die Probleme würden immer komplexer. Durch somalische Flüchtlinge ist *SAADET* seit einigen Jahren verstärkt mit den Auswirkungen genitaler Verstümmelung konfrontiert. Sie beobachten seit einigen Jahren eine Veränderung bei den Mädchen: so hat Bildung einen höheren Stellenwert erhalten, sie haben individuellere Lebensentwürfe, Zwangsverheiratung wird direkter abgelehnt und das Recht verteidigt, sich den Ehemann selbst zu wählen. Die interkulturelle Öffnung der sozialen Dienste ist in den NL weiter fortgeschritten als bei uns: z.B. sind beim Jugendschutz der Stadt Rotterdam zehn Prozent der Mitarbeiterinnen aus ethnischen Minderheiten, angestrebt sind zwanzig Prozent, allerdings liegt der Anteil von Kindern und Jugendlichen aus ethnischen Minderheiten in Kriseneinrichtungen und Heimen bei siebzig bis achtzig Prozent.

- *Österreich* hat eine ähnliche Migrationsgeschichte wie Deutschland. Die Kolleginnen in Wien, die mit Migrantinnen arbeiten, schauen nach Berlin, weil sie sagen, alles, was es in Deutschland gebe, komme mit einer Verspätung von fünf bis zehn auch zu ihnen.

- *Schweden* ist tatsächlich im Vergleich zu uns immer noch ein vorbildlicher Sozialstaat, mit einer Vielzahl von Frauenhäusern und Hilfesystemen für von Gewalt betroffene Frauen ausgestattet, jedoch in Bezug auf Migrantinnen bisher wenig spezialisiert. Das liegt vor allem daran, dass der Migrantenanteil insgesamt relativ gering ist. Die Integrationsbemühungen sind hoch. Allerdings gibt es keine speziellen Angebote für Minderjährige.

- *Spanien* ist erst seit wenigen Jahren ein Einwanderungsland (vor allem für Migranten und Migrantinnen aus Nordafrika), nachdem in den 60er und 70er-Jahren viele Arbeitskräfte nach Mitteleuropa emigriert waren. Nichtsdestotrotz schien uns in Barcelona die Angst vor »Überfremdung« groß.

Zukunftspläne in unserem Daphne-Netzwerk

Zu allen Projekten und Organisationen in den genannten Ländern haben wir in den vergangenen drei Jahren persönliche Kontakte geknüpft und stehen seitdem in fachlichem Austausch und tauschen Informationen aus. Das ist umso bemerkenswerter, da fast alle Partnerprojekte kleine, mit wenig finanziellen Mitteln arbeitende Nicht-Regierungsorganisationen sind, die zum größten Teil mit geheimen Adressen arbeiten müssen, um sich selbst vor gewaltsamen Übergriffen zu schützen.

Wir mussten feststellen, dass unsere Kriseneinrichtung Papatya für Mädchen türkischer Herkunft in Berlin tatsächlich europaweit modellhaft ist (nur in Holland haben wir ein vergleichbares Projekt gefunden) und von vielen Mitarbeiterinnen der Jugend- und Migrantinnenarbeit als nachahmenswert betrachtet wird. Die Zusammenarbeit mit Projekten innerhalb Deutschlands, die mit türkischen Mädchen und jungen Frauen arbeiten, ist ein wichtiger Baustein in unserem Netzwerk, weil mit diesen Kontakten ganz praktisch und direkt eine notwendige Unterstützung für Betroffene organisiert werden kann. Ein ganz direktes Ergebnis unseres Daphne-Projekts ist die Einrichtung eines Frauenhauses in Eskishehir/Türkei, das auf Initiative einer türkischen Kollegin entstand, die über Daphne-Mittel zur Konferenz nach Berlin 1998 eingeladen wurde.

Für die Zukunft haben wir uns vorgenommen, die Problematik der Zwangsverheiratung europaweit gemeinsam mit unseren Partnerorganisationen anzugehen und geeignete Maßnahmen und Hilfestellung für betroffene Mädchen und junge Frauen zu entwickeln. Das Thema brennt allen unter den Nägeln, die mit jungen Migrantinnen aus dem islamischen Kulturkreis arbeiten, gleichermaßen, ob sie türkischer, arabischer oder asiatischer Herkunft sind.

Ein weiterer Schwerpunkt wird sein, zunehmend die Betroffenen selbst zu Wort kommen zu lassen, ihrer Unsichtbarkeit entgegenzuwirken und ihnen Stimme und öffentliches Gehör zu verleihen. Die Anonymität und gleichzeitige Öffentlichkeit des Internets ist dazu ein geeignetes Forum, ohne die Mädchen und jungen Frauen weiteren Gefahren auszusetzen. Das gleiche gilt auch für die Zufluchtshäuser mit geheimer Adresse, die die Gratwanderung zwischen Öffentlichkeitsarbeit und Schutz der Einrichtung und ihrer Bewohnerinnen gehen. Gemeinsam mit der Universität Nottingham, einer asiatischen Frauenberatungsstelle in Nottinham und der Frauenzuflucht in Amsterdam arbeiten wir an einem Austausch von betroffenen Frauen und Mädchen über Internet, um ihre Geschichten zu erzählen und sich gegenseitig zu ermutigen.

■ **Patsy Sörensen**

Maßnahmen der Europäischen Kommission zur Chancengleichheit von Mädchen und Frauen – ein Überblick

Zusammenfassung: Die Autorin gibt zunächst einen allgemeinen Überblick über die Inhalte der einzelnen Verträge innerhalb der EU zur Chancengleichheit von Mädchen und Frauen. Im Anschluss erläutert sie die Problematik des Frauenhandels näher, um dann Maßnahmen der Kommission sowie ihre eigenen Aktivitäten zu diesem Problembereich vorzustellen.

Einleitung

Als Mitglied des Europäischen Parlaments und des Parlamentarischen Ausschusses für die Rechte der Frau und Chancengleichheit freue ich mich sehr, mich zum Thema sozialer Ausgrenzung von Mädchen und jungen Frauen in Europa äußern zu können. Wenn ich öffentlich auftrete, dann geht es mir zumeist um das Thema Frauenhandel, denn damit habe ich mich fast mein ganzes Berufsleben lang beschäftigt. Ich war Berichterstatterin des Europäischen Parlaments zum Thema Frauenhandel und bin Gründerin einer belgischen NRO namens »Payoke«, die sich nun schon seit zehn Jahren auf die Fahne geschrieben hat, diesen grausamen Machenschaften ein Ende zu bereiten. Im Folgenden möchte ich einen Überblick zu den Programmen und Aktivitäten zur Förderung der Chancengleichheit von Mädchen und jungen Frauen in Europa geben.

Die Gleichberechtigung von Frauen und Männern ist ein grundlegendes Prinzip der Demokratie. Doch es gibt immer noch Diskriminierungen aufgrund des Geschlechts. So ist festzustellen, dass Frauen häufiger mit Arbeitslosigkeit konfrontiert sind als Männer. Außerdem haben sie überwiegend unsichere Arbeitsplätze und machen den größten Prozentsatz der Teilzeitarbeitskräfte aus.

Ein Überblick über die Inhalte der einzelnen Verträge innerhalb der EU

Im *Vertrag von Rom* wurde der Grundsatz des gleichen Entgelts für Männer und Frauen bei gleicher Arbeit verankert. Seit 1975 wurden mehrere Richtlinien verabschiedet, in denen dieses grundlegende Prinzip des Gemeinschaftsrechts präzisiert und weiterentwickelt wurde.

Hier nur einige Beispiele:
- Gleiches Entgelt für weibliche und männliche Arbeitnehmer. Damit wird der in Artikel 141 des EG-Vertrages festgeschriebene Grundsatz *»gleiches Geld für gleiche Arbeit«* bestätigt und der Grundsatz vom gleichen Entgelt bei gleicher oder gleichwertiger Arbeit eingeführt.
- Richtlinie über die Verwirklichung der Gleichstellung in den betrieblichen Systemen der sozialen Sicherheit, geändert am 20. Dezember 1996.
- Richtlinie über die Durchführung von Maßnahmen zur Verbesserung der *Sicherheit und des Gesundheitsschutzes von schwangeren Arbeitnehmerinnen und Wöchnerinnen.*
- Vereinbarkeit von Familie und Beruf (*Elternurlaub*). Mit der ersten Richtlinie, die sich auf das Abkommen über die Sozialpolitik im Anhang zum Vertrag über die Europäische Union stützt, wurde auf Gemeinschaftsebene eine Rahmenvereinbarung zwischen den Sozialpartnern getroffen.

Das *mittelfristige Aktionsprogramm der Gemeinschaft* (1996 bis 2000) wurde offiziell am 7. Oktober 1996 in Dublin eingeleitet. Mit dem Programm soll erreicht werden, dass bei der Konzeption und Durchführung der Politiken auf Gemeinschaftsebene, auf nationaler und auf regionaler Ebene vermehrt der Gleichstellung Rechnung getragen wird (Mainstreaming).

Zur Verwirklichung dieser Zielsetzung sind verschiedene Maßnahmen erforderlich:
- Methodologische, fachliche und finanzielle Unterstützung von Projekten zur Ermittlung und Förderung bewährter Verfahren sowie Weitergabe von Informationen und Erfahrungen;
- Beobachtung und Begleitung der entsprechenden Politiken und Durchführung einschlägiger Studien;
- rasche Verbreitung der Ergebnisse der eingeleiteten Initiativen.

Im *Vertrag von Amsterdam* wird die Gleichbehandlung von Männern und Frauen ausdrücklich als eine der von der Gemeinschaft angestrebten Aufgaben (Artikel 2) und Tätigkeiten (Artikel 3) festgeschrieben. In dem neuen Absatz 4 dieses Artikels erhalten die Mitgliedstaaten die Möglichkeit, zugunsten des unterrepräsentierten Geschlechts spezifische Vergünstigungen zum Ausgleich von Benachteiligungen in der beruflichen Laufbahn beizubehalten oder zu beschließen. Ich möchte in diesem Zusammenhang auf eine interessante Studie der niederländischen SDP-Delegation des Europäischen Parlaments aufmerksam zu machen. Darin geht es um Artikel 16 des Vertrags von Amsterdam, besser bekannt als Richtlinie 2000/43/EG zur »Anwendung des Gleichbehandlungsgrundsatzes ohne Unterschied der Rasse oder der ethnischen

Herkunft« sowie als Richtlinie 2000/78/EC zur Festlegung eines allgemeinen Rahmens für die Verwirklichung der »Gleichbehandlung in Beschäftigung und Beruf«. Gegenstand dieser Studie war insbesondere ein Vergleich der neuen Vorschläge mit der bestehenden EU-Gesetzgebung in Fragen Gleichstellung, wobei Unterschiede und »weiße Flecken« herausgearbeitet wurden.

Am 24. April 2001, hat der Ausschuss für die Rechte der Frau und Chancengleichheit des Europäischen Parlaments eine Empfehlung an den Ausschuss für Verfassungsangelegenheiten angenommen, bei der es um den *Vertrag von Nizza* und die Zukunft der Europäischen Union geht. Berichterstatterin ist meine Kollegin Rodi Kratsa-Tsagaropoulou.

Ein weiteres wichtiges Dokument ist der *Hautela-Bericht* über die Richtlinie des Rates zur Verwirklichung des Grundsatzes der Gleichbehandlung von Männern und Frauen hinsichtlich des Zugangs zur Beschäftigung, zur Berufsbildung und zum beruflichen Aufstieg sowie in Bezug auf die Arbeitsbedingungen. Über diesen Bericht im Mai in Straßburg abgestimmt.

Lassen Sie mich aber noch auf eine sehr wichtige Änderung betreffend Artikel 1 Absatz 2 hinweisen: *Sexuelle Belästigung* gilt künftig als Diskriminierung aufgrund des Geschlechts, ist also verboten. Die Mitgliedstaaten sollen Maßnahmen einführen, die in jedem Fall gewährleisten, dass jene Personen, die nach nationalem Recht für den Zugang zu Beschäftigung, Ausbildung und zum beruflichen Aufstieg sowie für die Arbeitsbedingungen zuständig sind, die persönliche Würde von Frauen und Männern achten. Die Zurückweisung oder Duldung eines solchen Verhaltens darf nicht als Grundlage für eine Entscheidung herangezogen werden, die diese Person berührt. Die Mitgliedstaaten sollen »Maßnahmen erlassen, die jene Personen, die nach nationalem Recht für den Zugang zu Ausbildung, Beschäftigung oder beruflicher Tätigkeit und die entsprechenden Bedingungen zuständig sind, verpflichten, Maßnahmen zur Verhütung sexueller Belästigung einzuleiten, die gegebenenfalls auch ein *System der Beratung durch Vertrauenspersonen* am Arbeitsplatz umfassen«. Ich halte das für sehr wichtig, denn wir alle kennen Fälle, in denen Frauen oder Männer die Kündigung eingereicht haben, nur um nicht länger belästigt zu werden.

Maßnahmen zur Bekämpfung des Frauenhandels

Last but not least möchte ich einige Hintergrundinformationen zu meinem Bericht über »Weitere Maßnahmen zur Bekämpfung des Frauenhandels« und über seine Auswirkungen geben. In diesem Bericht von Mai 2000 forderte das Europäische Parlament die Kommission u.a. auf:

- den Frauenhandel an die Spitze ihrer politischen Agenda zu setzen;
- die internationale Zusammenarbeit mit den NRO und Regierungen der Herkunfts- und Transitländer zu verstärken;
- alle »Komponenten« des Handelskanals zu bekämpfen: Anwerbung, Transport, Verantwortliche, Mittelsmänner – und die Armut;
- präventive und repressive Maßnahmen zu ergreifen.

Der Handel mit Migrantinnen ist zu einem globalen Problem geworden, das sowohl die Herkunfts- und Durchreiseländer als auch die Bestimmungsländer, ihre internationalen Beziehungen, ihre Sicherheit und ihre Wirtschaft betrifft. Dies haben die Europäische Kommission und die International Organisation of Migration (IOM) verstanden, und sie versuchen mehr und mehr, gemeinsame Projekte in die Wege zu leiten, um eine geeignete Antwort zu finden.

Ein Beispiel ist das Projekt, das ich im Februar 2000 in Kiew eröffnet habe: Das Projekt wird allein von der Europäischen Kommission finanziert, die dafür im Rahmen des TACIS-Programms einen Betrag von 531.149 Euro bereitgestellt hat. Die ausführende Agentur ist die IOM, und die Partneragenturen sind NRO, wie zum Beispiel La Strada und die OSZE. Das Projekt wird ausgehend von Kiew geleitet und soll voraussichtlich zwölf Monate dauern. Die Zielgruppen sind potentielle und tatsächliche weibliche Opfer. Wir wissen alle, dass die Europäische Kommission mit der Schaffung solcher Projekte eine hervorragende Arbeit leistet, aber ich möchte auch den Anteil der Partner an dieser wichtigen Aufgabe beleuchten, der IOM und der NRO.

Ich kann in Brüssel mit der IOM über deren Regionalvertreter Peter von Bethlenfalvy sehr gut zusammenarbeiten und möchte gern diese Gelegenheit nutzen, um zu betonen, wie wichtig eine gute Kooperation mit einer Organisation wie der IOM ist, die auf diesem Gebiet über ein umfassendes Fachwissen verfügt. Viele meinen, dass der Menschenhandel auch darauf zurückzuführen ist, dass sich die Möglichkeiten für eine reguläre Einwanderung verringert haben. Dies würde bedeuten, dass zwischen den von den Bestimmungsländern verabschiedeten Kontrollmaßnahmen und der illegalen Einwanderung eine direkte Verbindung besteht, oder anders gesagt: Je strenger die Zugangskontrollen, desto größer die Wahrscheinlichkeit, dass für die Einwanderung illegale Kanäle genutzt werden. Umgekehrt gibt es aber auch die Meinung, dass der Anstieg des Menschenhandels durch die laxeren Grenzkontrollen erleichtert wurde, weil es nicht genug Gesetze zur Bekämpfung von Menschenhandel gibt und die vorhandenen Gesetze nicht gut umgesetzt werden. Ob nun die eine oder die andere Meinung richtig ist (oder beide) – als Folge sieht man die Entwicklung eines Marktes für Schleuserdienste an, über dessen Mechanismen und Organisationsformen allerdings relativ wenig bekannt ist. Die illegalen Einwanderer, die diese Dienste in Anspruch nehmen, sind zum einen ihren skrupellosen Anbietern und zum anderen den Einwanderungs- und Polizeibehörden ausgesetzt, so dass eine Abhängigkeit von dem »sicheren Geleit«, das ihnen in den Menschenhandelsnetzen geboten wird, entsteht. Auf diese Weise entwickelt sich eine Symbiose zwischen Schleuser und Eingeschleusten.

Dies kann auf der einen Seite zur Ausbeutung des Letzteren durch den Ersteren und infolgedessen zu Menschenrechtsverletzungen führen. Auf der anderen Seite kann es aber auch dazu führen, dass der Zuwanderer ein zufriedener Verbraucher und der Menschenhändler ein erfolgreicher Geschäftsmann wird. Schließlich scheint allgemein Konsens darüber zu bestehen, dass der Menschenhandel keine vorübergehende Erscheinung ist, und dass er alle Länder, die davon betroffen sind, in Mitleidenschaft zieht, und zwar durch die steigenden Zahlen illegaler Einwanderer und die Zunahme des organisierten Verbrechens. Viele Frauen sind bereit, bei dem Versuch, ihr Leben durch Abwanderung in den Westen zu verbessern, alles zu riskieren. Starke Triebkräfte sind dabei die kulturell und sozioökonomisch bedingten Verhaltensweisen gegenüber Frauen in ihren Herkunftsländern. Frauen leben oft in extremer Armut. Gleichzeitig besteht eine hohe Frauenarbeitslosigkeit, sodass Frauen keine Entwicklungsperspektiven haben. Da sie der Gesellschaft deshalb unter wirtschaftlichem Aspekt kaum etwas zu bieten haben, werden sie ausgegrenzt. Hinzu kommt, dass sie sich oft ein falsches Bild vom Wohlstand und von der Beschäftigung in Westeuropa machen, wobei das Wohlstandsgefälle zwischen Ost und West unzweifelhaft groß ist. Ein weiterer Grund dafür, dass Frauen so anfällig für Menschenhandel sind, ist der, dass soziale und wirtschaftliche Vorteile in ihren Herkunftsländern nicht bis zu dieser Gruppe durchsickern.

In den neuen unabhängigen Staaten wie der Ukraine hat das postkommunistische Wirtschaftsvakuum gerade die Frauen hart getroffen. Es sind mehr Frauen als Männer von Arbeitslosigkeit oder Unterbeschäftigung betroffen, auch solche mit einer Berufsausbildung und hohen Fachkompetenzen. Häufig versuchen Frauen mit einem beruflichen oder Hochschulabschluss, ihr eigenes Unternehmen, ihre eigene Klinik usw. zu gründen, um ihre finanzielle Lage zu verbessern. Wenn sie sich dem Menschenhandel zuwenden, dann, weil sie ihn – und die Prostitution – als etwas Vorübergehendes, als ein Mittel ansehen, aus ihrer jetzigen Lage herauszukommen. Ein Faktor, der mit dafür verantwortlich ist, dass der Handel mit Frauen aus Mittel- und Osteuropa zunimmt, ist, dass viele der Menschenhändler selbst einmal Migranten waren, die vor 1989 aus diesen Ländern nach Westeuropa gekommen sind. Sie sprechen dieselbe Sprache und kennen das Land, was die Anwerbung erleichtert. Die Frauen werden angeworben, um in Ausbeutungsbetrieben zu arbeiten, z.B. als Hausmädchen oder als »per Post bestellte Ehefrau«, oder sie werden für Bordells und Striptease-Clubs ausgeliehen oder gekauft.

Häufig üben die Menschenhändler ihre Tätigkeit hinter einer legalen Fassade aus. Beispielsweise nutzten kriminelle Elemente in der russischen Gesellschaft renommierte Arbeitsvermittlungsagenturen, Entertainment-Unternehmen oder Eheanbahnungsinstitute, um sich in das Geschäft mit dem Frauenhandel einzuklinken. Ziel ist es, die Frauen zu täuschen und zu verunsichern, um sie dann zu verkaufen, oft mehrmals hintereinander an verschiedene Zuhälter. Denn schließlich sind es in ihren Augen ja »nur« Frauen, und Frauen lassen sich leichter verkaufen als Drogen. Zudem fällt das Strafmass zumeist niedriger aus, wenn Täter gefasst und verurteilt werden.

Ich bin sehr froh darüber, dass auch die Kommission über NRO an der Bekämpfung des Frauenhandels teilnimmt. Zum Beweis: Im Frühjahr 2001 hat die Kommissarin Diamantopoulou meine NRO, die »Payoke«, besucht. Sie brachte einen Videofilm mit, der am 8. März, dem Internationalen Frauentag, gezeigt wurde und mit dem ihre Pressekampagne gegen den Frauenhandel in Mittel- und Osteuropa und in der EU eingeleitet wurde.

Ein weiteres wichtiges EU-Programm auf dem Gebiet der Prävention ist DAPHNE (siehe dazu den Beitrag von Eva Kultus in diesem Band). Das Ziel dieses Programms ist es, Gewalt gegen Frauen zu bekämpfen, und ich war hier in Berlin Taufpatin eines DAPHNE-Projekts mit dem Lesbenbeirat Berlin, das speziell auf die Gewalt gegen lesbische Frauen abstellt. Abschließend möchte ich betonen, wie wichtig Netzwerke unter den Frauen auf europäischer Ebene sind, die es sich zur Aufgabe machen, politische Strategien zu entwickeln.

Lebensbedingungen von Mädchen und jungen Frauen und Strategien sozialer Arbeit im europäischen Vergleich – Länder- und Projektberichte

■ Zerrin Güler-März

Zur Situation von Mädchen und jungen Frauen in der Türkei

Zusammenfassung: Im folgenden Länderbericht wird ein umfangreicher Überblick zur Lebenssituation von Mädchen und Mädchen in der Türkei gegeben. Die Autorin geht dabei sowohl auf die geschichtlichen Wandlungsprozesse und die Bevölkerungsstruktur ein, als auch trägt sie statistisches Material zusammen, um die Lage der Mädchen und Frauen in der Bildungs-, Berufs-, Sozial- und Familienstruktur zu charakterisieren. Abschließend werden einige Bereiche benannt, in denen eine Verbesserung der Lebenssituation von Mädchen und Frauen in der Türkei ansetzen müsste.

1. Zur Geschichte der Frauen in der Türkei

In der Geschichte der Türkei hat sich der Status der Frauen verändert. Wir können hinsichtlich der Wandlungsprozesse drei wesentliche Phasen unterscheiden: die präislamische Phase, die islamische Phase und die Phase der Republik.

In der ersten Phase waren die Frauen gleichberechtigt gegenüber den Männern. Während der zentralasiatischen und der darauf folgenden anatolischen Zivilisationen regierten Frauen als Herrscherinnen, kämpften als Soldaten, sie teilten mit den Männern die ganze Verantwortung in Familie und Gesellschaft. Die Polygamie existierte nicht, und matriarchale Strukturen waren weit verbreitet. Unter dem Einfluss der Araber konvertierten die Türken im 8. Jahrhundert zum Islam. Das führte zu einer allmählichen Veränderung in den gesellschaftlichen und politischen Strukturen des Staates. Bis zum 16. Jahrhundert besetzte das Osmanische Reich alle islamischen Territorien und die heiligen Städte des Islam, überall im Reich galt die *Scharia* (das Gesetz des Koran) und die Frauen verschwanden hinter den Haremsmauern, wo sie die Vielehe und die Willkür ihrer Herren erdulden mussten. Das bedeutete für sie die absolute soziale Ausgrenzung, die absolute persönliche Rechtlosigkeit; Ausnahmen gab es nur für einige Frauen aus privilegierten sozialen Klassen. Der rein autokratische und theokratische Charakter des Osmanischen Reiches blieb bis in das 19. Jahrhundert erhalten. Dann begann unter Führung von Sultan Abdulmejid I. die erste Reformbewegung, die Tanzimat; diese führte zu beträchtlichen Veränderungen in Staat, Wirtschaft und Gesellschaft. Das Bildungswesen wurde säkularisiert und allen Mädchen, ob islamisch oder nicht, wurde der Zugang zu Oberschulen ermöglicht, einschließlich der durch Missionare geführten ausländischen Schulen.

1856 und 1876 folgten weitere Reformbewegungen. Die Revolution der Jungtürken von 1908 war der Wendepunkt. Die zumeist in Europa ausgebildeten Jungtürken wussten, dass die Gleichberechtigung der Frauen der Schlüssel zur politischen Entwicklung war. Sie förderten die Bildung von Frauenverbänden, entsprechende Publikationen und die Teilnahme der Frauen am Berufsleben. Die Telefongesellschaft in Istanbul stellte die ersten weiblichen Angestellten ein. Jedoch setzte im Jahre 1911 der *Sheikh-ül Islam* (die höchste Autorität des Reiches) dieser Entwicklung mit einem Dekret ein Ende. Dieses Dekret brachte für die Frauen erneut die Pflicht zur Verschleierung und Zurückgezogenheit.

Bald sollte jedoch in Gestalt von Kemal Atatürk, dem Gründer der modernen Türkei, der Erlöser erscheinen. Mit ihm entstand die junge Türkische Republik und kamen die spektakulärsten Reformen ins Rollen, die jemals von einem Staatsmann eingeleitet wurden. 1926 wurde das Zivilgesetzbuch angenommen. Dabei ließ man sich von der Gesetzgebung der Schweiz leiten. So wurden die Gleichheit beider Geschlechter vor dem Gesetz, die Abschaffung von Polygamie und Verstoßung, die Anerkennung der Aussagen von Frauen vor Gericht, die Gleichberechtigung beim Erbrecht und das Recht der gerichtlichen Scheidung garantiert. 1930 erhielten die Frauen das aktive und passive Wahlrecht auf kommunaler Ebene und können seit 1934 auch an den Wahlen zur Nationalversammlung teilnehmen. Parallel dazu beendete die Verfassungsänderung von 1928 die Rolle des Islam als Staatsreligion. Das ermöglichte den Säkularstaat und ebnete, kombiniert mit den anderen Reformen in Bildungswesen, Kultur und Verwaltung, den Weg für die volle Emanzipation der Frauen. Das Tragen des Schleiers wurde unpopulär, aber niemals verboten. Kemal Atatürk wusste genau, dass sich die kollektive Mentalität mit der Zeit ändern würde, dass es dazu Erfahrungen und geeignete Rahmenbedingungen bedarf.

2. Die Bevölkerungsstruktur der Türkei

Bis Mitte der 60er-Jahre führte die türkische Regierung eine geburtenfreundliche Bevölkerungspolitik, danach war das immer weniger der Fall. Dieser Politikwechsel manifestierte sich im Gesetz über die Bevölkerungsplanung von 1965 (Staatliche Planorganisation, 1993). In den frühen Jahren der Republik wurde ein Bedürfnis nach größerer Fertilität und nach Bevölkerungswachstum erkennbar. Dieses resultierte aus den schweren menschlichen Verlusten des Ersten Weltkriegs und des Unabhängigkeitskriegs, dem Verteidigungsbedarf des Landes, dem Fehlen von Arbeitskräften und der hohen Säuglings- und Kindersterblichkeit. Es wurde eine Anzahl von Gesetzen mit direkten oder indirekten Auswirkungen auf die Fertilität und das Bevölkerungswachstum beschlossen. Diese Gesetze beinhalteten finanzielle Prämien für Frauen mit mehr als fünf Kindern, das Verbot der Einfuhr von Kontrazeptiva und des Handels mit ihnen sowie das Verbot von Abtreibungen aus sozialen Gründen.

Tabelle 1: Gesamtbevölkerung, Bevölkerung in Stadt und Land – Wachstum zwischen 1927 und 1990

Jahr	Einwohnerzahl	Stadtbevölkerung (%)	Wachstumsrate Gesamt	Stadt	Land
1927	13.648.270	24,22	–	–	–
1935	161.158.018	23,53	2,11	1,75	2,22
1940	17.820.950	24,39	1,96	2,67	1,73
1945	18.790.174	24,94	1,06	1,51	0,91
1950	20.947.188	25,04	2,17	2,25	2,15
1955	24.064.763	28,79	2,78	5,57	1,75
1960	27.754.820	31,92	2,85	4,92	1,95
1965	31.391.421	34,42	2,46	3,97	1,71
1970	35.605.176	38,45	2,52	4,73	1,25
1975	40.347.719	41,81	2,50	4,18	1,38
1980	44.736.957	43,91	2,07	3,05	1,33
1985	50.664.458	53,03	2,49	6,26	-1,06
1990	56.473.035	59,01	2,17	4,31	-0,56

Quelle: Staatliches Institut für Statistik – Volkszählung 1990

In den 50er-Jahren begann die Veränderung der traditionellen Haltung türkischer Regierungen zum Bevölkerungswachstum. Wesentliche Gründe für die neue Politik der Geburtenkontrolle waren das schnelle Wachstum der Stadtbevölkerung und Arbeitsmarktprobleme. Die Staatliche Planorganisation und das Gesundheitsministerium leiteten den Politikwechsel ein; durch die Einfuhrgenehmigung für Kontrazeptiva kam es zu einer Liberalisierung. Das Gesetz über die Bevölkerungsplanung trat 1965 in Kraft. Das Gesetz übertrug dem Gesundheitsministerium die Verantwortlichkeit für die Umsetzung einer neuen Politik der Familienplanung. 1983 wurde eine Reform des Gesetzes über die Bevölkerungsplanung eingeleitet, ein liberaleres und umfassenderes Gesetz wurde verabschiedet. Das neue Gesetz legalisierte Schwangerschaftsabbrüche bis zur zehnten Schwangerschaftswoche und freiwillige chirurgische Verhütung. Es traf weitere Festlegungen zur Verbesserung der Strukturen der Familienplanung und des Gesundheitswesens für Mütter und Kinder. Trotz der Verlangsamung des Bevölkerungszuwachses in den letzten Jahren wuchs die Verstädterung, das zeigen die nachstehenden Tabellen. Jedoch blieb die soziale und wirtschaftliche Entwicklung hinter dem Ausmaß der Urbanisierung zurück.

Tabelle 2: Zwischen den Jahren der Volkszählungen: Veränderungen in der Gesamtbevölkerung und der Stadtbevölkerung und jährlicher Zuwachs der Gesamtbevölkerung und der Stadtbevölkerung

Jahre	Gesamtbevölkerung		Stadtbevölkerung	
	Zunahme	Wachstumsrate	Zunahme	Wachstumsrate
1970-1975	4.742.143	2,50	3.631.274	5,06
1975-1980	4.389.238	2,07	3.643.039	4,40
1980-1985	5.927.501	2,49	5.101.305	4,09
1985-1990	5.808.577	2,17	6.589.419	5,00

Quelle: Staatliches Institut für Statistik - Volkszählung 1990

3. Die Beschäftigung von Frauen

Tabelle 3: Prozentualer Anteil an den Arbeitskräften, nach Altersgruppen, Wohnort und Geschlecht

Alters-				Stadt			Land		
gruppe	Ges.	m	w	Ges.	m	w	Ges.	m	w
12-14	18,2	1,9	17,4	8,9	12,7	4,8	28,8	26,5	31
15-19	43,5	51,2	35,4	30,7	42,6	17,1	58,5	62,2	55,0
20-24	59,4	84,2	40,3	49,7	79,5	25,9	72,1	90,8	58,5
25-29	66,0	97,1	35,7	59,6	96,8	22,9	76,0	97,5	55,6
30-34	66,5	98,2	35,9	60,7	98,3	21,4	75,4	98,1	55,9
35-39	67,4	98,1	34,6	60,9	98,5	20,4	76,9	97,5	55,3
40-44	66,8	95,8	36,0	58,7	94,9	16,9	78,5	97,1	60,9
45-49	63,0	87,5	35,9	50,7	82,9	12,5	80,4	94,5	66,3
50-54	55,0	75,2	34,9	39,5	65,9	8,4	71,5	86,8	58,7
55-59	50,8	67,3	32,8	29,5	48,2	7,9	69,0	84,3	52,9
60-64	36,8	52,3	20,5	16,7	31,0	2,8	53,9	69,1	36,8
65 +	20,6	29,5	11,2	7,7	14,6	0,4	30,4	40,6	19,4
Gesamt	51,6	71,2	31,9	42,4	67,7	15,9	62,7	75,8	50,4

Quelle: Staatliches Institut für Statistik – Erhebung von April 1994

Der Gesundheitszustand der Kinder und ihre Ausbildung sowie die wirtschaftliche Lage der Familie stehen in engem Zusammenhang mit dem Bildungsniveau und der Position der Frauen im gesellschaftlichen und ökonomischen Leben. In der Türkei ist die Teilnahme der Frauen an ökonomischen und sozialen Aktivitäten in der Gesellschaft begrenzt. Im nationalen Maßstab ist die Teilnahme der Frauen am Arbeitsmarkt nur halb so groß wie bei den Männern, in den Städten sinkt sie auf ein Viertel.

In den ökonomisch hoch produktiven Altersgruppen zwischen dreißig und 39 Jahren sind 98 Prozent der Männer am Arbeitsleben beteiligt, bei den Frauen sind das 35 Prozent. In den ländlichen Gebieten steigt dieser Anteil zwar auf fünfzig Prozent, hier handelt es sich jedoch um unbezahlte Arbeit in Familienunternehmen, sodass man hier nicht von Arbeit im modernen Sinne sprechen kann. Das nicht ausreichende Bildungsniveau der Frauen ist ein Hindernis für ihre Beschäftigung in urbanen Regionen. Selbst bei gleicher Bildung ist ihre Beteiligung am Arbeitsmarkt geringer als bei den Männern.

Tabelle 4: Beteiligung am Arbeitsmarkt, nach Bildungsniveau, Wohnort und Geschlecht

Bildungs-	Gesamt			Stadt			Land		
niveau	Total	m	w	Ges.	m	w	Ges.	m	w
Analphabeten	38,5	61,9	32,0	15,9	50,9	6,7	51,5	67,7	46,6
Lese- und schreibfähig, aber ohne Abschluss	38,1	55,5	23,9	25,0	49,7	8,1	50,5	60,1	41,3
Grundschule	55,7	76,3	32,9	43,3	71,4	12,6	69,1	81,6	55,1
Sekundar- und vergleichbare Schulen	39,9	53,7	15,0	37,0	52,9	12,0	47,3	55,5	25,5
Berufsschule	27,1	34,9	13,2	26,5	35,0	12,5	28,3	34,7	17,8
Abitur	59,7	75,1	36,2	56,0	72,8	33,2	73,7	82,2	54,4
Fach(hoch)-Schule	69,5	80,8	46,0	66,1	78,7	43,4	84,9	88,5	69,2
Universität	85,7	87,9	80,9	54,7	87,3	79,3	91,2	91,4	90,8
Gesamt	51,6	71,2	31,9	42,4	67,7	15,9	62,7	75,8	50,4

Quelle: Staatliches Institut für Statistik – Erhebung von April 1994

Tabelle 5: Beschäftigungssituation, nach Geschlecht und Wohnort

Arbeits-	Gesamt			Stadt			Land		
position	Total	m	w	Ges.	m	w	Ges.	m	w
Gesamt	100,0	100,0	100,0	100,0	100,0	100,0	100,0	100,0	100,0
Abhängig Beschäftigte	31,8	37,5	19,2	57,9	56,6	64,2	12,0	16,7	5,6
Tagelöhner	6,8	8,4	3,4	9,1	9,6	6,5	5,1	7,0	2,4
Unternehmer	5,7	8,1	0,3	10,7	12,7	1,0	1,8	3,2	0,0
Selbständige	24,8	31,5	10,2	16,2	16,8	13,0	31,3	47,5	9,4
Unbezahlte Arbeit in der Familie	31,0	14,5	66,9	6,1	4,3	15,2	49,8	25,7	82,6

Quelle: Staatliches Institut für Statistik – Erhebung von April 1994

Schlussfolgerungen aus den oben stehenden Tabellen:

- das Gros der Frauen arbeitet als unbezahlte Familienarbeiterinnen,
- nur sehr wenige Frauen sind sozialversichert,
- die Beteiligung der Frauen am Arbeitsmarkt verringert sich mit zunehmendem Alter,
- bei der Bilanzierung des Nationaleinkommens wird die Arbeit der Hausfrauen nicht berücksichtigt, diese Arbeit scheint unsichtbar zu sein,
- Frauen werden für Schwarzarbeit eingesetzt,
- in den kommunalen Verwaltungen und in der Regierung gibt es weniger Frauen,
- Frauen betrachten politische Aktivitäten nicht als Hauptsache,
- obwohl die Qualität der weiblichen Arbeitskräfte in den staatlichen Büros besser ist, arbeiten sie nicht auf administrativen Ebenen,
- ein Drittel der Universitätsprofessoren sind Frauen, es gibt jedoch an den 52 Universitäten keinen weiblichen Rektor. Eingeräumt werden muss an dieser Stelle jedoch, dass UniversitätsprofessorInnen gesellschaftlich keinen hohen Status inne haben und ihre Bezahlung sehr niedrig ist.

4. Das Bildungsniveau der Frauen

Tabelle 6: Bildungsniveau der Bevölkerung, nach Geschlecht und Wohnort

	Stadt		Land	
Bildungsniveau	m	w	n	w
Analphabeten	8,67	22,94	18,35	42,00
Lese- und schreibfähig	15,37	15,32	19,27	16,26
Grundschule	51,10	46,53	44,11	34,75
Sekundarschule	10,04	6,12	8,15	3,20
Abitur	10,08	6,83	7,45	2,98
Universität	4,60	2,12	2,60	0,75

Quelle: Staatliches Institut für Statistik – Volkszählung 1990

Bezogen auf die Volkszählung von 1990 sind 28 Prozent der Frauen Analphabeten; bei den Männern beläuft sich dieser Anteil auf 11,2 Prozent. Auf dem Lande erreicht die Analphabetenrate bei den Frauen bis zu 37,4 Prozent. Das allgemeine Bildungsniveau bei den Frauen ist geringer als bei den Männern. So haben z.B. 43 Prozent der Frauen einen Grundschulabschluss und 1,8 Prozent ein Universitätsdiplom; bei den Männern sind das 49 Prozent und 4,2 Prozent. Auch im Vergleich zwischen städtischen und ländlichen Gebieten differieren diese Zahlen. Generell sind die Männer und Frauen im Osten der Türkei weniger gebildet als im Westen des Landes. Beispielsweise sind 9,2 Prozent der Frauen in städtischen Gebieten und 1,5 Prozent der Frauen auf dem Lande Absolventinnen von gymnasialen Schulen. Bei den Männern sind das 12,8 bzw. 4,3 Prozent.

Der Prozentsatz der Jungen, die zur Schule angemeldet werden, ist höher als bei den Mädchen. Die Anmeldung zur Grundschule ist bei beiden Geschlechtern fast gleich. Danach entstehen beträchtliche Unterschiede. Bei beiden Geschlechtern gibt es unterschiedliche Anmeldungsquoten in Stadt und Land. Die ländliche weibliche Bevölkerung wird beträchtlich seltener für die Schule angemeldet als die städtische männliche Bevölkerung. Mit zunehmendem Alter vergrößert sich die Lücke zwischen Männern und Frauen:

- ein Viertel der Frauen sind Analphabeten,
- Mädchen werden weniger zur Schule angemeldet,
- Mädchen verlassen die Schule früher,
- Familie und Gesellschaft betrachten die Bildung der Mädchen nicht als wichtig,
- in der Familie kommen die Mädchen an zweiter Stelle – nach den Jungen,
- auf Grund der Entfernungen zu den Schulen gibt es Transportprobleme, daher verlassen die Mädchen die Schule früher,
- bei ökonomischen Problemen in der Familie werden die Jungen beim Schulbesuch bevorzugt,
- die Mädchen werden als zweite Mutter in der Familie betrachtet,
- zwischen ländlichen und städtischen Gebieten gibt es große Unterschiede bei der Anmeldung zur Schule,
- selbst die Schulbücher treffen diskriminierende Wertungen.

5. Sozial- und Familienstruktur/Gewalt gegen Frauen

Die Türkei hat sehr heterogene soziale und kulturelle Strukturen. Zu verzeichnen ist die Koexistenz von Moderne und Tradition; zwischen den Bevölkerungsgruppen gibt es scharfe Kontraste. Besonders bei den Bewohnern der Großstädte sind die Lebenseinstellungen vergleichbar mit denen in der westlichen Welt. In den ländlichen Gebieten sind die Menschen konservativer und religiöser. In den weniger entwickelten Gebieten im Norden und Osten hält sich eine traditionelle Opposition gegen die Modernisierung.

Die familiären Bindungen sind stark und haben Einfluss auf die Herausbildung von Werten, Einstellungen und Zielen. Obwohl die Gesetze hinsichtlich der Gleichheit der Geschlechter relativ liberal sind, ist die patriarchalische Ideologie nach wie vor prägend für das gesellschaftliche Leben.

Für die Eliminierung aller Arten von Gewalt gegen Frauen und Mädchen werden nicht ausreichend Mittel eingesetzt. Häusliche Gewalt, einschließlich sexueller Gewalt in der Ehe, wird immer noch als Privatsache behandelt. Hinsichtlich des Schutzes der Opfer häuslicher Gewalt sind die Gesetze nicht wirksam genug. Es gibt keine juristischen Maßnahmen gegen schädliche und schmerzhafte traditionelle Praktiken, wie Tötung von Frauen aus Gründen der Familienehre und genitale Verstümmelung. Selbst die Medien stellen die von Gewalt betroffenen Frauen als die Schuldigen hin und betonen die traditionellen Werte.

6. Vorschläge

Die bis jetzt genannten Informationen dienten der Beschreibung der Lage der Frauen in der Türkei. Heute gibt es in der Türkei eine Diskussion über das Zivilrecht, wobei die meisten Gesetze zum Vorteil der Frauen geändert wurden. Es gibt private und staatliche Organisationen, die sich um die Verbesserung der Lage der Frauen und Mädchen und um die Entwicklung ihrer Möglichkeiten bemühen. Es ist jedoch sehr schwierig, die soziale Mentalität zu verändern und dabei die Unterstützung der ganzen Gesellschaft, einschließlich der Frauen, zu finden. Was kann und soll getan werden?

- Hilfe für die Frauen beim Erwerb einer guten Bildung,
- Hilfe für die Eltern bei der Erziehung der Kinder,
- Ausbildung der Frauen für die berufliche Zukunft,
- Verknüpfung von Bildungsprogrammen mit regionalen Traditionen und Bedürfnissen,
- Stärkung der Frauen mit Möglichkeiten und Ressourcen, die ihre Präsenz auf allen sozialen Ebenen ermöglichen.

Demografische, soziale, ökonomische, pädagogische und familiäre Strukturen sind eng miteinander verknüpft. Der Erfolg sozialer Programme ist abhängig von der Veränderung und Entwicklung der sozialen Strukturen. Wenn die sozialen Strukturen sich nicht für diese Programme öffnen, so bleiben sie Theorie. Die Situation der Frauen und Mädchen ist vergleichbar mit einem Recyclingprozess: Mütter erziehen ihre Töchter so, wie sie selbst erzogen wurden. Die Zukunft der Mädchen beginnt mit der Zukunft ihrer Mütter, der Familie, den ökonomischen Bedingungen und der Bildung; am wichtigsten dabei ist die Entschlossenheit und Kraft der Mädchen, die sagen: »Wir wollen eine Zukunft!«.

Literatur

Arat, Necla: Being Women in Turkey – Say Publications. Istanbul April 1996

Altuntek, Serpil, N.: Relative Marriages in Van Region – Cultural Ministry. Ankara 1993

Aktüel Medical Journal – Women's Health: Special Edition, Volume 6, Number 1, Ankara January/February 2001

KIDOG – For Women Support Establishing Group: Education, Legal Status, Reproductive Health and Women in Turkey. Introductary Pamplet

Prime Ministry of the Turkish Republic – State Planning Organization: Economic and Social Ratios from 1950 to 1997. Ankara March 1997

Prime Ministry of the Turkish Republic – Department of Women`s Status and Problems: Supporting Women's Enterprises in Turkey. Ankara December 2000

Prime Ministry of the Turkish Republic – Department of Women's Status and Problems: Socio-economic Aspects of Women's Joining Problems to the Workforce in Urban Areas. Ankara May 2000

Prime Ministry of the Turkish Republic – Department of Women's Status and Problems: The Elements in Popular Cultur Products Which Could Effect Women`s Employment. Ankara April 2000

Prime Ministry of the Turkish Republic – Department of Women's Status and Problems: New Production Processes and Women. Ankara November 1999

Prime Ministry of the Turkish Republic – Department of Women's Status and Problems: Women in Health. Ankara April 2000

Prime Ministry of the Turkish Republic – Department of Women's Status and Problems: Gender Discrimination – Eductional Sector Example in Turkey. Ankara December 1999

Prime Ministry of the Turkish Republic – Department of Women's Status and Problems: Contrubution of Workforce Training Courses to Women's Employment. Ankara August 1999

Prime Ministry of the Turkish Republic – Department of Women's Status and Problems: Urban Area Women as Workforce Who Are Ready to Work and Their Changes. Ankara August 1999

Prime Ministry of the Turkish Republic – Department of Women's Status and Problems: National Action Plan for Application of Results and Suggestions of IV World Women Conference – Pekin 1995. Ankara August 1998

Prime Ministry of the Turkish Republic – Department of Women's Status and Problems: Gender Discrimination in School Books. Ankara December 2000

Prime Ministry of Turkish Republic – Department of Women's Status and Problems: Situations and Future of Women Who work in the Food Sector. Ankara December 1999

Prime Ministry of the Turkish Republic – Department of Women's Status and Problems: Gender Discrimination in the Banking Sector. Ankara October 2000

Prime Ministry of the Turkish Republic – Department of Women's Status and Problems: New Perspectives for Women Employment and Possible Demands for Women in the Workforce. Ankara April 2000

Prime Ministry of the Turkish Republic – Department of Women's Status and Problems: Women 2000 Gender Equality, Development and Peace for 21, Century (Pekin + 5). Ankara July 2000

Prime Ministry of the Turkish Republic – Department of Women's Status and Problems: Effects of Education for Rural Area Women on Employment in Izmir. Ankara October 1999

Prime Ministry of the Turkish Republic – Department of Women's Status and Problems: Contribution of the Rural Area to Women in Employment. Ankara February 2000

Prime Ministry of the Turkish Republic – Department of Women's Status and Problems: Symposium of Women in Law – Ankara, 30th September to 1st October 1999. Ankara December 2000

Prime Ministry of the the Turkish Republic – Department of Women's Status and Problems: Tendencies for Girls in Occupational Education and Employment. Ankara May 2000

Prime Ministry of the Turkish Republic – Department of Women's Status and Problems: Turkish Republic Constitution in the Joining Process of the European Community and Politics of Women's and Men's Equality. Ankara December 2000

State Ministery of the Turkish Republic: Law for Protection of Family and Application

Ministry of Health General Directorate of Mother and Child Health and Family Planning, Hacettepe University Institute of Population Studies, Demografic and Health Surveys – Macro International Inc.: Mother's Health, Family Planning Services and Willingly Miscarriages. Ankara December 1996

Ministry of Health General Directorate of Mother and Child Health and Family Planning, Hacettepe University Institute of Population Studies, Demografic and Health Surveys – Macro International Inc.: Demografic and Health Survey 1993. Ankara October 1994

Turkish Republic and Unicef Corporation Programme: Analysis of Mother's and Children's Situation in Turkey from 1991 to 1995. Ankara April 1991

Turkish Republic and Unicef Corporation Programme: Analysis of Mothers and Childrens's Situation in Turkey. Ankara July 1996

Die Originaltitel wurden von der Autorin in die englische Sprache übersetzt. Konkrete Literaturangaben können bei ihr erfragt werden.

■ Luise Hartwig

Zur Situation von Mädchen und jungen Frauen in Spanien – Zusammenfassung eines Referates von Menchu Ajamil

Zusammenfassung: Der Kurzbeitrag fasst ein Grundsatzreferat von Menchu Ajamil zu den historischen Entwicklungen in den letzten Jahrzehnten in Spanien zusammen. Das Referat von Menchu Ajamil wurde im Rahmen einer IGfH-Studienreise in Madrid sowie im Rahmen des EU-Forums vorgetragen. Der Beitrag gibt schlaglichtartig die rasante und zugleich widersprüchliche Entwicklung wider, die das Land nach Ende der Franco-Diktatur erfahren hat.

1. Historischer Rückblick

In Spanien gab es bis in die zwanziger Jahre dieses Jahrhunderts wenig industrielle Veränderungen. Eine industrielle Revolution fand nicht statt. In den beiden autonomen Regionen Katalonien (Textilindustrie) und Baskenland (Stahlindustrie) gab es aufgrund der Industrie viel Zuzug von Menschen aus anderen Regionen. Etwa fünfzig Prozent der Bevölkerung stammt nicht ursprünglich aus diesen Regionen. Zwischen 1931 und 1935 gab es bereits einmal zwei Ministerinnen. Diese auch an Frauen ausgerichteten Strukturen wurden aber durch Krieg und Faschismus wieder zerstört. Ebenso sind die Familienbeziehungen durch den Krieg nachhaltig auseinandergerissen worden. Die vierzig Jahre währende Franco-Diktatur, verbunden mit der zentralen Stellung der katholischen Kirche, hatte fatale Folgen für Spanien und führte zu einer völligen Isolation des Landes. Die ausgeprägte Armut im Land machte Frauen zu Armutsverwalterinnen. Der Bildungsstand der Bevölkerung war extrem niedrig. Noch 1985 lebten in Spanien drei Millionen AnalphabetInnen und neun Millionen faktische AnalphabetInnen, die das Schreiben und Lesen wieder verlernt haben. Eine allgemeine Schulpflicht gibt es in Spanien erst seit 1970.

Während der Franco-Diktatur, die bis 1974 dauerte, verließen viele Intellektuelle das Land und gingen nach Frankreich, Mexiko und Lateinamerika.

Ebenso gingen seit den sechziger Jahren viele SpanierInnen nach Europa zum Arbeiten und brachten Devisen in das Land. Auch der Boom des Tourismus in Spanien in den sechziger und siebziger Jahren brachte viele Devisen ins Land und senkte ebenso die Arbeitslosigkeit. Daneben führte die Intensivierung der Kontakte zu den europäischen Nachbarn zu einer Öffnung der »Gemüter und Geister«, die durch die ersten RückkehrerInnen aus den Nachbarländern gefördert wurde. Auch die TouristInnen brachten den 'europäischen Gedanken' nach Spanien.

Die Kirche wurde durch die Theologie der Befreiung liberaler und stellte sich zunehmend auch auf die 'Bewegung von unten' ein. Das politische System wurde durch linke Strukturen, die im Ausland vorbereitet wurden, von innen aufgeweicht. Marxistische Ideen fanden zunehmend Verbreitung. Politische Parteien waren in Spanien bis 1975 verboten. In der Franco-Ära gab es kein System der sozialen Sicherung. Caritative Aufgaben wurden von der Kirche wahrgenommen. Einen Anspruch auf Hilfe gab es für die Bevölkerung nicht. Viele Arbeitslose emigrierten demzufolge.

Die Verfassung Spaniens datiert aus dem Jahre 1978. Die sieben Gründer der Verfassung stammen aus allen politischen Richtungen. Vor allem die linken Parteien waren gut im Ausland organisiert. Für Frauen war bis zu diesem Zeitpunkt alles verboten. Das Leitbild für ihr Leben war das der Jungfrau Maria. Wenn Frauen erwerbstätig waren, so beendeten sie ihre Berufstätigkeit bei Eintritt in die Ehe. Kinder, Küche und Kirche bestimmten fortan ihr Leben. Neue Orientierungen für Frauen gab es auch in den siebziger Jahren noch nicht. Die neuen Parteien beschäftigten sich nicht mit Feminismus und wiesen Frauen soziale Aufgaben zu. Soziale Einrichtungen für Kinder (z.B. Don Bosco) entstanden Ende der sechziger Jahre. Es gab für diese Einrichtungen aber zunächst keine staatliche Unterstützung.

Nicht der Staat, sondern die Großfamilie betrieb und betreibt in Spanien soziale Dienstleistungen. Jugendliche bleiben bis zum Erwachsenenalter in der Familie, ebenso wie Alte von den Familien gepflegt werden, auch wenn sie tagsüber ambulante Angebote wahrnehmen. Eine Kranken- und Rentenversicherung gibt es seit den fünfziger Jahren, aber keine Arbeitslosenversicherung.

In den siebziger Jahren gab es große Konflikte zwischen Franco-Anhängern und Linken. Ein offensiver Dialog über politische Perspektiven bildete den Beginn des Wandels in Spanien. Schließlich wurde 1979/80 die Demokratie eingeführt und Europa als Modell gewählt. Dass diese Entwicklung friedlich verlief, erstaunt bis heute viele SpanierInnen. 1982 begann die Gonzales-Zeit. Mit ihm gewann ein junger sozialistischer Politiker die Wahl. Er führte die Übernahme der europäischen Sozialsysteme ein. Die Löhne blieben niedrig. Heute liegt das Bruttosozialprodukt Spaniens weltweit auf Rang zwölf, was eine mittlere Position zwischen Lateinamerika und Nordeuropa darstellt.

Zusammenfassend lässt sich feststellen, dass Spanien nach 200 Jahren Niedergang nun auf zwanzig Jahre Blütezeit und Aufschwung zurückblickt. Die rasante Entwicklung der letzten zwanzig Jahre erklärt manche Ungleichzeitigkeit in der Lage der Bevölkerung. Spanien hatte eine längere Diktatur als Griechenland oder die Türkei.

2. Aktuelle Entwicklung

In dem Zeitraum von 1986 bis 1992 fand ein rasanter Wandel der Frauenrolle statt. Die junge Demokratie widmet sich auch den Frauen. Das Fraueninstitut auf Landesebene wird gegründet und untersteht dem Ministerium für Arbeit und Soziales. Spanien hat kein föderales System, sondern ist ein Königreich mit vierzig Millionen EinwohnerInnen. Die Geburtenrate sinkt ständig, während die Lebenserwartung steigt. Zurzeit werden 1,2 Kinder je Familie geboren. Das entspricht der niedrigsten Geburtenrate in Europa. Die Frauen drängen zunehmend auf den Arbeitsmarkt, haben aber relativ geringe Chancen auf Dauerarbeitsplätze. Das größte Problem ist die Jugendarbeitslosigkeit.

Für die Geburt eines Kindes erhalten Frauen sechzehn Wochen Lohnfortzahlung. Anschließend müssen sie die alte Stelle wieder antreten, wenn sie sie nicht verlieren wollen. Bei der Betreuung der Kinder helfen Eltern und Nachbarn. Die Spanierinnen wünschen sich Kinderkrippen und -tagesstätten, die es aber nicht ausreichend gibt, und die auch für die meisten unerschwinglich sind. Die Verfassung garantiert den Schutz der Kinder. Ein Jugendhilfesystem wie in der Bundesrepublik existiert nicht.

■ Miriam Merino Martinez

Asociación Mujeres Opañel[1] in Madrid – ein Projekt für arbeitlose (junge) Frauen

Zusammenfassung: Im folgenden Projektbericht wird der breite Tätigkeitsbereich der international vernetzten Frauenvereinigung Opañel mit seinem Hauptsitz in Madrid vorgestellt. Geschildert wird ein innovativer Ansatz der Koppelung von Projekten und Programmen für benachteiligte Frauen und Mädchen im Ausbildungs- und Berufsbereich mit der psychosozialen Beratung, Betreuung und Unterstützung. Der Verein unterhält eigene kleine Betriebe, die Arbeitsplätze für (junge) Frauen schaffen. MitarbeiterInnen geben ihre Erfahrungen auf den Gebieten Vereinswesens und Umwelt in Bildungsprogrammen an andere weiter. Der Bericht enthält zudem einige Informationen zur aktuellen Gesetzgebung und zum Problem der Gewalt gegen Frauen in Spanien.

Grundsätzliches zur Frauenvereinigung Opañel

Die Frauenvereinigung Asociación Mujeres Opañel ist eine Nichtregierungsorganisation (NRO), die in den Autonomen Regionen Madrid, Kastilien – La Mancha und Kastilien – León tätig ist. Zweck unserer Organisation ist die Erarbeitung von Programmen und Maßnahmen für Frauen, damit diese sich mit Hilfe eines ganzheitlichen Prozesses aktiv in die Gesellschaft eingliedern.

Zu den wichtigsten von uns angestrebten Zielen zählen:

- Die Entwicklung von Aktivitäten für Frauen, die geringe Möglichkeiten haben, Zugang zu einem Ausbildungsprogramm zu finden und die eines Arbeitsplatzes bedürfen,
- die Förderung des Vereinswesens und von Netzwerken der Frauenorganisationen,
- Einführung von Programmen, die auf die Chancengleichheit zwischen Männern und Frauen abzielen,
- Annäherung zwischen den Unternehmen und den Arbeitnehmerinnen, mit dem Ziel die gegenseitigen Erwartungen besser kennen zu lernen und den Arbeitseingliederungsprozesse zu optimieren.

1 Übersetzung: Frauenvereinigung Opañel.

Unser Sitz befindet sich im Madrider Stadtbezirk Carabanchel, dessen Bevölkerung im Allgemeinen über ein mittleres bis niedrigeres kulturelles, soziales und wirtschaftliches Niveau verfügt und in dem bis vor vier Jahren viele benachteiligte Menschen wohnten, die heute weitgehend in die übrige Bevölkerung integriert sind. Wir verfügen über ein sehr junges Team von qualifizierten Fachleuten, der Altersdurchschnitt liegt bei ca. 28 Jahren. Unsere Präsidentin ist die älteste Person unter uns, sodass sich in der Vereinigung gerade ein wichtiger Generationswechsel vollzieht. Das Team besteht aus folgenden Mitarbeiterinnen: Direktorin und Koordinatorin der Programme, Psychologinnen, Pädagoginnen, Anwältinnen, Wirtschaftswissenschaftlerinnen, Betriebswirtinnen, Sozialarbeiterinnen, Arbeitsberaterinnen und Büropersonal. Wir verfügen zudem über ein Programm mit freiwilligen Mitarbeiterinnen, unter denen sich Sozialarbeiterinnen, Psychologinnen, soziokulturelle Moderatorinnen usw. befinden. Der Verein hat sich in seiner Geschichte in folgenden Arbeitsfeldern engagiert:

- Ausbildung,
- Beruf,
- Verein,
- Umwelt.

1. Ausbildung

Wir versuchen, jenen Frauen die Teilnahme an Ausbildungs- und Berufsprogrammen zu erleichtern, die über keine Ausbildungs- und Berufschancen verfügen bzw. keine Zugangsmöglichkeiten zu standardisierten berufsbildenden Programmen haben. Zu unserer Zielgruppe gehören auch Frauen und Mädchen, die Schwierigkeiten haben, einen Arbeitsplatz auf dem geregelten Arbeitsmarkt zu bekommen. Eine der wesentlichen Barrieren der von uns betreuten Frauen und Mädchen besteht zumeist in ihrem Bildungsniveau. Dieses hindert sie daran, trotz bestehender Zugangsmöglichkeiten zur Berufsausbildung einen qualitativ ansprechenden Arbeitsplatz zu bekommen. Um dieses Hindernis zu überwinden, haben wir mit einem Vorprogramm zur Berufsausbildung, d.h. mit Maßnahmen der *Alphabetisierung und Bildung von Frauen*, begonnen.

1. Berufsbildende Maßnahmen

Wir haben Ausbildungsprogramme in folgenden Bereichen ausgearbeitet:

Geriatrie:

- häusliche Hilfe,

- häusliche Helferinnen mit Spezialisierung auf Personen mit Alzheimer,
- Geriatriehelferinnen,
- psychosoziale Aspekte des Alterns,
- häusliche Betreuung von Personen mit spezifischen Erkrankungen,
- Hygiene und persönliche Sicherheit,
- Dienstleistungen zur Betreuung von hilfsbedürftigen Personen.

Umwelt:
- ökologische Gartenwirtschaft,
- Arbeiterinnen in Abfallrecyclinganlagen,
- Arbeiterinnen in städtischen Müllsortieranlagen,
- Recycling und Wiederherstellung von Möbeln,
- Verwaltung und Organisation von städtischen Grünanlagen,
- Mitarbeiterinnen in Baumschulen,
- Fortbildnerinnen in Umweltfragen.

Gastronomie und Tourismus:
- Alternativtourismus,
- Helferinnen in Großküchen,
- Kellnerin für Restaurants und Bars,
- Etagenkellnerinnen in Hotels,
- Helferinnen in Reinigungsdiensten.

Kaufmännischer Bereich:
- Verkaufstechniken,
- Vertriebstechniken,
- EDV-unterstützte Buchhaltung,
- Kundendienst.

a) In allen Ausbildungskursen wird der spezifische Berufsinhalt durch Praktika in Betrieben sowie durch weitere Module ergänzt:
   - Arbeitsfertigkeiten und persönliche Entwicklung,
   - Arbeitsorientierung und aktive Stellensuche,
   - juristisch-unternehmerische Orientierung zur Selbständigkeit.

b) Gleichzeitig gestalten wir Fortbildungsmaßnahmen in Unternehmen, die für Frauen gedacht sind, die bereits einen Arbeitsplatz haben, jedoch ihre Qualifikation verbessern oder an die *neuen Berufsabschlüsse anpassen* müssen. Diese Fortbildung erfolgt grundsätzlich in den zuvor genannten Bereichen.

c) Wie führen auch *Alphabetisierungs- und Grundbildungsprogramme* für Zigeunerinnen durch. Wir arbeiten mit dieser Gruppe, da sie in Spanien unter einer enormen Ungleichheit leiden und darum viele soziale Schwierigkeiten haben. Wir engagieren uns für diese Gruppe von Frauen, um auch zu einem gesellschaftlichen Einstellungswechsel beizutragen. Diese Programme laufen sowohl in Madrid als auch in der Autonomen Region Kastilien – La Mancha.

2. Beruf

1. Wir führen folgende Programme durch: Beratungs- und Informationsprogramme, Förderung von sozialen und beruflichen Fähigkeiten, Techniken und Strategien zur Eingliederung in die Arbeitswelt, individuelle Arbeitsmotivierung zur systematischen und erfolgreichen Arbeitssuche. In diesem Sinne leisten wir eine *Begleitung bei der Arbeitseingliederung und der aktiven Arbeitssuche.*

2. Zudem führen wir Orientierungs-, Beratungs- und Informationsmaßnahmen für Frauen durch, die ihr eigenes Unternehmensprojekt starten oder ein bereits laufendes Geschäft verbessern möchten. Dafür verfügen wir über einen *Beratungsdienst zur Existenzgründung.*

3. Seit einigen Jahren leisten wir einen wichtigen Beitrag im Wirtschaftsbereich, indem wir Pläne zur *Kooperation mit Unternehmen* aufstellen, mit dem Ziel, eine Annäherung zwischen den Ausbildungsprojekten und den Anforderungen des Arbeitsmarktes zu erreichen. Einige der Ziele dieses Programms sind: die Eingliederung von Fachleuten aus den Unternehmen in unsere Ausbildungsmaßnahmen, die Entgegennahme und Weiterleitung von Arbeitsangeboten, der Entwurf von neuen Fortbildungsprogrammen und die Durchführung von praktischen Einsätzen.

4. Wir wenden auch ganzheitliche Maßnahmen für den Zugang zum Arbeitsmarkt im Rahmen der Arbeitsmarktpolitik der Autonomen Region Madrid an. Wir verfügen dafür über ein *Beschäftigungs- und Entwicklungszentrum*, das vom Arbeitsamt unserer Autonomen Region geschaffen wurde. Somit ist unsere Organisation die einzige soziale Frauenorganisation, die eine Einrichtung dieser Art in der Autonomen Region Madrid verwaltet.

3. Verein

Die Frauenorganisation Opañel verfügt über eine langjährige Erfahrung in der Vereinsarbeit mit Frauen. Wir unterstützen Frauen immer aus verschiedenen Blickrichtungen und mit verschiedenen Maßnahmen, damit sie ihre persönlichen oder beruflichen Ziele erreichen. Seit Beginn der Tätigkeit des Vereins haben wir zahlreiche *Workshops zur Förderung der Frau* veranstaltet, darunter folgende:

- Frauenschule,
- Workshop Familienorganisation,
- Workshop zu sozialen Realitäten,
- Workshop zur Gesundheitsbildung,
- Koedukation,
- Workshop Chancengleichheit,
- Workshop Interkulturalität,
- Workshop für die Kompatibilität zwischen Familien- und Berufsleben.

Wir führen Kooperationsprogramme mit öffentlichen und privaten Einrichtungen für die Ausarbeitung von Aktivitäten zur *Ausbildung von Ausbilderinnen* im Frauenbereich durch. Diese Programme werden im Rahmen von Abkommen mit der Generaldirektion für Frauen in Kastilien – La Mancha, dem Gemeinde- und Provinzverband, Frauenvereinen der Autonomen Region Madrid usw. durchgeführt. Hauptsächlich handelt es sich um Programme auf folgenden Gebieten:

- soziale Kompetenz,
- Vereinsverwaltung und -dynamik,
- Geschichte der Frauenvereinsbewegung,
- Verwaltung von sozialen Gemeindediensten für Frauen,
- Gruppenfertigkeiten und -dynamik.

4. Umwelt

Wir haben ein Unternehmen zur *sozialen Eingliederung im Umweltbereich* eingerichtet. Für die soziale und berufliche Eingliederung von Gruppen mit besonderen Integrationsschwierigkeiten wurde das Unternehmen PMADEL geschaffen. Kernpunkt seiner Aktivitäten ist die Sammlung von Stadtmüll für das Recycling oder zur Wiederverwendung.

Wir arbeiten über Verträge und Abkommen mit folgenden internationalen, nationalen und lokalen Organisationen zusammen:

- Europäischer Sozialfonds,
- Arbeits- und Sozialministerium,
- Generaldirektion für soziale Maßnahmen für Jugendliche und die Familie,
- Institut der Frau,
- Institut für Migration und Sozialdienste.

Autonome Region Madrid:

- Sozialministerium: Generaldirektion für die Frau, Ausbildungsinstitut der CAM (Autonomen Region Madrid),
- Bildung- und Kulturministerium,
- Wirtschaft- und Arbeitsministerium,

- Stadtverwaltung Madrid,
- Gemeinde der Autonomen Region Madrid.

Unsere Zielgruppe

- *Altersgruppen*: Wir betreuen Frauen aller Altersgruppen, wobei wir in letzter Zeit Anfragen von immer jüngeren Frauen erhalten. Insgesamt liegt das Durchschnittsalter zwischen 25 und 35 Jahren. Einer der Besorgnis erregendsten Aspekte jedoch, mit dem wir es gelegentlich zu tun haben, besteht in dem Problem der Eingliederung in die Arbeitswelt – insbesondere bei Frauen über 45 Jahren.

- *Wirtschaftlicher und sozialer Status*: Eine große Zahl der Frauen erhält das I.M.I. (Madrider Integrationseinkommen); so heißt bei uns die Sozialhilfe, die der Staat an denjenigen zahlt, die kein eigenes Einkommen haben oder unter sozialen Problemen leiden. Viele geben an, über ein Familieneinkommen unter 60.000 Peseten zu verfügen (ungefähr 362 EURO im Monat für die ganze Familie).

- *Soziokultureller Status*: In der letzten Zeit hat sich die Anzahl der Frauen am Rande des funktionalen Analphabetentums erhöht, die unsere Dienste in Anspruch nehmen möchten. Das soziokulturelle Niveau ist im Allgemeinen niedrig.

- *Familiensituation*: Der größte Teil der Frauen, mit denen wir arbeiten, ist entweder allein erziehend oder getrennt lebend bzw. geschieden. Gerade für diese Frauen ist es für sie schwerer, einen Arbeitsplatz zu finden und zu behalten als für andere Frauen in einer günstigeren Ausgangssituation.

- *Bildungsniveau*: Die meisten Frauen verfügen über einen Hauptschulabschluss.

Methoden

Zuerst führen wir ein *persönliches Gespräch* mit der Frau, um ihr Profil und ihre Eignung für das eine oder andere Programm zu ermitteln. Die Nutzerinnen unserer Dienste werden in der Regel von den Sozialeinrichtungen zu uns geschickt; einige kommen aus eigenem Antrieb. Dann werden sie den einzelnen *Programmen zugewiesen*, die sich an ihrem Bedarf ausrichten: Berufsvorbereitung, Berufsorientierung, Alphabetisierung usw.

Die Methodik, die wir innerhalb der Projekte verfolgen, basiert auf einer interaktiven und einbeziehenden Philosophie. Wir arbeiten dabei hauptsächlich mit Gruppen, obwohl es auch Einzelangebote gibt. Uns geht es darum, die Teilnahme zu fördern, technische Hilfe zu leisten (pädagogisch, psychologisch), den Zufriedenheitsgrad mit dem Programm und mit den Ausbildern/innen zu erfahren, die Anwesenheit zu erfassen etc.

In diesem Zusammenhang spielt dabei die Motivation der Frauen und Mädchen eine wesentliche Rolle. Sie ist umso wichtiger, als die Mehrzahl der Teilnehmerinnen von Sozialhilfe lebt, was häufig zu einer Gewöhnung und einem geringen Interesse an der Arbeitssuche führt. In allen Projekten, die wir durchführen, sind auch *Module der Persönlichkeitsentwicklung* enthalten (Selbstachtung, soziale Kompetenzen usw.), die auch parallel zu den anderen Maßnahmen durchgeführt werden. Wenn dies beendet ist, findet ein Prozess der Bewertung in zwei Richtungen statt, d.h. sowohl Bewertung der Teilnehmerinnen (Verstehen der behandelten Inhalte, Leistung, Mitarbeit, Motivation, usw.) als auch Bewertung der Programme. Dieser Prozess findet auch nach der Durchführung eines Praktikums bei einem Unternehmen statt. Die Teamarbeit ist für uns unverzichtbar für die regelmäßige Koordination, sowohl intern als auch extern (mit Fachleuten von Sozialdiensten, Ministerien, Unternehmen, usw.).

Gesetzgebung

Vereinbarkeit des Familien- und Beruf

Im Hinblick auf die in Spanien geltenden Gesetze im Bereich Frauen und Arbeit ist die Veröffentlichung des *Gesetzes über die Vereinbarkeit des Familien- und Berufslebens im November 1999* hervorzuheben. Im März 2001, wurde eine neue Reform eingeleitet, mit der die Vereinfachung und Förderung des Zugangs von Frauen zum Arbeitsmarkt bezweckt wird, denn trotz der Fortschritte der vergangenen Jahre sind Frauen bei der Beschäftigung immer noch unterrepräsentiert und befinden sich in einer ungleichen Lage.

Diese Vorschriften sehen Folgendes vor:

1. Vergünstigungen für die *unbefristete Einstellung* von arbeitslosen Frauen im Alter zwischen sechzehn und 45, von Langzeitarbeitslosen und von arbeitslosen Frauen über 45.
2. Vergünstigungen für die Einstellung von Frauen, die *nach der Entbindung* arbeitslos sind, in Form der Übernahme von 100 Prozent der SV-Beitrage für ein ganzes Jahr, wenn die Einstellung innerhalb von 24 Monaten nach der Geburt des Kindes stattfindet.

3. Und schließlich wird der *geringen Präsenz der Frau* in bestimmten Berufen, die traditionell von Männer besetzt sind, entgegengewirkt, und zwar durch die Übernahme von siebzig Prozent des Arbeitgeberanteils an den SV-Beträgen im ersten Jahres des Arbeitsvertrages und von sechzig Prozent im zweiten Jahr. Diese Initiativen fördern die Teilhabe der Frauen am Arbeitsmarkt und sind ein wichtiger Fortschritt, wir sollten jedoch nicht vergessen, dass die Arbeitslosenrate der Frauen immer noch deutlich mehr als doppelt so hoch ist wie die der Männer (Frauen: 14,2 Prozent, Männer nur 6,2 Prozent).

Gewalt gegen Frauen

Das Thema Gewalt gegen Frauen betrifft nicht direkt unseren Tätigkeitsbereich. Uns Frauen von Opañel betrifft das Thema aber trotzdem, weil uns das Problem häufig begegnet. Ich möchte einige Daten aus einer im März 2000 durch das Institut der Frau (Arbeits- und Sozialministerium) durchgeführten Makroumfrage anführen, deren Hauptziel in der quantitativen Erfassung der Gewalttaten gegen Frauen im häuslichen Bereich bestand. Diese landesweite Untersuchung wurde mit Frauen ab achtzehn Jahren durchgeführt, insgesamt wurden 20.552 spanische Frauen befragt. Zu den wichtigsten Ergebnissen zählen folgende:

- 4,2 Prozent der spanischen Frauen, die älter als siebzehn Jahre sind, haben erklärt, während des Jahres vor der Durchführung der Umfrage *Opfer von Misshandlungen* gewesen zu sein, sei es durch eine Person, die in ihrem eigenen Haushalt lebt, oder durch ihren Freund, der in einem anderen Haushalt lebt. Bei insgesamt 15.028.000 Frauen dieser Altersgruppe entspricht dieser Prozentsatz einer Zahl von 640.000 Frauen.
- 12,4 Prozent der spanischen Frauen, die älter als achtzehn Jahre sind, gelten *»technisch« als misshandelt*, was einer Zahl von ungefähr 1.865.000 Frauen entspricht.
- In den meisten Fällen ging die häuslichen Gewalt vom *Partner* aus.
- Mehr als siebzig Prozent der Gewaltopfer leiden darunter schon *seit mehr als fünf Jahren.*

Wenn wir außerdem sehen, dass jedes Jahr in Spanien *mehr Frauen an Misshandlungen sterben als es Opfer des ETA-Terrorismus* gibt, dann können wir die Lage nur als entsetzlich bezeichnen und müssen Maßnahmen zur Lösung dieses ernsten sozialen Problems verlangen, für das es bisher noch keine adäquate Antwort gibt. Insbesondere nicht seitens bestimmter Richter, in deren Urteilen sich eine große Akzeptanz von Gewalt und eine absolute Missachtung des weiblichen Geschlechts feststellen lässt.

Zuletzt möchte ich kurz einige meiner Aufgaben in der Frauenorganisation Opañel schildern. Diese sind zum Beispiel:

- Dozentin in Lehrgängen zur *Persönlichkeitsentwicklung*, bei denen bestimmte Teilbereiche im Zusammenhang mit sozialen Kompetenzen, Selbstachtung, Motivation usw. behandelt werden.
  Workshops zur *Koedukation*: Hier werden Themen aus der Geschlechterperspektive behandelt, bezogen auf die Gesundheitserziehung, das Rollenverhalten und soziale Stereotype, die Gleichheit zwischen Männern und Frauen, Geschlechtergewalt usw.
- *Psychologische Unterstützung* für Frauen der Gemeinde Coslada: Dieses Programm wird von der Verwaltung dieser zur Autonomen Region Madrid gehörenden Gemeinde finanziert. Es ist für volljährige Frauen bestimmt, die aus unterschiedlichsten Gründen psychologische Hilfe brauchen. In der letzten Zeit hat sich die Anzahl der Fälle erhöht, in denen Frauen um Hilfe bitten, weil sie physischen oder psychischen Misshandlungen verschiedener Schweregrade ausgesetzt sind. Alle Frauen können individuelle psychologische Beratung und Hilfe in der Gruppe oder einzeln in Anspruch nehmen. Diese Arbeit liegt mir persönlich sehr am Herzen.
- Psychologische Hilfe für Migrantinnen im Rahmen des von der Madrider Stadtverwaltung subventionierten *Projekts Betreutes Wohnen*.

Abschließend möchte ich darauf hinweisen, dass aus meiner Sicht zwar große Fortschritte in der Gesetzgebung erzielt wurden, dass aber der Wandel der gesellschaftlichen Einstellung gegenüber der Frau damit nicht Schritt hält. Obwohl nach außen ein politisch korrekter Diskurs geführt wird, ist die spanische Gesellschaft noch immer eine »Machogesellschaft«. Hierfür sind meiner Meinung nach besonders die Medien verantwortlich, die ein sehr negatives Frauenbild verbreiten, mit bestimmten Programmen eine »Kultur der Verdummung« pflegen, und für die offenbar nur Schlafzimmergeschichten interessant sind. Aus diesen, aber auch aus anderen Gründen denke ich, dass die Frauen, obwohl sie schon viel erreicht haben, noch einen langen Weg gehen müssen.

■ **Margarita Hundsdörfer** (Übersetzung)

Centro de Atención, Recuperación y Reinserción de Mujeres Maltratadas[1] in Madrid – ein Projekt für misshandelte (junge) Frauen

Zusammenfassung: Im Folgenden werden Auszüge aus dem Rahmenplan 2000 für multidisziplinäre Maßnahmen im Bereich Gewalt gegen Frauen und Kinder der »Federación de Asociaciones de Mujeres Separadas y Divorciadas« (FAMSD) (Zusammenschluss von Vereinen von Frauen, die entweder in Trennung leben oder geschieden sind) abgedruckt. Bestandteil der Maßnahmen ist die Unterstützung eines auf Initiative des Zusammenschusses entstandenen Traumazentrums für die Behandlung, Erholung und Wiedereingliederung misshandelter Frauen und ihrer Kinder in Madrid. Der interdisziplinäre Arbeitsweise dieses Zentrums steht im Mittelpunkt der folgenden Auszüge.

Zum Kontext

Die »Federación de Asociaciones de Mujeres Separadas y Divorciadas« (FAMSD) (der Zusammenschluss von Vereinen von Frauen, die entweder in Trennung leben oder geschieden sind) stellte im Verlauf der letzten 27 Jahre ihrer Arbeit fest, dass der häufigste Grund, weswegen Frauen zu ihnen kommen, die physische und psychische Gewalt ist, der sie von Seiten ihrer Partner ausgesetzt sind.

Die existierenden sozialen Hilfsangebote, Frauenhäuser für Notfälle, in denen Frauen und ihre Kinder für einen Zeitraum von sechs Tagen bis zu einem halben Jahr aufgenommen werden, stellen eine unverzichtbare Hilfe dar, die aber nicht ausreicht. Durch ihre Sozialisierung zur Ungleichheit der Geschlechter sind Frauen verletzbar und Opfer von Gewalt schon in ihrer Ursprungsfamilie. Sie haben keine finanziellen Mittel und auch zu wenig soziale Kompetenzen, um mit Erfolg aus dieser Situation heraus zu kommen. Hinzu kommen meist große Defizite im emotionalen Bereich und eine schlechte Ausbildung. Um ihre einfachsten Bedürfnisse zu befriedigen, arbeiten sie in nicht qualifizierten

1 Übersetzung: Zentrum für die Behandlung, Erholung und Wiedereingliederung von misshandelten Frauen

Jobs, haben lange Arbeitszeiten und werden marginalisiert – verbleiben dabei ohne Zugang zu psychologischer Hilfe. Somit wird ihr Leiden chronisch und irreversibel – mit den entsprechenden Folgeerscheinungen für die Sozialisation ihrer Kinder. Daher kehrt ein großer Prozentsatz der Frauen wieder in das Heim des Partners zurück: Eine Tatsache, die den Zustand noch verschlimmert und jeglichen erneuten Versuch in die Unabhängigkeit zu gelangen für die Zukunft zunichte macht, weil die Bindung Täter/Opfer verstärkt wird durch solch einen mißglückten Versuch.

Vor diesem Hintergrund hat die FAMSD beschlossen, eine Zuflucht ins Leben zu rufen, die sich zum Ziel setzt, umfassend zu intervenieren, indem sie Frauen außer Unterkunft auch ein breites, strukturiertes Programm anbietet, das in fünf Bereichen arbeitet: Psychologie, Sozialarbeit, Rechtshilfe, Zusammenleben und Ausbildung, um damit den Frauen eine sicherere Startbasis zu geben, von der aus sie selbständig ihr Leben meistern können. Sie sollen emotionale Stabilität wieder erlangen, lernfähig werden, um sich in Ausbildung zu begeben und später einen qualifizierteren Beruf ausüben zu können; denn dazu brauchen sie ein großes Maß an Wissen und an sozialer Kompetenz. Sie sollen befähigt werden, Werte zu hinterfragen, Stereotypen und Rollenverständnisse zu überdenken. Dabei erfahren sie das Prinzip der Gleichberechtigung und der sozialen Solidarität. So können sie auch ihren Kindern besser helfen, die meist auch Opfer von Gewalt sind.

All dies kann zusammengefasst als ein Angebot von Bedingungen bezeichnet werden, das es Frauen erlaubt, ihre Situation der Ungleichheit, die sie bis dahin in ihrem Leben erlitten haben, zu überwinden.

Programm für das Jahr 2000

Seit der Eröffnung des »Centro de Atención, Recuperación y Reinserción de Mujeres Maltratadas (CARRMM)« (Zentrum für die Behandlung, Erholung und Wiedereingliederung von misshandelten Frauen) im September 1991 bis zum heutigen Tag sind achteinhalb Jahre vergangen, weswegen die Programmgestaltung für das Jahr 2000 sich an den Resultaten dieser ersten Etappe orientieren wird:

- 80 Prozent der Frauen kommen in das Zentrum wegen Gewalt, die sie schon seit der Kindheit im Elternhaus erlebt haben;
- die Behandlung konzentriert sich daher vor allem auf Einzel- und Gruppen-Motivationstherapie, Methoden der Gefühlskontrolle, Werteerziehung, usw.;
- die Behandlung muss sich stark an den tatsächlichen Bedürfnissen der einzelnen Frauen orientieren;

- dabei sollen Frauen, die besonders geschädigt sind, im Fokus der Maßnahmen stehen.

Das CARRMM-Programm sieht folgendermaßen aus: Es gibt einen Rahmenplan, der die Ziele und Prinzipien des Zentrums beinhaltet, die Zielgruppe und Programme im Arbeitsbereich beschreibt.

Beschreibung von psychosozialen Merkmalen misshandelter Frauen und ihrer Kinder – Festlegung der Zielgruppe von CARRMM

1. Beschreibung von Eigenschaften misshandelter Frauen und ihrer Kinder:
a) biographisch verursachte Benachteiligungen,
b) schwache Verinnerlichung von sozialen und demokratischen Werten,
c) Störungen in der Selbstperzeption und in dem Verständnis sozialer Rollen,
d) psychologische Störungen,
e) vorherrschender Mangel an eignen materiellen Ressourcen.

2. Festlegung der Zielgruppe des CARRMMI innerhalb der Gruppe der misshandelten Frauen:
Das Ziel ist es, zugunsten derjenigen Frauen zu intervenieren, die wegen der allgemeinen strukturellen Geschlechterungleichheit Probleme haben – nicht aber für diejenigen, die aus anderen Gründen Gewalt ausgesetzt waren, wie in Folge von Drogen- und Alkoholabhängigkeit, Prostitution, schweren psychischen Pathologien, usw. Die Dauer des Aufenthalts variiert zwischen neun und achtzehn Monaten. Falls es dringend notwendig erscheint, kann danach die betroffene Frau noch ambulant weiterbehandelt werden. Alle Kinder werden mitbehandelt.

Psychologische Fundamente der ambulanten interdisziplinären Intervention

1. Theoretische Fundamente

Die psychosoziale Intervention soll sich vor allem konzentrieren auf:

- Erholung im Bereich des Motivationsdefizits,
- Ausgleich des kognitiven Defizits,
- Aufarbeitung der emotionalen Defizite,
- Tilgung der Verhaltensdefizite.

2. Arbeitshypothese

Eine systematisch geplante Intervention für eine misshandelte Frau setzt sich aus gezielten Maßnahmen zusammen, die in die Tiefe ihrer Problematik gehen und nachhaltig wirken. Die Frau wird als ganzes Wesen berücksichtigt. Es handelt sich hierbei um ein Kompensationsinstrument, das zum Ziel hat, die sozialen Kompetenzen der betroffenen Frauen zu stärken und ihre Gleichberechtigung zu fördern. Dadurch werden diese Frauen dazu in die Lage versetzt, ihr Leben aus eigener Kraft zu meistern und es in emotionaler sowie in sozio-ökonomischer Hinsicht erfolgreich zu gestalten.

3. Interventionsbedingungen

a) Dauer: neun bis achtzehn Monate, zwei Monate Probezeit.
b) Individualisierung: Das Programm hat zwar einen einheitlichen Plan, aber je nach Bedarf erhält jede Frau das von ihr benötigte Einführungsprogramm.
c) Normalisierung: Obwohl das Zentrum eigene spezifische Programme für seine MitbewohnerInnen hat, wird dafür gesorgt, dass Kinder in öffentliche Schulen gehen und ihren Freizeitaktivitäten auch außerhalb des Zentrums nachgehen können. Das Gleiche gilt für die Frauen in Bezug auf Ausbildung, Freizeit, Sport usw.

Allgemeine Ziele

1. Umfassendes Unterkunfts- und Behandlungsangebot für Frauen, die aus einer Situation der Misshandlung heraus ihr Zuhause verlassen haben:

Das umfassende Angebot sieht folgendermaßen aus:
a) Unterkunft und Verpflegung für die Frauen und ihre Kinder.
b) Spezifische multidisziplinäre Betreuung zur Überwindung ihrer Defizite durch intervenierende Maßnahmen in folgenden Gebieten:
   - psychologischer Bereich,
   - Sozialarbeit,
   - Rechtsberatung,
   - Dimensionen des Zusammenlebens,
   - Ausbildungsfragen.

   Die multidisziplinäre Betreuung erfolgt durch die entsprechenden Arbeitsgruppen, die drei Phasen vorsehen: Anfangs- oder Einführungssphase, Kernphase und Schlussphase. Sie können je nach Bedarf unterschiedlich lang sein. Der Prozess wird Erholungsfahrplan genannt.
c) Information über die Systeme der öffentlichen Sozialisierung (Recht, Arbeit, Gesundheit, Ausbildung, Wohnung, Sozialhilfe, allgemeine Frauenpläne usw.) und Einführung in einen sicheren Umgang mit den betroffenen Behörden und Institutionen.

2. Ambulantes Behandlungsangebot für Frauen, die bei CARRMM Unterkunft gefunden hatten und die ihre Behandlung nach einer Erholungsphase fortsetzen wollen:
Das ambulante Betreuungsangebot wurde auch den Stadtverordneten für Sozialarbeit und Frauenarbeit für Fälle in ihrem Zuständigkeitsbereich angeboten (psychosoziale Betreuung von Frauen und ihren Kindern).

3. Ausführung einer dreifachen Intervention bei Gewalt gegen Frauen und Kinder:
a) Soforthilfe: Zur Verhinderung, dass dieses »Syndrom der misshandelten Frau« chronisch wird.
b) Mittelfristige Hilfe: Zur Verhinderung von sexistischem Rollenverhalten bei den Kindern der mißhandelten Frauen nach dem Muster: »männlich = Täter, weiblich = Opfer«.
c) Langfristige Hilfe: Soziale Sensibilisierung; Erschließung von aktuellen relevanten Informationsquellen zur aktiven und ständigen Nutzung; Erarbeitung und Einführung in die Verwendung von Indikatoren und Handlungsmustern zum Aufspüren von Misshandlungsfällen, deren Meldung zur Anzeige-Erstattung sowie für die Ausarbeitung entsprechender Berichte, in denen diese Gewaltakte den Familien und der Gesellschaft offen dargestellt werden – mit dem Ziel, dadurch allmählich auf breiter Basis Verhaltensänderungen zu erreichen.
d) Besonderes Interesse gilt hier der Entlarvung von Gewalttaten an Kindern, um durch deren Aufklärung präventiv wirken zu können.

4. Forschung:
Wegen Geldmangel musste CARRMM Personal und Mittel kürzen, so dass die Forschung zum Stillstand gekommen ist. Geplant ist aber die Durchführung folgender Forschungsarbeiten:
1. Eingrenzung des psychosozialen Profils von mißhandelten Frauen und Kindern;
2. Ausarbeitung einer Skala zur objektiven Messung von Indikatoren für psychische Misshandlung von Frauen;
3. Vergleichende Studien über Frauen, die misshandelt werden, und solche, die keiner Misshandlung ausgesetzt sind;
4. Studie über die Auswirkungen von Angst und Stress bei misshandelten Frauen;
5. Klärung der Kausalkorrelationen bei der Entstehung von Misshandlungen und bei fortgesetzter Misshandlung.

Das CARRAMM Team schätzt die Forschung als sehr wichtig ein und hat daher auch für diesen Punkt im Subventionsprogramm Mittel beantragt.

5. Interne Kontrolle des Ablaufs und der Implementierung:
Die interne Kontrolle soll den adäquaten Verlauf des Programms sichern. Dafür ist es notwendig, die richtige Einsetzung der menschlichen Ressourcen

(Personal), der Materialien und der technischen Mittel festzustellen. Hier werden wir nur den ersten Punkt analysieren, da die anderen beiden im Evaluierungskapitel behandelt werden.

Personal

Hierbei geht es um die Überprüfung der Arbeit der Angestellten, sowohl im Bereich der tatsächlichen Erledigung ihrer Aufgaben, als auch in Bezug auf die Qualität ihrer Arbeit.

Im Bereich des Rechts:
- Zahl der Interviews, Lebensgeschichten, Versammlungen,
- Zahl der Eingriffe mit Rechtsanwälten, Richtern,
- Zahl der Konferenzen mit den Teammitgliedern.

Im Bereich der Psychologie (unterschieden zwischen Frauen und Kindern):
- Zahl der Einzel- und Gruppentherapien,
- Zahl der Berichte, Versammlungen,
- Zahl der Diagnosen.

Im Bereich der Sozialarbeit:
- Zahl der Evaluierungen bei Aufnahmeanträgen,
- Zahl der Versammlungen, Treffen mit technischem Personal,
- Zahl der Treffen mit VertreterInnen von Institutionen außerhalb des Zentrum zur Sensibilisierung
- Zahl der Nachfolgetreffen.

Im Ausbildungsbereich:
- Zahl der Einzel- und Gruppenbetreuung im schulischen Bereich,
- Zahl der Unterrichtsstunden in verschiedenen Bereichen.

Im Bereich des Zusammenlebens:
- Zahl der Gespräche über Aspekte des Zusammenlebens, der Demokratie,
- Zahl der Treffen mit den Mitgliedern der anderen Gruppen.

6. Evaluation/Indikatoren

a) Makroindikatoren der Implementierung des CARRMM- Projektes
   1. Partizipation der MitarbeiterInnen des Projekts,
   2. Koordination des Programms mit den Repräsentanten der Sozialschutzsysteme,
   3. Einpassung des Programms in die Politik der Zentral-, Regional- und Lokalverwaltung,

4. Partizipation der Frauen am Programm,
5. soziale Auswirkungen des Programms,
6. Übertragbarkeit.

b) Indikatoren der systematischen Messung des individuellen Grades der spezifischen Zielerreichung des Programms
Die Indikatoren sind erarbeitet worden mit Blick auf die Effizienz, die den Erfolg des abgesteckten Ziels widerspiegelt:
1. Indikatoren der Beobachtung dessen, wie Frauen auf das Programm reagieren:
Es wird nur eine Variable gemessen, von 0 bis 5, wobei 0 die Abwesenheit einer positiven Reaktion darstellt und 5 die positivste.
Die Indikatoren sind:
   - Pünktlichkeit,
   - Partizipation,
   - Ausführung der aufgetragenen Aufgaben,
   - Initiativen, autonome Selbstbestimmung vs. Abhängigkeit, Kooperation vs. Konfliktivität.
2. Indikatoren für zunehmende Selbständigkeit: Sie werden genutzt zur Evaluierung
   - der Resultate, welche die Frauen in jeder Phase des Programms erzielt haben,
   - des erreichten Erholungsgrades: Hier wird die Qualität der Erholung jeder Programmteilnehmerin gemessen.

c) Entscheidungsprozess: Hier werden die Verbesserungen oder Veränderungen, die im Projekt vorgenommen wurden, erläutert: In Bezug auf Methodik, Organisationsstruktur und Entwicklungsstrategien.
d) Analyse von unvorhergesehenen Folgen (Ursachenforschung).
e) Quantitative und qualitative Evaluierung der erhaltenen Resultate.

Spezifische Ziele

Die spezifischen Ziele des Rahmenprogramms sind die des multidisziplinären Programms, so dass dessen Ziele und Zeitplanungen in den fünf Arbeitsbereichen des Programms spezifiziert dargestellt werden.

Organisation der hauseigenen multidisziplinären Intervention

a) Interventionsarten
Wie vorher erläutert, ist eine der Anforderungen an die Intervention die Normalisierung des Alltags für möglichst alle betroffenen Frauen und Kinder – und ihre Aufnahme in das Netzwerk der öffentlichen Hilfsangebote der rele-

vanten Institutionen. Daher beziehen wir uns hier auf die Organisation der Interventionsmaßnahmen im Zentrum selbst, die folgende Stufen anbietet:

1. Individuelle-/Familienintervention:
Nachdem die Frauen durch ein Aufnahme-Gespräch (Interview) im Zentrum angenommen wurden, wird ein erster Bericht abgefasst.
Danach rollt das Einführungsprogramm ab. Sowohl Frauen als auch Kinder erhalten dann Einzel- und Gruppenbetreuung.
Im psychologischen Bereich erhalten die Frauen eine Therapie, die ihr kognitives und emotionales Defizit im Auge hat.

2. Gruppenintervention
Es wird eine multidisziplinäre Arbeitsgruppe gebildet, die nach und nach neue Frauen aufnehmen kann, ohne bereits Erarbeitetes wieder zu verlieren. Dieses Angebot hat fünf Stufen :
Stufe 1: Erlernen von einfachen sozialen Fähigkeiten: Bejahung, Handhabung von Situationen, positive Sozialisation, Grundregeln des Zusammenlebens;
Stufe 2: Ausbildungsgruppen: Spiele, Workshops, Handfertigkeiten, Freizeitaktivitäten, Sport;
Stufe 3: Spezifische Gruppentherapie: Angst, fehlendes Selbstwertgefühl, Depressionen, Stress, usw.;
Stufe 4: Gruppendynamische Vertiefung in Analysen von Ideologien, Geschlechterrollen, usw., und deren Auswirkungen auf die Kinder;
Stufe 5: Selbsthilfegruppen: soziale Alternativen, Kreativität, Bildung von Eigeninitiativen.
Einzel- und Gruppeninterventionen stehen stets miteinander in Verbindung.

b) Techniken und Instrumente:
1. Therapeutischer Vorvertrag: Um einer Frau schnelles Eintreten in das Programm zu ermöglichen, empfiehlt sich ein Vorvertrag, der eine Probezeit vorsieht, während der geprüft wird, in wie weit die Frau willens ist, eine Veränderung in der von ihr als negativ empfundenen individuellen Situation tatsächlich anzustreben.
2. Therapeutischer Vertrag.
3. Hausordnung des Zentrums (hauseigene Regeln des Zentrums).
4. Organisation und Dokumentation der Struktur des Zentrums.
5. Evaluierungsdokument des CARRMM.
6. Spezifische Techniken und Instrumente der verschiedenen Bereiche.

■ Natalia Khodyreva

Zur Situation von Mädchen und jungen Frauen in Russland

Zusammenfassung: Der Beitrag gibt einen Gesamtüberblick zur Sozialstruktur in Russland. Er zeigt auf, welche sozialen Ausgrenzungsmechanismen wirksam sind und wie Frauen und Mädchen davon in besonderer Weise betroffen sind. Die Autorin beklagt, dass der Mangel an legalen Beschäftigungsmöglichkeiten und daraus resultierenden Armutsphänomen Frauen in besonderer Weise trifft, so dass Frauen oft keine andere Überlebensstrategien als die der Prostitution oder der Verheiratung in den Westen haben. Die offizielle Politik verschweigt Ausgrenzungsphänomene und insbesondere die, unter denen Frauen leiden. Unzureichend sind die offiziellen Massnahmen zur besseren gesundheitlichen Versorgung und der Chancengleichheit von Frauen und jungen Mädchen.

Soziale Ausgrenzung in Russland

Die soziale Ausgrenzung in Russland ist viel tiefer, problematischer und gefährlicher als in den entwickelten europäischen Staaten. Es geht hier nicht um die nationalen Unterschiede von Integrationsprozessen, vielmehr geht es um das physische Überleben ganzer Bevölkerungsteile. Der Anteil der Bevölkerung, der im heutigen Russland unter sozialer Ausgrenzung leidet, ist bedeutend höher als in den entwickelten Ländern Osteuropas. Einige Soziologen charakterisieren heute die Situation in Russland als Prozess einer unvollendeten sozialen Katastrophe, als »Rettung aus den Trümmern«. Die unter den Bedingungen des Zusammenbruchs lebenden Menschen haben sich an diese Situation gewöhnt. Die neue Generation sieht und empfindet diese Katastrophe als typische Umwelt, findet in dieser Situation ihre Möglichkeiten und profitiert sogar von ihr.

Der Begriff »soziale Ausgrenzung« kommt in offiziellen russischen Dokumenten praktisch nicht vor. Soziale Ausgrenzung wird in den Gesetzen der Russischen Föderation als »schwierige Lebenssituation« umschrieben. Offizielle Dokumente listen Bevölkerungsgruppen auf, die spezieller Unterstützung bedürfen, weil sie in eine extrem schwierige Lebenssituation geraten sind. Zu ihnen zählen Arbeitsunfähige und sozial Verwundbare, Waisenkinder, Kinder ohne elterliche Erziehung, jugendliche Straftäter, Arme, Arbeitslose, von Familienangehörigen missbrauchte Kinder sowie Bürger, die Opfer physischer und psychischer Gewalt im Rahmen kriegerischer Auseinandersetzungen und ethnischer Konflikte wurden. Wie wir sehen, werden Mädchen und junge Frauen nicht direkt erwähnt.

In den wenigen russischen Studien über soziale Ausgrenzung wird die Situation als »Phase multipler Verwerfungen« (mit sozialen, ökonomischen, politischen und kulturellen Auswirkungen) beschrieben. Aus vergleichbarer Sicht ist Ausgrenzung ein Ergebnis schlecht funktionierender sozialer Institutionen, die Hilfe und Beistand leisten, die soziale Integration fördern und die die materiellen Bedingungen für das Leben des Einzelnen gewährleisten sollen. Die charakteristischen Merkmale der sozialen Ausgrenzung in Russland können folgendermaßen beschrieben werden: Innerhalb eines kurzen Zeitabschnitts kam es zu einem radikalen Wandel bei den traditionellen Rechten und Garantien, in deren Gefolge es zu einer sozialen Transformation kam. Es kam zu einer weitgehenden Verarmung unterschiedlicher Schichten der Gesellschaft, mit Ausnahme der kleinen Schicht der Neureichen (3 %), die Macht und Mittel haben. Über die Hälfte der Bevölkerung lebt in Armut.

Derzeit entstehen neue soziale Institutionen, die jedoch in der Übergangsphase nicht adäquat funktionieren können. Daher kommt es zu: 1.) Ausgrenzung in Form des Verlustes früher erworbener Rechte und Positionen (z.B. für die technische und wissenschaftliche Intelligenz) und 2.) Ausgrenzung in Form einer multiplen Verwerfung, die sich aus der Sowjetzeit fortsetzt (z.B. für die Landbevölkerung). Generell ist als typisch festzustellen, dass der russische Politiker soziale Ausgrenzung nicht als Verletzung der Menschenrechte versteht.

Soziale Ausgrenzung beginnt häufig in der frühen Sozialisation. So kann es von Generation zu Generation zum Transfer der sozialen Ausgrenzung kommen; das gilt für Menschen, die ihre Kindheit als Angehörige einer bestimmten sozialen oder territorialen Gruppe erlebt haben. Das Hauptziel des Konzepts gegen die soziale Ausgrenzung besteht in der Schaffung von Mechanismen zur Erkennung von Menschenrechtsverletzungen; es geht um die Wiedererlangung und Verteidigung der Menschenrechte. Unserer Meinung nach ist es sehr wichtig, die Mechanismen für die Feminisierung der Armut herauszufinden und diesen entgegenzuwirken.

Wir finden in Russland folgende Formen sozialer Ausgrenzung vor:

1. In Russland ist der fehlende Zugang zu den Mitteln des Überlebens ein weit verbreitetes Problem. Das Hochschulsystem wurde zerstört. Der

strukturelle Wandel hat die im staatlichen Sektor arbeitenden Menschen mit Hochschulbildung hart getroffen. Eine besonders schwierige Situation entstand für junge Spezialisten, Lehrer, Mitarbeiter des Gesundheitswesens und Hochschulabsolventen. Durch die Inflation hat sich ihre Kaufkraft verringert, ist ihr Einkommen weniger wert. Der Staat schaffte nicht die notwendigen Bedingungen, um Menschen eine Beschäftigung zu vermitteln, vielmehr trieb er arbeitende Menschen in die Schattenwirtschaft, denn er bot ihnen nicht die Möglichkeit, ihren Lebensunterhalt legal zu verdienen.

2. Ausgrenzung aus den Sozialleistungen, dem Wohlstand und dem Netz der sozialen Sicherheit. Gegenwärtig kommt es im Ergebnis des Entzuges sozialer Dienste für eine Gruppe und der Aufrechterhaltung dieser Dienste für eine andere Gruppe zum Anwachsen der Gruppen, die nicht mehr geschützt werden (z.B. ledige Mütter). Am größten ist das Armutsrisiko bei allein Erziehenden und Familien mit drei oder mehr Kindern. Aber auch die Durchschnittsfamilie mit zwei Kindern kann, wenn die Eltern im staatlichen Sektor beschäftigt oder arbeitslos sind, in diese Gruppe fallen. Die Mehrheit der Bevölkerung reagiert auf das wirtschaftliche Elend gleich, man bittet Verwandte um Hilfe, verkauft Nahrungsmittel, Kleidung und Schuhe, man macht keinen Urlaub und bestellt einen kleinen Garten, nur um über die Runden zu kommen. Anders gesagt, in der Regel bleiben die Familien passiv, versuchen, mit diesen Bedingungen irgendwie zurechtzukommen. Die Kommerzialisierung des Gesundheitswesens, insbesondere der Reproduktionsmedizin, hatte schwere Auswirkungen auf die Gesundheit der jungen Frauen, die diese Dienste besonders häufig in Anspruch nehmen müssen. Für die meisten jungen Menschen sind Kontrazeptiva sehr teuer. Das führt insgesamt zu einem schlechteren Gesundheitszustand der Bevölkerung und insbesondere zu einem Anstieg der Fälle von Geschlechtskrankheiten. Häufig werden Kindergeld und Stipendien nicht gezahlt, die Verletzung von Rechtsnormen wird zur Regel.

3. Ausgrenzung von der Konsumkultur. Unter Bedingungen, wo es um das pure Überleben geht, scheint das eigentlich kein echtes Problem zu sein. Aber die Ansprüche sind hoch und das Einkommen ist kläglich, so dass unter den jungen Menschen Frustration, Irritation und Aggressivität weit verbreitet sind. Besonders berüchtigt für ihr demonstratives Konsumgebaren sind die »neuen (neureichen) Russen«. Waren und Artikel für Frauen sind astronomisch teuer, das kann sich keine junge Frau leisten. Unsere Studien zeigen, dass 25 % der Mädchen und jungen Frauen sexuelle Beziehungen eingehen, um daraus materiellen Nutzen zu ziehen. Sie verstehen dies als Möglichkeit, um an essentielle materielle Werte heranzukommen: eine Wohnung, Wohlstand, einen gut bezahlten Job.

4. Ausgrenzung von der politischen Meinungsbildung. Die Menschen beteiligen sich einerseits an relativ freien Wahlen und haben Zugang zu unterschiedlichen Informationsquellen. Andererseits fällt es den Menschen schwer, sich dem Einfluss der Manipulation zu entziehen; das ist der Schwäche der Zivilgesellschaft geschuldet. Unter den Entscheidungsträgern auf hoher Ebene gibt es kaum Frauen, junge Frauen kommen in dieser Gruppe absolut nicht vor. So werden Entscheidungen zur Bevölkerungspolitik, zur Mutterschaft und zum Kindergeld durch eine elitäre Gruppe in deren eigenem Interesse oder im Interesse des Staates getroffen – und nicht im Interesse der Frauen.

5. Ausgrenzung von der Bildung von Massenorganisationen. Praktisch kann man die Zahl der Frauenorganisationen an den Fingern einer Hand abzählen.

6. Ausgrenzung von der Möglichkeit zu verstehen, was passiert. Im Lande formiert sich die Ideologie der staatlichen Bevormundung, dazu kommt für die Frauen noch die Bevormundung durch die Männer. Es hat eine Renaissance des Patriarchats stattgefunden (Rimashevskaya, Posadskaya 1991).

Zum einen besteht die Besonderheit des russischen Herangehens an die Ausgrenzungsproblematik darin, dass es auf einem Konzept von Hilfe und Rettung basiert, nicht auf dem Konzept, klare individuelle soziale Rechte zu formulieren und nach Mechanismen zu suchen, um diese Rechte durchzusetzen und zu schützen. Eine Ausnahme bilden die Aktivitäten der Menschenrechts-NROs (siehe Notkongress der Menschenrechte, Moskau, 20. - 21. Januar 2001). Zum anderen halten sich die Bürger selbst an die Ideologie der Bevormundung. Und der dritte Sektor, der das Konzept der Selbsthilfe, der sozialen Aktion, der aktiven Entwicklung eines sozialen Mikroumfelds und der kommunalen Selbstverwaltung vertritt, steht durch das nicht effektive Steuergesetz unter starkem Druck und ist in seiner Existenz bedroht.

Die Besonderheiten der sozialen Ausgrenzung der Frauen

1999 betrug die Lebenserwartung der Frauen in Russland 72,8 Jahre, gegenüber 60,6 Jahren bei Männern. Neunzehn Prozent der Bevölkerung sind jünger als fünfzehn Jahre. 1998 kamen 45 Geburten auf 1.000 Frauen im Alter zwischen fünfzehn und neunzehn Jahren. Die staatlichen Statistiken sind hinsichtlich der Frauen wenig systematisch. Meinungsumfragen sind in der Regel lokal begrenzt. Bei lokalen Studien zu Kindern und Jugendlichen ist es prinzipiell so, dass Mädchen und junge Frauen nicht als separate Gruppe definiert werden. Trotzdem garantiert die russische Verfassung gleiche Rechte, Freiheiten und Chancen für Männer und Frauen. Das Arbeitsgesetz schützt Mutter und Kind, und eine Anzahl von Dokumenten beschäftigt sich mit dem Status der Frauen in Russland.

In der Realität vollzieht sich jedoch in Russland eine Renaissance des Patriarchats. In den zehn Jahren der wirtschaftlichen Umstrukturierung hat sich die Rolle der Frau völlig geändert: Einst vor allem Arbeitskollegin, wird sie jetzt in erster Linie als Mutter gesehen. Auf dem Arbeitsmarkt sind Frauen nur Arbeitskräfte zweiter Klasse. Im staatlichen Sektor, im Bildungs- und Gesundheitswesen und im Bereich der Kultur stehen die Frauen untereinander in Konkurrenz. Männer verdienen doppelt soviel wie Frauen. Der Rückgang der Anzahl der Frauen in den legislativen Organen ist Besorgnis erregend. In der Politik belegen die Frauen nur 1,3 Prozent der Führungspositionen; in St. Petersburg beläuft sich der Anteil der Frauen im Stadtrat auf 35 Prozent. Nach Informationen des Komitees für Statistik bestehen bei unternehmerischen Aktivitäten große finanzielle Unterschiede. Für Unternehmerinnen ist es schwer, an Kredite heranzukommen. Von den Arbeitgebern sind 67 Prozent Männer und nur 33 Prozent Frauen; bei den Selbständigen beläuft sich der Männeranteil auf 59 Prozent, 41 Prozent sind Frauen (Zahlen von 1997).

Frauen sind oft die einzigen Verdiener in der Familie, sie werden zum Haushaltsvorstand. Das liegt an der relativ kürzeren Lebenserwartung der Männer, an ihrer Trunksucht und an ihrem fehlenden Verantwortungsgefühl für die Kinder, aber auch an der hohen Scheidungsrate. Die Massenmedien greifen das Thema der Gleichstellung nur sehr selten auf. Die Aktivitäten der NROs werden ignoriert. Die Frauenzeitschriften gehen auf die wirklichen sozialen Probleme nicht ein und vermitteln ein Bild von der Frau, das sie auf das Hausmütterchen, die Mutter oder das Sexualobjekt reduziert.

Das neue Sozialreform-Programm wird einen negativen Einfluss auf die Lage der Frauen haben. Mit ihm wird der Übergang von einer Politik der sozialen Rechte zu einer Politik der sozialen Bedürfnisse vollzogen. So wird der Staat auf keinen Fall ein Sozialstaat bleiben. Nehmen wir ein Beispiel: Die Schulden für Beihilfen belaufen sich pro Kind und Monat auf zwei Dollar. Dies ist eine Folge der politischen Entscheidung, die Einkommen einzufrieren. Ein weiterer Aspekt des Sozialreform-Programms ist die Trennung des Systems der Sozialversicherung von dem System der sozialen Sicherung. Durch nicht im Haushaltsplan eingestellte Mittel und die Einführung eines Sparsystems sollen staatliche und privatwirtschaftliche Einrichtungen die Möglichkeit erhalten, mit den Versicherungsgeldern aktiv Finanzgeschäfte zu tätigen. Dabei werden die Unterschiede weitgehend ignoriert, die zwischen dem Schutz der Gebärfähigkeit und der Abdeckung sozialer und beruflicher Risiken bestehen. Letztlich können die Risiken zum zeitweiligen Verlust der Arbeitsfähigkeit führen. So wird vorgeschlagen, im Rahmen der Versicherung gegen Arbeitsunfälle und Berufskrankheiten eine Mutterschaftsversicherung einzuführen. Schwangerschaft und Geburt sind aber weder Krankheiten noch arbeitsbedingte Unfälle.

Wenn es um die Gebärfähigkeit geht, darf man sich weder auf Beitragszahlungen von Versicherten noch auf Arbeitgeberanteile verlassen. Das verschärft nur noch die Tendenz zur Abdrängung der Frauen (und besonders der jungen Frauen) in eine Gruppe, die auf dem Arbeitsmarkt besonders wettbewerbsunfähig ist. Das Versicherungssystem trägt mit all seinen Mängeln zu einer noch schlimmeren Diskriminierung junger Frauen bei. Oft berichten junge Frauen, dass ihnen nur dann ein Job angeboten wird, wenn sie vorher inoffizielle Vereinbarungen mit den Arbeitgebern unterschreiben, in denen sie sich verpflichten, in den nächsten drei Jahren keine Kinder zu bekommen. Der Staat muss das Recht der Frauen, Kinder zu gebären, garantieren. Gerade erst wurde vorgeschlagen, Beihilfen für Schwangerschaft und Geburt nur an Frauen zu zahlen, deren Einkommen unterhalb der Armutsgrenze liegt. Es muss betont werden, dass dies einer Weigerung des Staates entspricht, bestimmte verfassungsmäßig garantierte Rechte aufrechtzuerhalten (Liborakina 1999).

Das System geht davon aus, dass jede Frau einen Ehemann oder einen Partner hat, der ihr hilft. Auf diese Art und Weise schafft die Politik eine noch größere Abhängigkeit der Frauen und schließt sie von den ökonomischen und materiellen Möglichkeiten zur Sicherung des Lebensunterhalts aus. Die Illusion vom Mann als Brotverdiener wird auch durch das Verhalten der »neuen Russen« (neureiche Männer) ad absurdum geführt. Diese Männer kontrollieren die Ausgaben ihrer Frauen streng, diese müssen daher jede Form der Beleidigung und Demütigung ertragen, nur um von ihnen Geld für sich und ihre Kinder zu bekommen.

Die Situation der in Armut lebenden Mädchen und junger Frauen (Arbeit, familiäre Situation und Probleme sexueller Gewalt)

Die Anzahl der in Armut lebenden Mädchen korreliert mit der Anzahl der armen Familien (in Russland fällt die Hälfte aller Familien unter diese Kategorie). Außerdem wächst die Zahl der Flüchtlinge aus anderen GUS-Staaten. Oft werden junge Frauen zur illegalen Arbeit in Russland rekrutiert. Circa siebzig Prozent der Arbeitslosen sind weiblichen Geschlechts. Das Spezifikum der sozialen Ausgrenzung von Mädchen und jungen Frauen besteht in ihrer Verwundbarkeit in Bezug auf ihre reproduktive Gesundheit und der Vorherrschaft der alters- und geschlechtsspezifischen Diskriminierung auf dem Arbeitsmarkt. Diese Verwundbarkeit bezieht sich außerdem auf sexuelle Gewalt und das Fehlen von Schutzmaßnahmen von Seiten der Behörden, deren Aufgabe es ist, das Recht durchzusetzen. Viele Teenager wissen nichts über empfängnisverhütende Maßnahmen. Schwangerschaften bei Teenagern verursachen ernste Probleme in der Familie. So haben z.B. 15,6 Prozent der Eltern eine extrem negative Haltung zur frühen Schwangerschaft. Mehr als vierzehn Prozent der Eltern bestehen darauf, dass ihre Töchter abtreiben und das selbst in späten Phasen der Schwangerschaft.

Für eine ganze Generation von Mädchen ist der Schwangerschaftsabbruch der Beginn des Lebens als Erwachsene, danach lehnen sie es ab, Kinder zu bekommen. Immer häufiger wollen fünzehn- bis neunzehnjährige Mädchen ihre Neugeborenen nicht. Bis zu fünfzehn Prozent der in den Geburtskliniken zurückgelassenen Babys stammen von jugendlichen Müttern. Für diese Entscheidung gibt es unterschiedliche Gründe: die negative Reaktion der Familie, die Weigerung des Kindesvaters, sich zu seinem Kind zu bekennen, aber auch die Reaktion der Mutter auf Vergewaltigung und ungewollte Schwangerschaft.

Experten des russischen Gesundheitsministeriums erklären, dass jede zehnte Geburt auf Teenager entfällt. In Moskau werden keine offiziellen Statistiken über Teenager-Schwangerschaften geführt. Die Zahl der Abtreibungen bei Vierzehn- bis Siebzehnjährigen wird ebenfalls nicht erfasst. Auch in Privatkliniken wird keine Statistik geführt. Wir sind also auf Schätzungen angewiesen, die besagen: Von 1.500 Geburten und über 6.000 Abtreibungen entfallen ca. 1.000 auf Mädchen zwischen vierzehn und siebzehn Jahren (»Information-Consultative Bulletin«, Nr. 6, 2000).

Spezialisten merken an, dass zwar im Vergleich zu früheren Jahren die Anzahl der Schwangerschaften bei Jugendlichen zurückgegangen sei, jedoch gebe es einen Anstieg der Zahl illegaler Abtreibungen und vereinzelte Fälle »illegaler Geburten.« Den Organen der Wohlfahrt fehlt jedes Verständnis für »jugendliche Mütter«, sie können sie nicht definieren. Das Komitee für Frauen, Familie und Jugend macht allein die Eltern verantwortlich. Dabei lässt man sich von der Überzeugung leiten, dass die Eltern für alle Handlungen ihrer Kinder verantwortlich sind. Das städtische Gesundheitsamt ist nicht in der Lage, umfassende Informationen über Jugendliche zu liefern; die Bürokraten des Gesundheitswesens wissen nicht einmal, wer derartige Informationen zur Verfügung stellen könnte (Bulletin des Informationszentrums des Unabhängigen Frauenforums, Nr. 13, 2001).

Unter den Bedingungen wachsender Kriminalität erhalten Frauen in Fällen von häuslicher Gewalt und Vergewaltigung keine Hilfe durch die staatlichen Strukturen. Die Statistiken unserer Organisation besagen, dass von 100 Vergewaltigungsfällen lediglich ein bis zwei vor Gericht kommen und zur Inhaftierung des Täters führen. Hier verletzt eine Gruppe von Individuen fast ungehindert die Rechte einer anderen Gruppe. In Zusammenarbeit mit anderen Organisationen und den Massenmedien brauchte unsere Organisation zwei Jahre, die Staatsanwaltschaft dazu zu bringen, das Strafverfahren gegen einen Vorbestraften einzuleiten, der eine Minderjährige vergewaltigt hatte. Unser Fall ging schließlich bis vor das Oberste Gericht der Russischen Föderation.

Verbrechensopfer beschweren sich häufig über vielfältige Verletzungen ihrer Rechte durch staatliche Behörden (Polizei, Gerichte, Staatsanwaltschaft, Notaufnahmen der Krankenhäuser). Eine Umfrage unter Schülern der Abiturstufe ergab, dass eine Mehrheit der Mädchen (73 Prozent) nach der Schule weiter lernen will; 27 Prozent möchten Arbeit und Weiterbildung kombinieren. Die Motive sind vergleichbar mit denen der befragten Jungen, die Mädchen legen aber besonderen Wert auf kreative Arbeit und Kommunikation; außerdem sind sie stärker bestrebt, im Ausland zu arbeiten. Im Gegensatz zu den Jungen legen sie jedoch nicht so großen Wert auf ein hohes Einkommen. Außerdem sehen sie wesentlich geringere Chancen, eine eigene Wohnung und eine gut bezahlte Arbeit zu finden. Sie waren skeptischer, was die freie politische Meinungsäußerung und die freie Wahl des Wohnorts betrifft. Wenn Mädchen zu materiellem Wohlstand gelangen wollen, tendieren sie weniger als die Jungen zur Kriminalität, sie möchten mit legalen Mitteln reich werden.

75 Prozent der Mädchen möchten im Handel und in der Unternehmenswirtschaft arbeiten, sie betrachten die Arbeit auf diesem Gebiet als Möglichkeit der Entwicklung des Selbstvertrauens und der Wettbewerbsfähigkeit, außerdem hoffen sie, Geschäftsbeziehungen anbahnen zu können. Sie sehen ihre berufliche Zukunft erstrangig in unternehmerischen Aktivitäten, im Finanz- und Justizdienst, in den Massenmedien und im Gesundheitswesen. Die Ungleichheit der Frauen auf dem Arbeitsmarkt führte unter der Mehrheit der jungen Frauen zur Herausbildung bestimmter Neigungen und Orientierungen. Unsere Studie behandelte folgende Aspekte: Bereitschaft zu pflichtbewusster Arbeit in einer herausfordernden Position; in einer sehr verantwortungsvollen Tätigkeit; Bereitschaft zur Umschulung und zur Bewältigung der Aufgaben eines neuen Berufes; Bereitschaft zum Verzicht auf Freizeit und Urlaub; Kontakte mit der kriminellen Welt und die Bereitschaft, gefährliche Arbeit zu tun.

Wir können sagen, dass die meisten Jugendlichen eine ganze Reihe von Zielen haben, sie orientieren sich auf ihre eigene Stärke und auf ihren persönlichen Erfolg, sie wollen Karriere machen und eine höhere Ausbildung genießen. Andererseits brachte immerhin ein Drittel der Befragten zum Ausdruck, dass sie bei neuen Tätigkeiten die Selbstverwirklichung in der Familie höher bewerten als den Kampf um eine professionelle Führungsposition.

Was die Beschäftigung anbelangt, so treten folgende Widersprüche auf: Auf der einen Seite gibt es gut ausgebildete junge Menschen, aber auf der anderen Seite zu wenig anspruchsvolle Jobs. Es ist überhaupt schwierig, nach der Schule einen Arbeitsplatz zu finden. Es gehört zur Spezifik der Situation der jungen Frauen, dass sie zwar noch keine Berufserfahrung haben, aber schon während des Studiums Diskriminierung erlebt haben. Speziell für sie muss es Kurse zur Erhöhung der fachlichen Kompetenz geben.

Entgegen anderslautender Behauptungen werden auf dem Arbeitsmarkt junge Frauen diskriminiert, weil sie potentielle Mütter sind oder schon Kinder haben. All das trägt weiter zur Verarmung und Ausgrenzung der Frauen bei. Soziologische Studien besagen, dass Mädchen einen Anteil von elf Prozent an den befragten Drogenkonsumenten haben, ein Drittel der Obdachlosen sind Frauen. Jedes fünfte Mädchen gibt an, dass es häufig raucht und Alkohol trinkt. Zwischen vierzig und sechzig Prozent der befragten Minderjährigen haben erklärt, dass sie sexuelle Beziehungen haben.

Die Geschlechterbeziehungen innerhalb der Familie

Trotz ihres liberalen Verhaltens sind die jungen Menschen Produkte des moralischen Einflusses ihrer Angehörigen. Mädchen sind besonders abhängig, sie sind in einer schwierigen Situation. Bei der älteren und mittleren Generation hat man ganz bestimmte Vorstellungen davon, wie man leben muss; das führt zur Ablehnung anderer Moralvorstellungen. In ärmeren Familien zeigen sich Probleme wie z.B. Persönlichkeits- und Verhaltensstörungen, psychische Beschwerden, Alkoholismus der Eltern, niedriges Bildungsniveau, erzwungene Akzeptanz der Aggressivität der Männer, Wohnungsprobleme und materielle Probleme (Brutman 1995). Die Konflikte werden oft unerträglich und bringen die Mädchen dazu, ihre Familien zu verlassen und sich Randgruppen anzuschließen. Dies führt zu Landstreicherei, Prostitution und Migration. Eine Mehrheit der modernen russischen Männer und Frauen favorisiert die Idee der Koexistenz von Geschlechtergleichheit und patriarchalischen Stereotypen.

In Russland sind die Widersprüche zwischen den Geschlechtern scharf und tief, es existiert ein sehr hohes Maß an Uneinigkeit zwischen den Standpunkten der Männer und Frauen hinsichtlich der Normen für die Präsenz der Frauen in Politik und Arbeit. Im familiären Bereich ist die Frau besonders unzufrieden mit dem Mann, denn er will sich weder an der Hausarbeit noch an der Erziehung der Kinder beteiligen. In der Realität tragen die Frauen oft die ganze Verantwortung für das soziale Wohl ihrer Kinder. Nur äußerst selten sind die Frauen mit ihrer familiären Situation zufrieden (Zdravomyslova, Aratyunyan 1997).

In anspruchsvolleren technischen Kursen wie Computerkursen findet man vorwiegend Jungen. Die Mädchen finden, Kurse mit solchen Inhalten wären nicht für sie geeignet. Die Eltern und Lehrern fördern dieses Denken noch.

Bereits an dieser Stelle wird der Grundstein für die Chancenungleichheit der Jungen und Mädchen gelegt. Schlimmer noch, diese Sozialisation führt dazu, dass auch die Mädchen selbst mehr und mehr meinen, sie brauchten keinen beruflichen Aufstieg, Jungen hätten es nötiger, Karriere zu machen.

Welche Prozesse führen zur Anpassung der Geschlechterrolle?

Einer der Faktoren für die Anpassung der Frauen an die moderne russische Gesellschaft ist ihre Fähigkeit, traditionell weibliche und traditionell männliche Tätigkeiten zu kombinieren und dabei ihre traditionelle Rolle in einem gewissen Maße weiterzuspielen. Der De-facto-Ausschluss aus dem beruflichen Wettbewerb und persönliche Konflikte mit den Männern haben auch mit fehlendem Vertrauen und Entfremdung zwischen den Geschlechtern zu tun. Unter Pädagogen und Psychologen grassieren stereotype Ansichten zur beruflichen Karriere. Das führt auch dazu, dass die Mädchen durch Eltern und das Bildungssystem von der Wahl nicht traditioneller Berufe abgehalten werden. In diesem Zusammenhang ist interessant, wie viele Lehrer die intellektuellen Fähigkeiten der Mädchen unterbewerten.

Welche Formen der Gewalt gegen Mädchen und junge Frauen werden durch das soziale System offiziell anerkannt?

Die offiziellen Statistiken sagen nichts über das Alter und das Geschlecht der Gewaltopfer aus; sie verzeichnen lediglich die Arten der Straftaten und Straftäter. Allein im Jahre 1994 (laut den statistischen Angaben, die 1995 im Zusammenhang mit dem Peking-Forum veröffentlicht wurden), gab es 565.300 angezeigte Straftaten, deren Opfer Frauen waren. Darunter waren 13.900 Fälle von Vergewaltigung oder versuchter Vergewaltigung. In meiner Eigenschaft als Direktorin einer öffentlichen Organisation kann ich statistische Analysen zur Verfügung stellen, die durch das Frauen-Krisenzentrum erarbeitet wurden. Im vergangenen Jahr waren 28 Prozent derjenigen, die zu unserem Zentrum kamen, Mädchen und junge Frauen. Die meisten kamen wegen psychischer Gewalt, ausgeübt durch den Partner oder Ehemann. Das zweite Problem, mit dem wir konfrontiert wurden, waren arbeitsbedingte Migration junger Frauen ins Ausland und Menschenhandel (betraf in dieser Gruppe vierzehn Prozent der Fälle insgesamt). In dreizehn Prozent der Fälle ging es um Anwendung physischer Gewalt. Diese Gruppe wird auch sehr viel häufiger Opfer sexueller Gewalt als andere Frauen (elf Prozent). Acht Prozent der jungen Frauen kamen wegen Missbrauchs wirtschaftlicher Macht, Erpressung oder Kindesentführung zu uns. Am Arbeitsplatz sind junge Frauen oft sexuellen Belästigungen und Vergewaltigungen ausgesetzt. Soziologische Daten besagen, dass dies in Privatfirmen gängige Praxis ist. Bei der Veröffentlichung von Stellenanzeigen geben Arbeitgeber häufig das gewünschte Aussehen und Alter der Frauen an und fügen die russische Abkürzung »b/k« hinzu (Bedeutung: ohne Komplexe). Das impliziert die latente Forderung nach sexuellen Diensten für die Chefs und deren Kompagnons (sexuelle Belästigung am Arbeitsplatz). Uns wurde auch über Fälle sexueller Belästigung von Studentinnen durch Lehrer berichtet.

Die staatlichen Stellen verweigern den Opfern des Mädchenhandels die Anerkennung, und es gibt auch kein Gesetz gegen den Handel mit Erwachsenen, dieses Problem wird generell ignoriert. Unserer Meinung nach haben Mädchenhandel und Gewalt gegen Mädchen und junge Frauen mit dem sozialen Status der Frauen zu tun. Sie sind vom politischen Leben ausgeschlossen und damit auch vom Entscheidungsprozess zu extrem wichtigen sozialen Problemen, die sie direkt betreffen, wie z.B. Reproduktion, Renten und Kindergeld.

Wie sehen unter diesen Umständen die Überlebensstrategien aus, die die Mädchen und jungen Frauen entwickeln?

Überlebensstrategien werden in extremen Stresssituationen entwickelt. Ein bekannter Stressforscher sagte es so: »Russland ist ein Experimentierfeld für Stressstudien.« Unter den genannten Umständen sind die Frauen gezwungen zu handeln, ohne dabei viel über Moral zu grübeln.

Für das Überleben unter den Bedingungen des Marktes haben die Frauen folgende wichtige Überlebensstrategien entwickelt:

- Aufwertung des sozialen Status und des Einkommens,
- Erhaltung des Einkommens durch Annahme von Nebenjobs,
- Verwicklung in die Schattenwirtschaft,
- Prostitution,
- Auswanderung.

Die Frauen werden diskriminiert und haben de facto keinen Zugang zu gut bezahlten Jobs. Um ihre Familie zu ernähren, lassen sie sich auf schwierige und gefährliche Unternehmungen ein. An erster Stelle steht dabei das »Shuttle Business«. Gemeint ist Schwarzarbeit im Ausland, stets verbunden auch mit dem Risiko, Opfer von Mädchenhandel und Prostitution zu werden. Die Polizeibehörde von St. Petersburg hat darüber informiert, dass in der Sommersaison bis zu 20.000 Prostituierte in der Stadt arbeiten. Eine andere Strategie zur Anpassung an die gegenwärtige ökonomische Situation ist, dass man die eigenen Ansprüche herabschraubt. Das heißt, die Menschen sind, getreu dem

Prinzip, »Geld ist nicht das Wichtigste im Leben« bereit, einen niedrigen Lebensstandard zu akzeptieren. Da man keinen Zutritt zur Welt der Erfolgreichen und Reichen hat, akzeptiert man notgedrungen Armut und Verzicht als die Norm. Solche Verhaltensweisen sind uns oft begegnet.

Eine andere Überlebensmöglichkeit sind Zweitjobs (manchmal viele) – dann müssen die Frauen viele schlecht bezahlte Arbeiten übernehmen, auf Krankschreibung und Urlaub verzichten, ständig Stress ertragen. Die Forscher haben herausgefunden, dass der Hauptstressfaktor für die Frauen in den emotionalen Erfahrungen liegt, die sie bezogen auf Beruf und Gesundheit (ihre eigene Gesundheit und die Gesundheit der Familie) haben. Zu Beginn der Wirtschaftsreform war der arbeitsbedingte Stress bei Männern und Frauen praktisch gleich groß. Das Stressniveau hat sich bei den Männern heute verringert, bei den Frauen ist es gleich geblieben (in allen Altersgruppen). Charakteristisch für alle Strategien sind die unregelmäßigen Arbeitszeiten. Für viele Menschen bedeutet dies jedoch ernsthafte Beeinträchtigungen der Gesundheit und der Lebensqualität durch die harte Arbeit. Die Beschäftigten in der Schattenwirtschaft (z.B. im Straßenhandel) arbeiten unter sehr schweren Bedingungen. Dieses Geschäft kennt keine Regeln und keine Kontrolle; zur physischen Belastung kommt manchmal noch der Zwang zum Sex. Unter den Bedingungen einer neoliberalen Wirtschaft, wo öffentlich für die käufliche Liebe geworben wird, hat sich eine große Nachfrage nach Prostituierten entwickelt. Darum hat eine von fünf jungen Frauen die Prostitution als den schnellsten Weg zu Geld und Wohlstand ausprobiert (Informationen des Krisenzentrums für Frauen). Wie allgemein bekannt, wird unter Extrembedingungen die Moral ohne große Reue geopfert (Lorents 1998). Bei der Unterstützung von Opfern sexueller Gewalt und des Menschenhandels hat unsere Organisation Informationen über die Gründe zusammengetragen, die die Frauen dazu veranlassen, im Ausland schwarz zu arbeiten oder sich zu prostituieren. Der wichtigste Grund ist die Armut. Die Mädchen berichteten uns, dass sie auf den Strich gehen, um ihren Kindern zu helfen, ihr Studium zu bezahlen, sich ein eigenes Zimmer leisten zu können. Zumeist handelt es sich dabei um Studentinnen, arbeitslose Frauen mit Hoch- oder Oberschulbildung, junge Mütter. Nach einer gewissen Zeit in der Prostitution beginnen die meisten von ihnen, Drogen zu nehmen, schließlich werden sie werden drogensüchtig. Obwohl die Prostitution eigentlich für junge Frauen typisch ist, kommt es vor, dass sich auch ältere Frauen auf die Prostitution einlassen – Frauen, die sich in die Ecke getrieben fühlen, wie arbeitslose Frauen oder Offiziersfrauen.

Es ist alarmierend, dass Prostitution wie folgt begründet wird: (1) alternative Beschäftigungsmöglichkeit für Frauen des Niedriglohnsektors (Krankenschwestern, Lehrerinnen, Verkäuferinnen, Bibliothekarinnen); (2) Möglichkeit zur Finanzierung von Studium und Freizeit (Studentinnen); (3) Haupteinnahmequelle für bedürftige Mütter und deren Kinder, drogenabhängige und alleinstehende Frauen. Eine besondere Rolle spielen hier die Zuhälter, die den Mädchen erklären, wie leicht es sei, Geld zu verdienen und von einem Mann galant unterhalten zu werden. So mag diese Tätigkeit vielen als die leichtere Art, sich sein Brot zu verdienen, erscheinen. De facto handelt es sich jedoch um Ausbeutung dieser Frauen, die nicht ohne Folgen für ihre physische und psychische Gesundheit, ihre Fähigkeit, Kinder zu bekommen, ihre Lebensqualität und ihre Sicherheit bleibt. Es sei bemerkt, dass gerade in der Gruppe der Fünfzehn- bis Fünfundzwanzigjährigen häufig Geschlechtskrankheiten und Fertilitätsprobleme auftreten. Möglicherweise ist es so, dass die jungen Frauen ihren Selbsterhaltungstrieb verloren haben, dass Gesundheit für sie – anders als vor der Reform – nicht mehr das wichtigste Gut ist.

Die Studie des Krisenzentrums zeigt, dass bis zu siebzig Prozent der jungen Frauen im Ausland arbeiten möchten. Rund sechzig Prozent geben sogar an, dass sie für immer dort bleiben wollen, und eine von drei Frauen erklärt, dass sie einen Ausländer heiraten will (Khodyreva, Tsvetkova 2000).

Welche besonderen Probleme haben Mädchen im Bereich der allgemeinen und beruflichen Bildung?

Gegenwärtig sind wir mit einer rasend schnellen Aufspaltung der Gesellschaft in Reiche und Arme konfrontiert. Ungeachtet anderslautender Erklärungen wird die Ober- und Hochschulbildung kommerzialisiert. Geld und Status der Eltern werden immer wichtiger. Teenager aus wohlhabenden Familien lernen offensichtlich besser und fühlen sich in der Schule wohler als ihre ärmeren Mitschüler aus Intellektuellenfamilien. Für die Kinder der Bosse werden Arbeitsplätze reserviert, hier zeigt sich die gleiche Tendenz wie im Bildungswesen – die Teilung in Klassen. Beim Zugang zur Bildung für junge Menschen aus unterschiedlichen sozialen Gruppen vollzog sich ein großer Wandel. Die Privatschulen wurden zu einer notwendigen Stufe auf dem Weg zur Universität. Dort lernen kann nur, wer es bezahlen kann. Die Haltung zum Lernen ist dadurch geprägt, dass man sich erhofft, durch eine gute Ausbildung einen Beruf zu erlernen, mit dem man gut verdient und der auf dem Markt nachgefragt wird. Unter Bedingungen der Armut bildet sich eine bestimmte »Armutskultur« heraus, die ihren Ausdruck in ganz bestimmten Werten und stabilen Verhaltensmustern findet. Dies führt dazu, dass die Armut in den kommenden Generationen konserviert wird. Die »neuen Armen« sind die Verlierer der Wirtschaftsreform.

Früher wurde das Verhältnis der Jugendlichen zur Bildung entscheidend durch das Bildungsniveau der Mütter geprägt, heute jedoch ist der bestimmende Faktor immer mehr die Finanzlage der Familie. Je höher das Familieneinkommen, desto mehr Unterstützung erwarten die Kinder von ihren Eltern und desto höhere Ansprüche stellen sie (Studium an der Uni, eigenes Unternehmen, Top-Position im Management). Die neuen Armen (Kinder von Müttern mit Hochschulbildung) wünschen sich zwar immer noch eine gute Ausbildung, aber sie können sie nicht bekommen. Unter den armen Jugendlichen gibt es viele Fatalisten, die glauben, dass man gegen Armut nichts tun kann. Die Mittellosen entwickeln die Ideologie des sozialen Außenseiters.

Wie steht es um die Vereinbarkeit von Beruf und Familie?

Angesichts der heute herrschenden traditionellen Vorstellungen von der Rolle der Frau verlassen sich die jungen Frauen besser nicht darauf, dass ihnen der Partner bei der Hausarbeit hilft. Ein großes Problem ist auch, dass die russischen Männer nicht verstehen, warum Berufstätigkeit für ihre Frauen wichtig sein sollte. Die Familien, in denen Gleichberechtigung herrscht, sind in der Minderheit. Die Scheidungsrate ist hoch. Eine Strategie der Frauen ist daher die Trennung. Da sie von der Regierung nicht unterstützt werden und immer mehr Kindergärten geschlossen werden, müssen sie aufhören zu lernen und zu arbeiten. Die Möglichkeit, Berufstätigkeit und Familie miteinander zu vereinbaren, ist nur sehr gering. Aber zum Glück gibt es auch in Russland die »Hilfsinstitution« Oma.

1. Maßnahmen der Regierung zur Lösung dieser Probleme, Aspekte im Sozialsystem, die die Umsetzung begünstigen

In den Kliniken der Großstädte mit 300.000 bis 500.000 Einwohnern wurden spezielle Gesundheitszentren für Jugendliche geschaffen. 1993 hat die Regierung im Rahmen des Programms »Die Kinder Russlands« des Präsidenten eine Maßnahme der Familienplanung beschlossen, die aber inzwischen nicht mehr finanziert wird. Im Rahmen dieser Maßnahme sollten zwölf Zentren für Familienplanung speziell für Heranwachsende und junge Erwachsene eingerichtet werden. In der Regel stellen die Programme der Regierung ganz auf die traditionelle Rolle der Frau ab. In dem Unterstützungskonzept der offiziellen Stellen wird die Förderung der weiblichen Unternehmer nicht besonders betont. Unsere Politiker, darunter die Abgeordnete der Staatsduma Frau I. Khakamada, haben erklärt, dass es nicht notwendig sei, die mittelständischen Unternehmerinnen bei der Mittelstandsförderung besonders zu berücksichtigen (frei nach der Devise: Jeder hat Probleme, die Männer wie die Frauen). Sie vergessen darüber aber etwas sehr Wichtiges, dass nämlich eine erfolgreiche Geburtenpolitik vor allem von der Bereitschaft der Frauen abhängt, Kinder zu bekommen. Und dafür muss etwas getan werden. Oder soll es am Ende so kommen, dass sich die Frauen spezialisieren? Dass einige von ihnen, vor allem die unter dreißig, sexuelle Dienstleistungen für Männer erbringen und die über vierzig in die Wirtschaft gehen? Dass die Studentinnen studieren und die paar Mädchen, die arm und ungebildet sind, ihre Neugeborenen in Waisenhäusern abgeben, als Reserve, aus der sich die russische Wirtschaft mit Arbeitskräften und die russische Armee mit Soldaten versorgt?

Es wurden Gesetze verabschiedet und Erklärungen abgegeben, aber Russland verfügt nicht über effizient funktionierende und (was noch wichtiger wäre) finanziell abgesicherte Mechanismen zur Umsetzung dieser Gesetze und Erklärungen. Es gibt keine staatlichen Strukturen, um die Probleme der Mädchen und jungen Frauen besonders zu berücksichtigen. Obwohl die Regierung erst kürzlich ihre Besorgnis über die demografische Entwicklung in Russland zum Ausdruck gebracht hat, hat sie keine Maßnahmen ergriffen, die geeignet wären, die Lage der Mädchen und jungen Frauen zu verbessern. Man hat es mehr oder weniger den gemeinnützigen Vereinen überlassen, sich für die Lösung ihrer Probleme zu engagieren. Der Staat wird in der Regel nur tätig, wenn es um die schlimmsten Folgen der Diskriminierung der Frauen geht. Er repariert nur, und das ist nicht genug. Denn es ist offensichtlich: Wir haben nicht genug Unterbringungsmöglichkeiten für junge Prostituierte, es gibt keine echten Programme für arbeitslose Frauen. Zwar gibt es Seminare, die das Drogenproblem bei Minderjährigen und die sexuelle Gewalt gegen Kinder thematisieren. Aber wenn wir uns anschauen, was wirklich getan wird, dann sehen wir, dass nur alte Stereotype gepflegt werden. Maßnahmen, die organisiert werden, um die Frauen, wie es so schön heißt, »fit für den Markt« zu machen, verfolgen in erster Linie das Ziel, ihnen beizubringen, wie sie die dem weiblichen Geschlecht traditionell zugeordnete Rolle perfekt spielen können.

Es gibt kein Programm, das ausdrücklich auf Frauen und Mädchen abzielt. Der »Mainstreaming«-Gedanke wird eindeutig ignoriert. Allein die gemeinnützigen Frauenorganisationen, vor allem die Vereinigte Unabhängige Frauenbewegung, haben klare Zielsetzungen auf diesem Gebiet, die sie schon 1988 formuliert haben: Es geht darum, bestimmte Vorstellungen von der Rolle der Geschlechter und das traditionelle Bild der Frau in der Gesellschaft zu ändern. Nur diese Organisationen leisten wirklich Aufklärungsarbeit unter den Frauen und bei den Behörden. Ihrer Arbeit ist es zu verdanken, dass zu Zeiten der Jelzin-Regierung auf der Ebene der Föderation und auf regionaler Ebene eine Reihe offizieller Dokumente über die Position der Frauen verabschiedet wurden.

Der ständige Wandel in der Wirtschaft und Politik unseres Landes hat jedoch jede Kontinuität bei der Behandlung der frauenspezifischen Probleme verhindert und die Wirksamkeit der auf nationaler Ebene beschlossenen Maßnahmen eingeschränkt. Was etwa die Erhaltung der demokratischen Institutionen und die freie Meinungsäußerung anbelangt, so hat sich die Lage verschärft. All dies zeigt, dass es um die Wahrung der Rechte der Frauen und die Durchführung von Maßnahmen zur Verbesserung ihres Status nicht gut bestellt ist. Die Vertreter der Regierung und der lokalen Behörden, die für die Durchführung von Programmen zur Verbesserung der Lage der Frau zuständig sind, sind nicht in der Lage, ihren Pflichten gerecht zu werden, und einige von ihnen sind sogar gegen solche Programme.

2. Innovationsmaßnahmen

Sozialarbeit und politische Strategien

- Wie sieht man den unterprivilegierten Status der Mädchen und jungen Frauen im sozialen und politischen System?
- Über welche Strategien des Risikomanagements und zur Entwicklung künftiger Perspektiven sollte nachgedacht werden (um Kinder und Jugendliche zu unterstützen und den Zugang Beschäftigung zu erleichtern)?

Es ist notwendig, Aufklärungsarbeit bei den Vertretern der Regierung zu leisten, damit spezifische Programme für Fachkräfte wie Pädagoginnen, Psychologinnen, Sozialarbeiterinnen, Polizistinnen, Ärztinnen und Journalistinnen aufgelegt werden. Wir brauchen Maßnahmen zur Information und Aufklärung der Frauen, Bildungsangebote in den Bereichen Wirtschaft, Recht und humanitäre Fragen, um den Frauen dabei zu helfen, wirtschaftlich unabhängig zu werden, um Unternehmerinnen zu fördern. Es muss deutlich gemacht werden, dass zwischen der Lebensqualität der jungen Frauen heute und den Lebensbedingungen künftiger Generationen in Russland eine Verbindung besteht. Der niedrige Lebensstandard, die Unsicherheit, die Missachtung der Frau, die fehlenden Beschäftigungsperspektiven, die Diskrepanz, die zwischen den Ansprüchen und Erwartungen der Frauen und Männer besteht – all das führt dazu, dass junge Frauen in Massen unser Land verlassen. Wir exportieren quasi diejenigen, die für die Reproduktion unserer Gesellschaft gebraucht werden, in den Westen. Dass es möglich ist, diese jungen Frauen zu integrieren, zeigt das Beispiel des durch das Frauen-Krisenzentrum durchgeführten Projekts zur Prävention von Frauenhandel. Im Rahmen dieses Projekts werden aus Opfern des Frauenhandels, die aus den verschiedensten Ländern nach Russland verschleppt wurden, Sozialarbeiterinnen, die ihre eigenen Organisationen aufziehen und für die Rechte der Frau kämpfen.

Gibt es ein nationales Netz und wie wird Verbindung gehalten?

Die unabhängigen Frauenorganisationen bilden ein Netz innerhalb eines globalen Netzes, das seine eigenen Beziehungen und Informationskontakte hat. Zu diesem Netz gehören das Informationszentrum Internationale Frauenstiftung, Vereinigungen von Expertinnen, Krisenzentren, die Internationale Koalition gegen den Menschenhandel »Engel« sowie internationale Netze.

Was ist ihre Ansicht über die Perspektiven der Maßnahmen zugunsten von Mädchen und jungen Frauen in Europa?

Die Lage der Mädchen und jungen Frauen verdient eine besondere Aufmerksamkeit. Wir brauchen für diese Altersgruppe mehr Kooperation und Monitoring.

Literatur

Borisova L., Solodova G., Kharchenko I.: Economic behavior of secondary school leavers in the environment of formation of market conditions. Novosibirsk – Berdsk, 1999.

Brutman V.: Psycho-social problems of young mothers abandoning their children. Early social orphanage (medical, social and psychological problems), 1995.

Bulletin Information Centre of Independent Women Forum, No. 13, 2001

Information-Consultative Bulletin,« No. 6, 2000

Liborakina M.: Women and Privatisation, Moscow, 1999.

The National Mechanism of Women's Position Improvement in Russia, Information Centre of Independent Women's Forum, 1999.

Overcoming (Social exclusions in the transitional society: the ways of overcoming), Novosibirsk, 2000.

The position of children and young people in Russia. Review. International Youth Fund, 1998.

Khodyreva N., Tsvetkova M.: Russian women and trafficking. Sociological research, 11, 2000.

Women of the World: Laws and Policies Affecting Their Reproductive Lives. East Central Europe. N.Y., 2000.

Zdravomyslova, Aratyunyan: Gender relations in the family, 1997.

Lorents K.: The Back Side of the Mirror, 1998.

■ Galina Volkova

Malookhtinskii Dom Trudolubiya[1] in St. Petersburg - ein Projekt für Mädchen mit Gewalterfahrungen

Zusammenfassung: Die Autorin stellt die Arbeitsweise und die Einrichtungsphilosophie eines Zentrums in St. Petersburg vor, in dem Mädchen und junge Frauen, die Opfer von sexueller Gewalt geworden sind, aufgenommen, betreut und therapiert werden. Eindrücklich belegt der Beitrag das Ausmaß und die Brutalität sexueller Ausbeutung, insbesondere durch den steigenden Frauen- und Mädchenhandel, der Formen von »Versklavung« angenommen hat. Die Autorin beschreibt darüber hinaus Hintergründe für die Entstehung von Gewaltphänomenen in der russischen Gesellschaft.

»Ich versinke in meinem Entsetzen, lautlos, wie in einem ekelhaften Schlamm, spüre meinen Körper nicht, fühle nichts, alles zermalmt von dieser Angst, alles nur noch Angst. Alles in mir ist tot, der Schmerz nur ein willkommener Henker, ich bin ja doch gewohnt zu weinen, ich bewahre diesen Schmerz in meinem Herzen, lasse ihn wachsen. Keine Unterstützung, keine Hilfe kann mich erreichen ... Es ist besser zu sterben als zu leben und dabei immerzu Angst vor etwas zu haben.« (Kaili Kiber, Inzestopfer)

»Nachdem das passiert war, fing ich an, Angst vor meinem Vater zu haben. Er kam zu mir hoch, fing an, mich zu berühren, mich schauderte, ich bebte vor Angst, ich weinte, bat ihn aufzuhören. Das Leben hatte keinen Wert mehr für mich. Ich dachte daran, vom Dach zu springen. (Bewohnerin des Zentrums, Inzestopfer)

»Ich habe vom Tod geträumt. Dabei wusste ich doch, dass ich nur in die Hölle kommen konnte. Aber was mir passierte, das war schlimmer als jede Hölle.« (Opfer von Menschenhandel, ehemalige Bewohnerin des Zentrums)

Gewalt in der Gesellschaft

Gewalt begegnet man überall: Ein männlicher Vorgesetzter macht einer jungen weiblichen Angestellten diskret deutlich, dass sexuelle Dienste zu ihren beruflichen Pflichten gehören. Die »Mächtigen dieser Welt« bezahlen ein paar

1 Übersetzung: Haus des Fleißes

Kopeken, um hungrige Straßenkinder und Jugendliche für sexuelle Vergnügungen zu kaufen, gewöhnen sie an Drogen und versklaven sie. Die Kinder werden zu Billigware in der pornografischen Industrie und im Drogengeschäft. Vernachlässigte Kinder und Waisen sind das gefundene Fressen für Zuhälter und Menschenhändler. Nach den Daten des IPEC (International Programme for the Elimination of Child Labour) ist das Verhältnis von in die Prostitution verwickelten Jungen und Mädchen 1:10. Mädchen werden oft als Menschen zweiter Klasse behandelt.

Gewalt in der Familie

»Bist du Opfer von Gewalt?« Manchmal können Kinder, die seit ihrer Geburt Übergriffen in der Familie ausgesetzt sind, diese Frage nicht beantworten, denn solche Kinder betrachten systematische Prügel als Norm, nicht als Gewalt. Was ist Gewalt, wie entsteht sie, welchen Einfluss hat sie auf die Persönlichkeit? Die Skala der Gewalt reicht von Beleidigung und obszönen Berührungen bis hin zu Verstümmelungen, Traumatisierung und Vergewaltigung. Das Mädchen erträgt die Gewalt seiner Eltern, die junge Frau die ihres Mannes. Dann wird sie Mutter und reagiert nun all ihre Probleme an denen ab, die noch wehrloser sind – an ihren Kindern. Sie versteht nicht, sie bemerkt nicht, dass sie selbst häuslichen Terror praktiziert. Sie ist ehrlich überrascht, wenn ihre Kinder protestieren und sagt: »Ich bin auch geschlagen worden, so schlimm ist das nicht.« So sind die Kinder von Generation zu Generation unfreiwillige Geiseln der Probleme ihrer Eltern und Ziele negativer Handlungen der Erwachsenen. Wo beginnt die Gewalt in der Familie? Eigentlich heiraten doch die Menschen meist aus Liebe, träumen von einem ruhigen und glücklichen Leben in einer Familie, die auf gegenseitiges Verständnis, Respekt und Liebe gründet ist. Professor Sven-Ansel Moison aus Schweden schreibt dazu, dass die allgemeine Praxis auf der Welt leider zeige, dass man die Männer im jungem Alter nicht lehrt, die Menschenrechte zu achten und Frauen als ihresgleichen anzuerkennen. Sie lernen auch nicht, dass sie für ihre Handlungen verantwortlich sind. Uns scheint, dass auch Frauen dieses Wissen und diese Fähigkeiten nicht erwerben, zumal oft auch Frauen Gewalt ausüben.

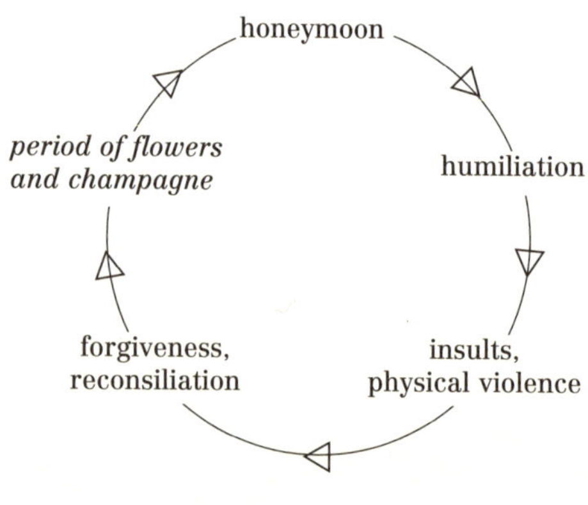

Nebenstehend ein Schema zum typischen Ablauf von familialer Gewalt, die später zur Deformation der Ehe und zu psychischen Erkrankungen bei Kindern und Erwachsenen führen kann.

Manchmal ist eine Frau sich dieser Phasen bewusst und provoziert sie selbst. Oftmals ist sie nicht in der Lage, aus diesem Teufelskreis auszubrechen. Graduell verändert sich der Kreis: Zuerst scheint die Zeit der Blumen und des Champagners nie zu Ende gehen zu wollen, dann ist plötzlich Schluss mit den Flitterwochen und die Frau gerät in die Spirale der Gewalt. Kinder kommen, oft ungewollt, auch sie geraten unfreiwillig in diesen Teufelskreis. Wenn eine Frau wirtschaftlich von ihrem Mann abhängig ist, ist es für sie schwer, der Gewalt zu entkommen und sich zu wehren.

Die Arbeit des Zentrums zum Schutz der Kinder vor Gewalt

In St. Petersburg gibt es heute mehrere staatliche Organisationen und Nicht-Regierungs-Organisationen (NRO) sowie gemeinnützige und kommerzielle Organisationen, die Frauen helfen, die unter Gewalt und sexueller Ausbeutung leiden und Opfer von Menschenhandel wurden. Unter diesen Organisationen nimmt »Malookhtinskii Dom Trudolubiya« einen besonderen Platz ein. Die Einzigartigkeit unseres Zentrums besteht darin, dass es eingerichtet wurde, um vernachlässigte ältere Mädchen zu schützen. Unser Zentrum hat bisher an vier internationalen Konferenzen zum Thema der Bekämpfung des Menschen- und Sexhandels teilgenommen. Wir haben mehrere Seminare über die Verhinderung des Menschenhandels abgehalten, daran nahmen ehemalige und jetzige Bewohnerinnen und andere Mädchen teil, die sich Rat und Hilfe suchend an das Zentrum gewandt hatten. Das Zentrum leistet medizinische, psychologische und pädagogische Hilfe, es bietet sozialen Schutz und Rechtshilfe für vernachlässigte und obdachlose Mädchen zwischen zwölf und achtzehn Jahren. Diese genossen keine elterliche Fürsorge, sie hatten kein Zuhause und keine Möglichkeit, ihren Lebensunterhalt zu verdienen. In der Regel haben diese Kinder schlimme Erfahrungen gemacht: Landstreicherei, Hunger, Diebstahl, Jugendprostitution, früher Alkoholismus, Drogensucht – und das vor dem Hintergrund einer verzögerten psychischen Entwicklung und anderer Phänomenen. Alle Mädchen, die zu uns kommen, haben Grausamkeit und Gewalt erlebt. In jüngster Vergangenheit waren darunter immer mehr Mädchen, die Opfer sexueller Gewalt durch Familienangehörige wurden (in der Regel der Vater oder Stiefvater).

Die Arbeit des Zentrums zielt auf die sozial-psychologische und medizinische Versorgung von hilfsbedürftigen weiblichen Jugendlichen. Es bietet ferner qualifizierte Beratungsleistungen für Jugendliche an. Unsere Hilfe umfasst die Vollzeitunterbringung (mit voller staatlicher Unterstützung), ein Tageszentrum, Sozialberatung, Hauserziehungsgruppen. Außerdem wurde mit Hilfe von UNICEF in diesem Jahr die Beratungsstelle »Väter und Kinder« eröffnet. Diese ist im Zentrum angesiedelt und bietet kostenlose persönliche und telefonische Beratung für Eltern und Jugendliche. Den Jugendlichen wird bei der Lösung ihrer sozialen, rechtlichen und medizinischen Probleme geholfen. Die Beratungsstelle führt monatlich bis zu sechzig psychologische Beratungen durch.

Das Zentrum verfügt über eigene methodische Programme, darunter in folgenden Bereichen: »Die Verhinderung von Kinder- und Jugendprostitution. Rehabilitation von betroffenen weiblichen Jugendlichen, die medizinischer, psychologischer und juristischer Hilfe bedürfen.«; »Die Vorbereitung von Jugendlichen auf das Familienleben«; »AIDS und Jugendliche«; » Mein Schicksal liegt in meiner Hand« (Hilfe für ehemalige Absolventinnen sozialer Rehabilitationszentren in St. Petersburg); »Sexualerziehung«. Die Entwicklung des Programms zur Sexualerziehung wurde notwendig durch die skandalöse sexuelle Unwissenheit der hier Hilfe suchenden Mädchen.

»Malookhtinskii Dom Trudolyubiya« ist das einzige Zentrum in Russland, das nicht nur Hilfe für jugendliche Gewaltopfer anbietet, sondern diese Problematik auch öffentlich anspricht – in den Massenmedien, auf unterschiedlichsten Konferenzen und innerhalb der staatlichen Strukturen. Dies ist eine Fortsetzung der Präventionsarbeit zum Thema Gewalt. Viele Menschen können sich kaum vorstellen, wie häufig Kinder unter Gewalt seitens der Mutter, des Vaters oder des Stiefvaters leiden, wie oft sie Opfer von Inzest, sexueller Gewalt auf der Straße und Menschenhandel sind.

Die Prinzipien des Zentrums

1. Akzeptanz des Kindes, vorbehaltlose Liebe;
2. Garantie der Sicherheit des Kindes;
3. individueller Zugang zum Kind;
4. Hilfe und Unterstützung für das Kind während der Phase der Gewöhnung an das Leben in einer Institution des sozialen Schutzes;
5. gleiche Rechte und Pflichten für alle;
6. komplexe Lösungen für die Probleme des Kindes, besonders für die Fragen des späteren Lebens und der Beschäftigung;
7. großes Engagement der Bewohnerinnen bei der Arbeit am ganzen Tag;
8. psychologisches Herangehen an die Arbeit mit dem Kind;
9. breite Anwendung der Kunsttherapie;
10. Kreativität und körperliche Arbeit als Wege zur Lösung der psychologischen Probleme des Kindes;

11. das Kind hat unter abnormen Handlungen gelitten und wird als traumatisierte Person angesprochen;
12. Respekt gegenüber dem Kind;
13. das Kind wohnt freiwillig und auf der Basis einer gegenseitigen Vereinbarung im Zentrum;
14. Verbot von Gewalt;
15. Hilfe für die Absolventinnen des Zentrums, Unterstützung während der kritischen Periode der Gewöhnung an das selbständige Leben.

Wie kommen die Kinder in unser Zentrum?

In sechzig Prozent der Fälle kommen die Mädchen von allein oder ihre Eltern bringen sie; seltener sind es andere Verwandte, Nachbarn, die Polizei, der Jugendschutzinspektor, der Straßendienst. Es ist nicht so wichtig, wer das Kind gebracht hat, viel wichtiger ist, warum es die Hilfe des Zentrums braucht, warum es von zu Hause weggegangen ist und lieber auf der Straße als bei seinen Eltern lebt. Die Türen von »Malookhtinskii Dom Trudolyubiya« sind schon seit drei Jahren für Kinder geöffnet, die unter physischer, sittlicher oder sexueller Gewalt, unter Inzest oder Menschenhandel leiden.

Erstrangig ist die Arbeit mit dem Kind. Es ist sehr wichtig, die Wurzeln der Probleme bloßzulegen, sich mit der Geschichte der Familie, dem Verhältnis zwischen den Eltern und Großeltern zu beschäftigen. Es kommt relativ häufig vor, dass die Eltern oder andere Familienmitglieder nicht einsehen wollen, dass sie etwas mit dem auffälligen Verhalten ihres Kindes zu tun haben. Dabei liegt die Hauptarbeit bei den Psychologinnen und Sozialarbeiterinnen, dann ändern die Eltern allmählich ihre Ansichten und beginnen die wirklichen Gründe der Probleme zu sehen.

Nun nähern wir uns der schwierigsten Frage: »Wie arbeitet man mit solchen Mädchen?«
Wenn ein Mädchen bei uns Zuflucht sucht, muss zuerst geklärt werden, ob ihm Gewalt angetan wurde. Manchmal ist das bekannt (Informationen von der Polizei oder aus dem Umfeld des Mädchens oder auch von ihm selbst), aber wie im Falle von Natascha verheimlichen die Mädchen das oft. Erst vor einem halben Jahr war sie in der Lage, darüber zu sprechen und das war kein Zufall. Normalerweise zeigen sich die Alarmsignale in einigen Elementen von Zeichnungen und anderen Darstellungsmethoden und bei angeblich »zufälligen« Versprechern in der Unterhaltung. Falls klar ist, dass Gewalt ausgeübt wurde, erarbeiten wir ein individuelles Programm für die Erstrehabilitation des Mädchens. Es ist wichtig herauszufinden, welche Haltung das Mädchen selbst dazu hat. Häufiger resultiert diese Haltung aus seiner Selbsteinschätzung, an der

wir arbeiten. Es geht dabei um etwaige Schuldgefühle und das eigene System moralischer Werte. Wenn die Gewalt von einem Familienmitglied ausging, ist es notwendig, das Bild, das das Kind von der Familie hat, zu korrigieren (Inzesttabu usw.).

Man muss einem solchen Mädchen dabei helfen, sich über Lernen und Arbeit selbst zu definieren. In der Regel haben diese Kinder große Schwierigkeiten, sich an die normale Gesellschaft anzupassen, sie haben kein Vertrauen in diese Welt, sie fürchten und verachten sie. Viele wählen einen »asozialen« (»abnormen«, kriminellen) (Originalübersetzung) Lebensstil: Sie gehen den Weg der Prostitution, der Drogensucht, des Alkoholismus. Ein weiteres Hindernis besteht in der Tatsache, dass viele Kinder massive Schädigungen ihrer Persönlichkeitsentwicklung und intellektuelle Defizite aufweisen (oft ist ihre Fähigkeit zur Bewertung von Ursache und Wirkung unzureichend entwickelt).

Unsere ganze Aufmerksamkeit gilt der Erarbeitung von Empfehlungen für ErzieherInnen und SozialarbeiterInnen, die mit diesen Mädchen kommunizieren. Wir prüfen die Einhaltung dieser Empfehlungen. Es ist absolut nicht gestattet, Vorurteile gegenüber dem Kind zu haben und ihm die Schuld für seine Vergangenheit zu geben. Manchmal hat es den Anschein, als ob wir in einem Wald leben, der voller Fallen für Waisen und vernachlässigte Jugendliche ist. Die Justizbehörden und die Sozialstrukturen stehen vor riesigen Aufgaben bei der Schaffung von Sicherheitszonen in diesem dichten Wald. Das Zentrum unterstützt Initiativen für die aktive und effektive Teilhabe der Mädchen, d.h. gleichberechtigte Teilhabe an Gesellschaft, Wirtschaft, Politik, und Kultur, einschließlich aller Führungsebenen. Ziel unserer Arbeit ist die Überwindung überholter Stereotype von der Rolle der Geschlechter. Neben der sozialen und psychologischen Arbeit leistet das Zentrum eine riesige Erziehungsarbeit. Seit das Problem des Menschenhandels immer prekärer wird, leistet das Zentrum Präventionsarbeit mit Jugendlichen, um deren Verwicklung in das Sexgeschäft zu verhindern. Wir beteiligen uns an internationalen Konferenzen und sind Mitglied der Koalition »Engel«, deren Hauptaufgabe im Kampf gegen Sexhandel und Pornographie liegt.

Durchschnittlich verfügt jedes zehnte Mädchen unter sechzehn Jahren über sexuelle Erfahrungen in unserer Stadt, von unseren Bewohnerinnen haben ca. sechzig Prozent der zwölf- bis fünfzehnjährigen Mädchen sexuelle Erfahrungen. Unter den jungen Petersburgerinnen haben nur 37 Prozent ihren ersten Sex im Zusammenhang mit Liebe und Zuneigung; für 23 Prozent ist es Neugier und Nachahmung der Erwachsenen; für 29 Prozent ist es Zufall; in elf Prozent der Fälle steht der Beginn des Sexuallebens im Zusammenhang mit Gewalt oder Zwang. Bezogen auf unsere Bewohnerinnen hatten nicht mehr als zwanzig Prozent ihren ersten Geschlechtsverkehr aus Liebe; ca. 25 Prozent verloren ihre Jungfernschaft im Ergebnis von Gewalt, brutaler Behandlung, Erpressung und Zwang. Bis zu neunzig Prozent unserer Bewohnerinnen haben zumindest kurzzeitige Erfahrungen in der Prostitution. Die Sozialprogramme des Zentrums hinsichtlich der Rehabilitation junger Prostituierter, der Verhinderung der Jugendprostitution und der Betreuung von ehemaligen Bewohnerinnen der sozialen Rehabilitationszentren wurden durch UNICEF bestätigt. Daraufhin erhielten wir materielle Unterstützung bei der Realisierung des Programms.

Eines der Hauptarbeitsgebiete des Zentrums ist die Prävention im Zusammenhang mit dem Problem des Menschenhandels. Die Kategorie der weiblichen Jugendlichen, mit denen unser Zentrum arbeitet, ist die Risikogruppe Nr. 1 in der Sphäre der Jugendprostitution, des Drogen- und Pornographiegeschäfts und der Verwicklung von Minderjährigen in den Menschenhandel. Vernachlässigte Mädchen sind immer ein gefundenes Fressen für Zuhälter, Drogenhändler und alle, die mit dem Menschenhandel zu tun haben. Sie bekommen die Mädchen praktisch umsonst. Wenn einem Mädchen etwas passiert, tragen sie kein Risiko. Niemand wird sich um das Mädchen kümmern, weil es wirklich niemanden gibt, der nach einer Waise sucht. Zudem handelt unsere Gesellschaft scheinheilig gegenüber diesen Mädchen. Ein fünfzehnjähriges, sich selbst überlassenes Mädchen wird durch unsere »anständige« Gesellschaft als Prostituierte gebrandmarkt, es kann sich nicht mehr auf die Aufmerksamkeit und Hilfe dieser Gesellschaft verlassen, falls ihm ein Unglück passiert. Die Zuhälter aller Schattierungen wissen das ganz genau und nutzen es trefflich aus. Außerdem sind vernachlässigte Kinder und Jugendliche aus benachteiligten Familien sich oft nicht darüber im Klaren, dass Gewalt gegen sie ausgeübt wird. Sie glauben wirklich, dass brutale Behandlung die Norm ist. So gerieten z.B. ca. siebzig Prozent unserer Bewohnerinnen in irreguläre sexuelle Beziehungen. Das geschieht nicht nur, weil die Mädchen materielle Ziele haben oder zumindest die Illusion von Wärme und Liebe. Seit der Kindheit haben die Mädchen im Unterbewusstsein die Idee, dass jeder Mann das Recht hat, ihren Körper zu benutzen – und wenn er will müssen sie ihm diesen »geben«. Geringe Selbstachtung, ein hohes Maß an Selbstentfremdung und andere persönlichkeitsdeformierende Eigenschaften sind charakteristisch für all diese Mädchen. Die Charaktereigenschaften sind jedoch sehr nützlich für die Arbeit einer Prostituierten.

Mehr als fünfzig Prozent unserer Bewohnerinnen, die Erfahrungen mit der Prostitution haben, haben diesen Weg nur aus materiell-ökonomischen Interessen gewählt. Aber unter dem Einfluss dieser anderen Lebensweise verändert sich ihr Wertegefühl und ihre Persönlichkeit dermaßen, dass sie dieses »Geschäft« nicht mehr aufgeben können. Unser Zentrum garantiert, dass jedes Mädchen gutes Essen bekommt, bei uns gibt es Hausmannskost. Jede hat ihr eigenes Bett mit sauberer Bettwäsche. Die Mädchen besuchen viele Kulturveranstaltungen und genießen einen breiten Rahmen sozialer Vorteile. Gleichzeitig gehen jedoch ca. zehn Prozent von ihnen weiterhin der Prostitution nach. Wie kommt das?

Ein weit verbreiteter Grund ist die Realisierung eines fest eingeübten Lebensablaufs, bedingt durch die bereits erwähnte Idee im Unterbewusstsein: »Sie können mich benutzen«. Außerdem führen psychische Verformungen, angehäuft durch viele Jahre grausamer Behandlung, Drogen- und Arzneimittelmissbrauch zur Hypersexualität, die separat korrigiert werden muss.

Von unseren Bewohnerinnen war noch keine im Ausland, aber alle möchten zumindest einmal einen Eindruck davon bekommen. Fast keine von ihnen hat auch nur die geringste Hoffnung dorthin zu gelangen. Einige denken ernsthaft darüber nach, auf illegalem Weg in das Sexgeschäft im Ausland einzusteigen. Diese Mädchen sind zwar durch die Schule des Überlebens gegangen, trotzdem sind sie in keiner Weise selbständig. Das Ausfüllen eines Passantrages und anderer Dokumente scheint für sie eine sehr komplizierte Prozedur zu sein, die sie niemals meistern können. Wenn eine von ihnen illegal das Land verlässt, wird sich der Zuhälter um all diese Sachen kümmern.

Wir haben unterschiedliche Faktoren berücksichtigt, die die Verwicklung der Mädchen in den Menschenhandel begünstigen:

- Sie sind schutzlos, niemand kümmert sich um sie,
- in der Regel sehen sie die Prostitution nicht als etwas so Schlimmes an, dass sie es ablehnen, Geld damit zu verdienen,
- durch ihr kindliches Gemüt ist es leicht, sie zu »kaufen«, man braucht ihnen nur Geschichten über ein »schönes« Leben zu erzählen.

In unserem Zentrum sind Mädchen, die Opfer sexueller Gewalt wurden, Inzestopfer, Mädchen mit deformierter sexueller Orientierung, Jugendprostituierte, ja es gibt darunter sogar Mädchen, die Zuhälterei betreiben. Zum Glück wurde bisher noch kein Mädchen in den Menschenhandel hineingezogen. Trotzdem ist unser Zentrum bereit, diese Kinder zu akzeptieren und ihnen notwendige Hilfe und Schutz zu gewähren. Hochqualifiziertes medizinisches Personal, Psychologinnen und Lehrerinnen arbeiten im »Malookhtinskii«-Haus. Wir gewähren Rechtsschutz und lösen soziale Probleme bei der Anmeldung, Unterbringung und Erziehung. Bei uns gibt es keine Vorverurteilung, es geht nicht darum, welches Kind besser oder schlechter ist. Wir sind bereit, allen zu helfen, die sich an uns wenden. In unserem Zentrum gibt es Unterkünfte, die spezielle für diese Mädchen konzipiert sind. Diese Räumlichkeiten sind von den anderen abgekoppelt. Daher sind wir in der Lage, bestimmte Kinder im Bedarfsfall von ihrer üblichen Umgebung fernzuhalten. Die Spezialistinnen des Zentrums arbeiten rund um die Uhr, Fremde können unser Gebäude nicht betreten. Wir können unsere Mädchen vor ungebetenen Gästen und vor der Beeinträchtigung ihrer Freiheit und Würde schützen. Alle sind gleichberechtigt und zu allen suchen wir einen individuellen Zugang. Abhängig von den spezifischen Lebenserfahrungen der Jugendlichen erarbeiten wir einen persönlichen Rehabilitationsplan. Unabhängig davon können sie wie alle anderen Bewohnerinnen alle Dienste des Zentrums in Anspruch nehmen.

Die Rehabilitationsabteilung des Zentrums hat zwei Ziele:
- Den Mädchen zu helfen, sich selbst von den negativen Lasten der Vergangenheit zu befreien,
- den Grundstein für eine stabile Persönlichkeit, für ein selbstständiges Leben in der Zukunft zu legen.

Die Rehabilitationspläne sind sehr umfassend: Sie beinhalten sozialrechtliche, medizinische und psychologisch-pädagogische Maßnahmen. Für die Lösung der sozialen und rechtlichen Probleme werden vor allem hochqualifizierte Expertinnen gebraucht. Die Arbeit unserer Psychologinnen und Lehrerinnen besteht zu einem großen Teil darin, die Mädchen zu motivieren, ihre eigene Persönlichkeit frei zu entwickeln und ein Gefühl dafür zu bekommen, inwieweit ihre psychische Befindlichkeit beeinträchtigt ist. Wenn die Mädchen zu uns ins Zentrum kommen, dann begreifen sie oft nicht, wieso es z.B. notwendig sein soll, den Fußboden aufzuwischen oder sich die Zähne zu putzen. In der Altersgruppe der Zwölf- bis Fünfzehnjährigen können zwanzig Prozent nur silbenweise lesen und haben den Kenntnisstand der zweiten oder dritten Grundschulklasse. In der überwiegenden Zahl der Fälle kann von ethischen Normen nicht die Rede sein, obschon man natürlich auch Mädchen trifft, deren Moral völlig intakt ist. Tag für Tag lernen sie, sich selbst zu helfen, sich um sich selbst zu kümmern oder es wenigstens zu wollen. Die Psychologinnen und Ärztinnen kämpfen in aufreibender Arbeit gegen Übel wie gewohnheitsmäßigen Diebstahl und gewohnheitsmäßige Prostitution, korrigieren psychologische Fehlentwicklungen, behandeln die Drogensucht.

Wir haben im Zentrum auch eine Kunstwerkstatt, in der alle Bewohnerinnen einen Rehabilitationskurs »Zeichnen und Malen« besuchen müssen. Zuerst sind die Mädchen gestresst, fühlen sich unter Druck gesetzt, aber nach und nach befreien sie sich davon und verlieren ihre Scheu vor Farben. Ihre ersten Bilder sind für gewöhnlich düster und depressiv, sie erzählen vom Unglücklichsein, von Brüchen, von Drogenabhängigkeit und Kriminalität. Von Bild zu Bild werden die Farben heller und leuchtender, die kleinen Gemälde »wärmer« und freundlicher.

Wir haben auch ein Studio für Lederarbeiten. Leder ist ein glattes, kühles und weiches Material, es fasst sich gut an, und wer mit Leder arbeitet übt den Tastsinn. Beim Basteln kleiner Souvenirs aus Leder erleben viele unserer Mädchen zum ersten Mal, wie es ist, wenn man mit eigener Hand etwas herstellt. Das Zentrum will seinen Bewohnerinnen das Wissen und die Fertigkeiten vermitteln, die sie brauchen, um im Leben Erfolg zu haben, um ihre Zukunft selbständig zu meistern. Wir geben auch Englischunterricht (Elementarkurs), in dem die Mädchen lernen, englisch zu sprechen (Konversation) und zu übersetzen. In diesem Jahr haben wir mit Unterstützung des schwedischen Kinderschutzfonds einen eigenen Computerkurs eingeführt. Zur Verfügung stehen neben anderen Ausrüstungen auch sechs Personalcomputer.

Unsere Mädchen nehmen aktiv an kulturellen Veranstaltungen in der Stadt teil. Wir organisieren regelmäßig Besuche von Museen, Ausstellungen und Sehenswürdigkeiten unserer Stadt. Wir haben ein Literaturcafé, in dem auch Literaturunterricht gegeben wird. Außerdem bereiten wir die Mädchen auf das Familienleben vor. Dabei kann gesagt werden, dass die meisten Mädchen gern an diesen Maßnahmen teilnehmen. Das Zentrum ist für sie wie ein Zuhause, in dem sie Ordnung halten und alles sauber und reinhalten, ganz wie sie es in der eigenen Familie tun würden. Nicht immer sind die, die zu uns kommen, Töchter von Alkoholikern, Drogensüchtigen oder Kriminellen. Leider ist es so, dass uns immer mehr Hilferufe von Mädchen erreichen, deren beide Eltern und Großeltern noch leben und von Mädchen und jungen Frauen aus sozial gut gestellten Familien mit mittlerem ja sogar hohem Einkommen. Der Grund, weshalb sie uns um Hilfe bitten, ist jedoch der gleiche: Misshandlung.

Im Jahr 1999 wurden wir zum Beispiel in 43 Fällen um Hilfe gebeten, und in 37 Prozent dieser Fälle war die Familie »komplett«. Im Jahr 2000 meldeten sich in elf Monaten 53 Mädchen bei uns, davon hatten 47 Prozent zwei Eltern, diese waren weder geschieden noch hatte man ihnen das Sorgerecht entzogen. Hier ein Überblick über die traumatischen Erfahrungen der Mädchen (Alter dreizehn bis zwanzig Jahre), die im Jahre 2000 um unsere Hilfe baten:

Angegebener Grund des Hilfeersuchens	**Nennung in % der Fälle insgesamt**
Sexuelle Gewalt, ausgeübt durch den Vater	10
Sexuelle Gewalt, ausgeübt durch den Stiefvater	70
Vernachlässigung durch die Eltern, Pflegschaft	80
Extrem brutale Behandlung (Schläge, Hunger über lange Zeit)	60

Im Jahre 2000 begann in unserem Zentrum die Umsetzung eines Teils des im Zentrum entwickelten Projekts »Mein Schicksal liegt in meiner Hand« (Hilfe für ehemalige Absolventinnen sozialer Rehabilitationszentren in St. Petersburg). Wir haben im Rahmen dieses Projekts einen Club gegründet, der für ehemalige Bewohnerinnen von Rehabilitationszentren kostenlose medizinische und psychologische Hilfe und Beratung in Fragen Sozialrecht anbietet. Ferner können sie hier regelmäßig Nahrungsmittel, Kleidung und Haushaltsgegenstände erhalten. Daneben entstand unter dem Namen »Refugium« in einer Sozialwohnung eine Zuflucht für erwachsene Absolventinnen des Zentrums und andere Einwohnerinnen von St. Petersburg – Mädchen und junge Frauen, die Opfer häuslicher Gewalt waren.

■ Irina Grushevaya

Zukunft für die Mädchen und jungen Frauen von Tschernobyl!

Zusammenfassung: Der Kurzbeitrag gibt Aufschluss über die aktuelle politische Situation in Weißrussland und die Aktivitäten von Bürgerinitiativen, die sich insbesondere nach der Umweltkatastrophe in Tschernobyl gegründet haben. Eindrücklich wird geschildert, unter welchen besonderen Spätfolgen die Mädchen und Frauen von Tschernobyl leiden und welche Hilfen hier dringend ansetzen müssen, um insbesondere den Frauen- und Mädchenhandel in dieser Region zu stoppen.

Zur politischen Situation in Belarus

Berichten werde ich aus Belarus (Weißrussland), aus einer ehemaligen Sowjetrepublik, die zwischen Polen und Russland liegt. Geographisch sind wir ein europäisches Land, möchten auch in anderen Hinsichten zu Europa gezählt werden. Doch es weitet sich immer mehr die Überzeugung aus, dass nur die Europäische Union, die nun direkt an unserer Grenze zu Polen endet, Europa ausmacht. Sie werden unsere berechtigte Sorge verstehen wieder abgeschottet, abgehängt zu werden. Wir sind schon einmal aus dem historischen Prozess hinausgeworfen worden, in die Sackgasse geraten, haben Jahrzehnte lang hinter dem »eisernen Vorhang« gelebt, Glückliche in unserer totalen Unwissenheit. Das Wissen über die übrige Welt wurde durch die Arroganz der Zugehörigkeit zu der Supermacht ersetzt. Der Stolz auf den mächtigen Riesenstaat ersetzte die eigene Würde, ließ keinen kritischen Blick auf die wahre Situation zu. »Kleine Schräubchen« im großen System – was konnten wir schon ausrichten?

Ende der achtziger, Anfang der neunziger Jahre kam der frische Wind der Perestroika auch nach Belarus. In Deutschland fiel die Mauer, Europa rückte zusammen, sanfte und samtene Revolutionen in Mitteleuropa waren die Folge des Zusammenbruchs des nicht lebensfähigen sozialistischen Blocks. Bei uns fielen die Schuppen von den Augen: Wie grausam wurden wir betrogen, wie grausam wurde unser Glaube an die sozialistischen Ideale missbraucht! Elend, Verlogenheit unseres Lebens, ausgeliefert sein der Willkür des Staates – diese Erkenntnis war niederschmetternd. Ich spreche darüber, um verständlich zu machen, warum ich persönlich diese neu entstehende Ausgrenzung so schmerzhaft empfinde, warum ich mich sträube, diese zu akzeptieren.

Im Titel dieses Busches kommt zweimal das Wort Zukunft vor. »Zukunft Europa – Zukunft für Mädchen!« Sollte das bedeuten, dass es keinen Platz für Belarus, für belarussische Mädchen in der Zukunft in Europa gibt? Aber Europa bedeutet für uns in diesem Kontext nicht nur einen geographischen Begriff, sondern auch demokratische Werte. Sollen wir alleine bleiben? Mit unserer »hausgemachten« Diktatur des Präsidenten Lukaschenko, einem sowjetischen Patrioten, der das Land in die Vergangenheit treibt? Mit der Tschernobyl-Katastrophe, die 2,5 Millionen Menschen von zehn Millionen belarussischer Bevölkerung in der Verseuchung leben ließ? Hieße es dann, dass unsere demokratische Freiheitsbewegung vergebens war? Die Vision von Gorbatschow: das gemeinsame Haus Europa – ein Mythos? Unsere Mädchen in Europa – nur Ware für den Menschenhandel?

All die politischen Begriffe, die ich hier gebrauche, sind für mich gar kein Abstraktum, sie betreffen mich persönlich, mein Leben, meine Freundinnen und Freunde, unser Engagement für die Demokratie – nicht nur in Belarus. Ich bin davon überzeugt, dass die Solidarität mit uns und unserem Land ein Maß für die Reife der Demokratie im Westen ist. Die Wahrhaftigkeit der proklamierten demokratischen Werte muss sich daran messen lassen.

Unser Engagement für Tschernobyl-Kinder

Ich vertrete hier die erste Bürgerinitiative in Belarus, die sich seit 1989 zu der Tschernobylbewegung entwickelt hat. Die Jahre intensiver Arbeit, die das ganze Leben veränderten, haben uns sehr geprägt. Das Wichtigste war, dass wir – vielleicht zum ersten Mal! – erkannt haben, dass wir vieles können. Die Angst überwinden, die Menschen überzeugen, Selbsthilfegruppen gründen und etwas für sich tun. 1989 wurde mein Mann, Professor für Philosophie an der staatlichen Universität, für die Organisation des Protestmarsches gegen die Verheimlichung der Folgen von Tschernobyl in Belarus gerichtlich verurteilt. (Wir haben 72 Prozent des ganzen Fallouts abbekommen und haben davon fast vier Jahre lang nichts gewusst!) Er begann nach Wegen zu suchen, wie man den Kindern, die in den verseuchten Gebieten leben, helfen kann. Eine der Ideen war: die Kinder zur Erholung zu schicken. Im eigenen Land gab es dafür kein Geld. Im Westen haben unseren Ruf zuerst einige kirchliche Gemeinden gehört. Ihnen folgten hunderte Initiativen. Heute begehen viele von ihnen ihr zehnjähriges Bestehen. Das bedeutet, dass die Kinder von Tschernobyl nicht nur zu Botschaftern des Unglücks wurden; sie wurden zu Brückenbauern zwischen Belarus und Europa (und nicht nur!). Sie wurden anerkannt als Menschen in Not, aber auch als Freunde und Ebenbürtige. In den zehn Jahren wurden aus vielen von ihnen junge Erwachsene, die die Welt nicht hinter ihrem Zaun hervor beobachten, sondern im engen Kontakt erlebt haben.

Was konnten sie kennen lernen? Die Möglichkeiten, die andere Lebensweise, die kritische Einstellung als Motiv zur positiven Veränderung, die Verantwortung, das Engagement von verschiedenen Menschen, unabhängig von ihren politischen oder Glaubensüberzeugungen. Es ist dann kein Wunder, dass diese jungen Menschen ihre Erfahrungen nicht aufgeben wollen und zu uns kommen, um in verschiedenen sozialen Projekten der »Jugendzukunftswerkstatt« ihre Vorstellung von der Offenheit, Solidarität, Demokratie umzusetzen. Das ist eine kostbare Frucht unserer Arbeit und unseres Konzeptes der humanitären Hilfe. Die Situation ist aber alles andere als hoffnungsvoll und zukunftsversprechend!

Tschernobyl und die spezifischen Folgen für Mädchen und Frauen

Sieben Jahre des autoritären Regimes, die Atmosphäre der Angst, der Unterdrückung, der doppelten Moral, hinterlassen tiefe Spuren in der Entwicklung der Jugend. Die Folgen von Tschernobyl werden wieder verharmlost, die Menschen werden der Radiophobie beschuldigt, die jungen Absolventinnen der pädagogischen und medizinischen Hochschulen werden in die verseuchten Regionen geschickt, um dort zwei Jahre abzuarbeiten. Die Statistiken über die Krankheiten und Missbildungen werden wieder geheim gehalten. Die 1991 ausgesiedelten Dörfer werden wieder besiedelt. Den unsichtbaren Krieg des »friedlichen Atoms« erklärt man heute als den größten Mythos der Gegenwart. Wer trägt die ganze Schwere dieses Krieges? Das sind unsere Frauen. Sie machen 95 Prozent unserer Organisation sowie anderer sozial orientierter Organisationen aus, sie haben oft drei Arbeitsstellen, um sich über Wasser zu halten (80,2 Prozent der Frauen leben in Armut, viele sitzen am Bett ihres kranken Kindes in der Klinik, sie ertragen den Frust und die Gewalt der Ehemänner, sie arbeiten auf ihren Datschen, um die Familie mit Lebensmitteln zu versorgen, sie sitzen in den Bibliotheken, um nach dem Studium eine gute Anstellung zu bekommen). Aber immer mehr Frauen können den psychischen Druck nicht aushalten, beginnen zu trinken, vernachlässigen die Kinder, fallen aus allen sozialen Netzen heraus. Viele Jahre in der radioaktiven Belastung deformieren die Psyche. Aussichtslosigkeit, Angst um die Kinder, große materielle Not (das Geld reicht nur für eintöniges Essen), leisten ihren Beitrag zu dem so genannten posttraumatischen Tschernobylsyndrom. Die Schwäche des Immunsystems ergänzt das Bild.

Die Angaben des wissenschaftlichen Institutes für Radiologie und Endokrinologie (1995 bis 1999) bestätigen die Tendenz zu einer Verschlechterung des Gesundheitszustandes der belarussischen Bevölkerung. Zum Beispiel beträgt der Anstieg der Sterblichkeit unter den Jugendlichen und die Erhöhung der Kindersterblichkeit in einzelnen betroffenen Kreisen das Zweifache! In manchen Orten gibt es kein einziges gesundes Kind. Vor diesem Hintergrund ist es besonders wichtig, die Lebensenergie der Menschen zu unterstützen. Vor allem sollte man diese Unterstützung den jungen Erwachsenen gewähren. Wir setzen uns zum Ziel, ihnen zu helfen, von Objekten der Sorge zu Subjekten ihrer eigenen Geschichte zu werden. So bauten wir in den jeweiligen Gebieten der Tschernobyl-Zone 24 unabhängige Jugendzentren. In den Initiativgruppen arbeiten fast ausschließlich Frauen, darum wird den Problemen der jungen Frauen und Mädchen besondere Aufmerksamkeit geschenkt.

Die Problemverschiebung: Mädchen von Tschernobyl werden zu leichter Ware für den Frauenhandel nach Europa

In den letzten drei Jahren stießen wir auf ein neues Problem. Viele Mädchen, die in den verseuchten Regionen leben, waren oft als Tschernobyl-Kinder im Ausland zur Erholung. Sie haben die Gastfreundschaft und die Offenheit der Gastgeber genossen. So begegnen sie allen Menschen aus dem Westen mit großem Vertrauen und glauben allen Versprechungen. Bei zunehmender Misere und Perspektivlosigkeit im eigenen Land kommt bei ihnen oft der Wunsch auf, um jeden Preis ins Ausland zu kommen, weg aus ihrem verseuchten Dorf oder ihrer Stadt. Es wird doch versprochen, dass sie in kurzer Zeit Geld verdienen können, um dann zu Hause den Lebensunterhalt, das Studium, die Miete für die Wohnung bezahlen zu können. Sie wissen nicht, dass der Westen auch ein böses Gesicht haben kann, dass sie gezwungen werden können, in Klubs, Bars, Bordellen und privaten Haushalten als Prostituierte zu arbeiten.

Wie kann verhindert werden, dass Mädchen und junge Frauen Opfer werden? Wie kann man erreichen, dass den Tätern schon im Vorfeld der Boden für ihre kriminellen Handlungen entzogen wird? Um diese Frage beantworten zu können und den Frauen und Mädchen in ihren Krisensituationen zu helfen, initiierten wir 1999 die Beratungsstelle für Frauen und Mädchen »Malinowka«. Die Beratungsstelle leistet eine große Arbeit mit Unterstützung des Diakonischen Werkes der evangelischen Kirche Westfalens im Bereich der Prävention von Gewalt und Menschenhandel. Sie bietet psychologische Beratung und erweist den betroffenen Frauen Hilfe. Sie begleitet die Rückkehrerinnen und arbeitet die Strategien zur Sensibilisierung für Gewaltsituationen (»Mir passiert das nie!«) aus. Auch die Ausarbeitung der Strategien zur Durchsetzung von Frauenrechten und Begleitung von Mädchen und Frauen in Krisensituationen sind immer unsere Prioritäten.

Seit 2000 führen wir die Arbeit in dem einzigen Frauengefängnis von Belarus durch, das im verseuchten Gebiet Gomel (die zweitgrößte Stadt des Landes) liegt. In der Gruppe der minderjährigen Mädchen kommen die Gewalterfahrungen besonders drastisch zum Ausdruck. Es ist eine Gruppe mit dem besonders großen Risiko, nach der Entlassung zu den Opfern des Menschenhandels zu werden. Körperliche Schönheit, Ausgrenzung, gefährliches soziales Milieu, keine Ausbildung, keine Arbeit, so gut wie keine Resozialisierung zwingen sie auf alle Angebote einzugehen, die ihnen ermöglichen, sich aus den Netzen loszureißen, die sie ins Gefängnis gebracht haben. Die Menschenhändler sind oft schneller als wir.

Das ist auch einer der Gründe, warum wir unsere Arbeit auf möglichst mehr neue Orte ausweiten wollen und das neue Projekt »Ausbildung der Multiplikatorinnen für die Arbeit gegen Gewalt und Menschenhandel« realisieren wollen. Das Interesse unter den Frauen für dieses Thema ist sehr groß. Wir hoffen, nötige finanzielle Unterstützung zu finden, um so schnell wie möglich diese Arbeit zu realisieren.

Gewalt ist eine Erfahrung in Lebensbereichen von Mädchen und Frauen in Ost und West gleichermaßen. Deshalb wollen wir gemeinsam mit Ihnen gegen die Gewalt an Frauen kämpfen, für die Frauenrechte arbeiten. Sie haben viele Erfahrungen gesammelt, bei Ihnen existieren Begriffe wie Mädchenarbeit, Frauenpolitik, Frauenbeauftragte usw. Wir bräuchten auch Herausforderungen für Politik und soziale Arbeit. Da kann der Austausch sehr hilfreich sein. Solidarisches Handeln, Kommunikation, Austausch und Hilfe erzeugen Netzwerke der Frauen, ermöglichen auch uns, die hinter dem europäischen »Zaun« doch von Europa träumen, demokratische Werte zu erkennen, zu behaupten und zu leben.

■ Daphne Statham

Zur Situation von Mädchen und jungen Frauen im Vereinigten Königreich

Zusammenfassung: Nach einem Überblick zu sozialstatistischen Daten zur Bevölkerungsstruktur und Daten zur Lebenssituation von Mädchen und jungen Frauen werden die Schwerpunkte sozialer Arbeit im Bereich der Ausbildung und Beschäftigung sowie der Armutsbekämpfung im Vereinigten Königreich vorgestellt. Ein besonderes Schwergewicht wird dabei auf die Arbeit mit benachteiligten Mädchen und jungen Frauen gelegt, darunter insbesondere behinderte junge Frauen, junge Mütter und Kinder psychisch kranker Eltern. Aus der nationalen Praxis werden Schlüsselthemen gezogen, die künftig mehr im Fokus sozialer Arbeit im Land stehen sollten.

Einleitung

Die meisten Statistiken und Politiken sind geschlechtsneutral, es sei denn, es geht um Bereiche, die traditionell Mädchen und Frauen betreffen. Die Politiken können unterschiedlich sein und zwar dann, wenn die Zuständigkeit an die Länder des Vereinigten Königreichs (England, Wales, Nordirland und Schottland) übertragen wurde. Zu den Gebieten, für die die Länder zuständig sind, gehören die Sozialleistungen und sozialen Einrichtungen, während die politischen Entscheidungen im Bereich Sozialhilfe auf der Ebene des Vereinigten Königreichs getroffen werden. Da wir zumeist über länderbezogene Statistiken verfügen, beziehen sich die statistischen Angaben dieses Berichts auf das Vereinigte Königreich oder auf England.

Bevölkerung des Vereinigten Königreichs

In den Jahren 1998/99 lebten im Vereinigten Königreich 57,5 Millionen Menschen, davon waren 1/15 Schwarze oder Angehörige ethnischer Minderheiten. Dabei handelt es sich in der großen Mehrheit um Bürger des Vereinigten Königreichs mit allen damit verbundenen Rechten und Pflichten. Darunter sind auch eine geringe Zahl Asylsuchender oder Flüchtlinge, aber selbst für sie ist der Begriff »Migrant« nicht gebräuchlich. Es wurde mit diesen Bürgern und ihren Organisationen vereinbart, für diese Gruppe den Begriff »Schwarze und ethnische Minderheiten« anzuwenden, der auch in den einschlägigen Dokumenten Anwendung findet. Die Anzahl der Kinder unter sechzehn Jahren ist zwischen 1901 und 1998 von ein Drittel auf ein Fünftel gesunken. Von der Gesamtbevölkerung unter sechzehn Jahren sind 49 Prozent Mädchen und 51 Prozent Jungen. Es werden mehr und mehr Kinder unehelich geboren, und ein Drittel der Kinder von Schwarzen oder Angehörigen ethnischer Minderheiten sind gemischter Rasse. Zum ersten Mal ist die Zahl der Eheschließungen und Wiederverheiratungen rückläufig (vgl. Social Trends 2000).

Familienstruktur in Haushalten mit abhängigen Kindern

Während fast ein Viertel unserer Kinder in Haushalten von allein Erziehenden lebt, leben 75 Prozent in Familien mit zwei Eltern, von denen sieben Prozent Stiefelternfamilien sind. Die Anzahl der Familien mit allein erziehenden Männern ist seit 1971 bemerkenswert stabil geblieben (ein bis zwei Prozent). Dies ist eine sehr deutliche Botschaft an unsere Mädchen und jungen Frauen: Wenn eine Beziehung zerbricht, ist es fast immer die Mutter, die sich um das Kind kümmern muss (vgl. Social Trends 2000).

Schwangerschaften bei Teenagern

England hat die höchste Teenager-Schwangerschaftsrate von ganz Westeuropa. In den meisten Fällen (drei von fünf) wird die Schwangerschaft ausgetragen, allerdings bei den unter Sechzehnjährigen nur in der Hälfte der Fälle. Ein Sechstel der Teenager, die 1997 abtreiben ließen, hatten vorher schon eine Abtreibung oder eine Lebendgeburt. Schätzungen zufolge hatten 1999 in England etwa 87.000 Kinder eine Mutter unter zwanzig Jahren. Untersuchungen haben gezeigt, dass der Anteil der jungen Mädchen, die vor dem Verlassen eines staatlichen Heims oder innerhalb von zwei Jahren danach schwanger werden, weit größer ist als allgemein angenommen (vgl. Social Trends 2000).

Allgemeine Bildung

Die meisten Kinder haben, bevor sie mit viereinhalb Jahren zur Schule kommen, eine Kinderkrippe oder eine Kindertagesstätte besucht. Die Mädchen liegen in der Schule und bei der höheren Bildung vorn und nehmen nach der Schule in größerer Zahl eine Ausbildung auf. Sie haben offenbar die Botschaft begriffen, dass man Kompetenzen nachweisen können muss, um auf dem Arbeitsmarkt wettbewerbsfähig zu bleiben. Dies steht in einem starken Kontrast zu früheren Zeiten, als bei der Bildung die Jungen die Nase vorn hatten. Diese Trendwende wird als ein wichtiges Thema betrachtet. Der Anteil der Jugendlichen, die nach der Schule weiterlernen, ist bei den Angehörigen ethnischer Minderheiten höher als bei der Bevölkerung insgesamt (1998: dreizehn bzw. neun Prozent). Auf Jugendliche zwischen sechzehn und achtzehn Jahren kommt einer, der weder die Schule besucht noch in der Ausbildung ist noch einen Arbeitsplatz hat. Dies ist für die Regierung ein großes Problem (vgl. Social Trends, 2000).

Jugenderwerbstätigkeit

Beschäftigung: Altersgruppe, ethnische Zugehörigkeit, Geschlecht (in Prozent)

Gruppe der 16- bis 24-Jährigen	Insgesamt	Männlich	Weiblich
Alle Zugehörigkeiten zusammen	70	75	65
Weiße	72	77	67
Nichtweiße	48	54	42
Schwarze	56	62	51
Inder	53	55	51
Pakistan/Bangladesh	45	57	35
Gemischt/Andere Zugehörigkeit	40	45	34

Quelle: Labour Force Survey in Sly, 1995, S. 253

Bestimmte Gruppen sind unverhältnismäßig stark von Arbeitslosigkeit betroffen. Dies gilt für junge Frauen und Männer, die schwarz sind oder einer ethnischen Minderheit angehören, und für junge Frauen im allgemeinen. Benachteiligt sind, das ist immer wieder festzustellen, auch behinderte junge Frauen.

In der vorstehenden Tabelle sind die durchschnittlichen Zahlen für die Jugenderwerbstätigkeit angegeben, die Zahlen in den einzelnen Teilgebieten des Vereinigten Königreichs können stark davon abweichen und auch zwischen den Gemeinden bestehen große Unterschiede.

Jugendkriminalität in England und Wales im Jahre 1997

Die Jugendkriminalität geht zwar zurück, aber der Trend, dass die Straftäter in erster Linie männliche Jugendliche sind, setzt sich fort. Anders als man es im allgemeinen annimmt und es in den Medien kolportiert wird, handelt es sich dabei in der großen Mehrzahl der Fälle um Eigentumsdelikte und nicht um gegen Menschen gerichtete Gewaltkriminalität.

Art der Straftat (in Prozent)	Geschlecht/Alter			
	m/10-13	m/14-17	w/10-13	w/14-17
Diebstahl, Hehlerei, Handel mit gestohl. Waren	57	43	80	66
Einbruch	19	15	4	4
Gewaltstraftaten	10	13	10	15
Drogenstraftaten	2	13	1	5
Sachbeschädigung	6	3	2	2
Raub	2	3	1	2
Betrug, Fälschung	1	2	1	3
Sexualstraftaten	1	1	–	–
Straftaten mit Kfz	–	1	–	–
Andere	2	6	–	4
Insgesamt	17,00	78,000	5,700	18,700

Quelle: Innenministerium 1998

Kinder in staatlichen Heimen: England 2000

- 58.000 Heimkinder (0,5 Prozent der Gesamtbevölkerung unter achtzehn Jahren)
- davon 45 Prozent Mädchen, gegenüber einem Anteil von 49 Prozent an der Gesamtbevölkerung unter achtzehn Jahren
- davon 55 Prozent Jungen, gegenüber einem Anteil von 51 Prozent an der Gesamtbevölkerung unter achtzehn Jahren

In allen Altersgruppen überwiegen die Jungen (Quellen: Social Services Inspectorate 2000; Gesundheitsministerium 2001).

In England gibt es 58.100 Heimkinder, das sind 0,5 Prozent aller Kinder unter achtzehn Jahren (vgl. Gesundheitsministerium 2001). Dabei handelt es sich in allen Altersgruppen überwiegend um Jungen. 45 Prozent der in England in Heimen untergebrachten Jugendlichen sind Mädchen und junge Frauen.

Benachteiligung als Herausforderung – der ordnungspolitische Rahmen

Die Sozialhilfekosten sowie Kriminalität und Zuwanderung sind immer noch ein Thema, aber die heutige Labour-Regierung geht mit dem Problem der Benachteiligung ganz anders um als die frühere konservative Regierung. Der ordnungspolitische Rahmen in diesem Bereich basiert auf einem an unsere Zeit angepassten staatlichen Gesundheitssystem. Im 19. Jahrhundert bestanden die größten Herausforderungen in den Bereichen Gesundheit, Soziales und Wirtschaft in der Versorgung mit sauberem Trinkwasser, im Bau von Wasserleitungen und Kanalisationen und in einer Gesetzgebung auf den Gebieten Gesundheit und Sicherheit. Die Herausforderungen des 21. Jahrhundert sind Armut, Krankheit, Bildung, schlechte Wohnbedingungen und die lokalen sozialökonomischen Rahmenbedingungen.

Unabhängig davon, ob die Maßnahmen in diesem Bereich spezielle oder allgemeine Angebote betreffen oder ob sie auf Teenager-Schwangerschaften oder jugendliche Straftäter abstellen, enthalten sie immer folgende Elemente:
- Prävention, zunehmend auch als »Investition« bezeichnet,
- frühes Eingreifen,
- Umlenken.

In der Regel handelt es sich um Maßnahmen, die keinen Unterschied zwischen den Geschlechtern machen. Dazu gehören:
- Kampf gegen Armut und soziale Ausgrenzung,
- Entwicklung von Fähigkeiten,
- Verbesserung der Gesundheit, der Wohnbedingungen und der Sicherheit im Gemeinwesen,
- Stärkung der Teilhabe der Bürger und des Bürgerengagements in allen Gemeinwesen,
- Partnerschaften mit lokalen Gebietskörperschaften.

(Quelle: Audit Commission 2001)

Häufig handelt es sich um Initiativen, die noch im Frühstadium sind und die gleichzeitig wirtschaftliche und soziale Ziele verfolgen. Es geht um Kompetenzentwicklung, damit das Vereinigte Königreich innerhalb der EU und international wettbewerbsfähig bleibt. Da Frauen heute ein entscheidender Arbeitsmarktfaktor sind, steht im Mittelpunkt der Politik auch die Frage, wie die Mädchen und jungen Frauen bei der Bildung abschneiden und ob sie künftig in der Lage sein werden, Arbeit und Mutterschaft miteinander zu vereinbaren. Die Regierung verfolgt eine in sich schlüssige Politik, die sich auf die Schwerpunkte konzentriert, die bestimmend für die Lebenschancen junger Menschen sind, nämlich:
(1) Bekämpfung der Kinderarmut und Verbesserung der Gesundheit,
(2) allgemeine und berufliche Bildung,
(3) Beschäftigung,
(4) Bekämpfung der Armut im Umfeld und Förderung der Sicherheit im Gemeinwesen.

Schwerpunkt 1: Bekämpfung der Kinderarmut und Verbesserung der Gesundheit

In den letzten zwanzig Jahren ist die Kinderarmut im Vereinigten Königreich auf das Dreifache angestiegen. Die Kinderarmutsrate in unserem Land ist eine der höchsten der entwickelten Industriestaaten. Rund ein Drittel unserer Kinder, das sind etwa 3,2 Millionen, leben unterhalb der Armutsschwelle, so wie sie in den Statistiken der Regierung definiert ist, d.h. sie leben von weniger als sechzig Prozent des mittleren Arbeitseinkommens. Zwei Fünftel dieser Kinder sind Kinder von allein Erziehenden. Unter den Kindern einkommensschwacher Familien sind überproportional viele Kinder aus ethnischen Minderheiten und behinderte Kinder.

Untersuchungen haben gezeigt, dass Mädchen aus diesen benachteiligten Familien zumeist andere Entwicklungschancen als andere Mädchen haben, wobei zusätzliche Faktoren eine Rolle spielen (Unfälle, Schwangerschaften im jugendlichen Alter, Bildung, Rauchen, mangelndes Selbstwertgefühl, Selbstmord) (vgl. Bradshaw, Forthcoming). Wenn nur wenige qualifizierte, aber benachteiligte Jugendlichen bis zur Hochschule durchkommen, so liegt das an den zusätzlichen finanziellen und sozialen Barrieren, mit denen sie konfrontiert sind. Sie gehen in der Regel aus Kostengründen weniger weit von zu Hause weg, und sie belegen in der Regel Kurse, die weniger anspruchsvoll und weniger angesehen sind als die ihrer Mitstudenten (Forsyth, Furlong 2000). Maßnahmen, durch die die Zeit der wirtschaftlichen Abhängigkeit der Jugendlichen von ihren Eltern verlängert wurde, indem die Leistungen (Anmerkung der Übersetzerin: benefits, d.h. Leistungen, family benefits, d.h. Familienleistungen od. Kindergeld, social benefits, d.h. Sozialleistungen) für Jugendliche zwischen sechzen und achtzehn Jahren eingeschränkt und die Stipendien durch Kredite ersetzt wurden, haben diese Trends noch verstärkt.

Armut hat auch Auswirkungen auf die Gesundheit. Bei Kindern aus Arbeiterfamilien zum Beispiel ist das Risiko, durch einen Unfall zu sterben, doppelt so groß wie bei Kindern aus anderen Familien. Bei den sehr Armen (ärmste zwei Fünftel) ist das Risiko für eine seelische Erkrankung anderthalb Mal höher als bei den reichsten zwei Fünfteln (vgl. Rahman, Palmer, Kenway, Howarth 2000). Es wird eingeschätzt, dass etwa 1.400 junge Menschen weniger vor ihrem fünfzehnten Lebensjahr an Fieber sterben würden, wenn es gelänge, die Kinderarmut auszurotten (vgl. Mitchell, Shaw, Dorling 2000). Nachdem die Bedeutung der sozialen Zugehörigkeit viele Jahre lang heruntergespielt wurde, wird nun wieder anerkannt, dass es sich um einen bestimmenden Faktor für die Lebensaussichten junger Frauen handelt.

Schwerpunkt 2: Allgemeine und berufliche Bildung

Was die Schulbildung anbelangt, so besteht der allgemeine Trend, dass die Mädchen in der Schule erfolgreicher sind als die Jungen. Die Mädchen haben erkannt, wie wichtig Bildung ist, und das zeigt sich auch später, wenn sie erwachsen werden: Der Anteil derer, die an Programmen der beruflichen Bildung teilnehmen, ist bei den jungen Frauen größer als bei den jungen Männern. Mädchen werden seltener von der Schule verwiesen als Jungen, auf die 84 Prozent der Fälle kommen, aber auch hier ist festzustellen, dass Angehörige von ethnischen Minderheiten, egal ob Junge oder Mädchen, häufiger betroffen sind. Das politische Ziel auf diesem Gebiet besteht darin, die Anzahl der Schulverweise insgesamt zu reduzieren und zwischen den Angehörigen der verschiedenen Gemeinschaften in unserer multiethnischen und multikulturellen Gesellschaft größere Chancengleichheit herzustellen. Es besteht eine Verbindung zwischen den schulischen Leistungen auf der einen und Armut, schlechten Wohnbedingungen und schlechter Gesundheit auf der anderen Seite, und die ethnischen Minderheiten im Vereinigten Königreich sind davon besonders betroffen. Verbesserungen in diesen Bereichen sind daher auch ein erklärtes politisches Ziel. Viele junge Menschen (und ihre Familien), die aus diesen Gemeinschaften kommen, haben Bildung als ein Mittel zur Überwindung der Benachteiligung erkannt. Deshalb sind diese Gruppen bei den Studierenden überproportional vertreten. Dies gilt insbesondere für die asiatischen Gemeinschaften. Für alle ethnischen Gruppen gilt, dass die Lernergebnisse der Mädchen mindestens gleich gut und sogar besser als die der Jungen sind, wobei diese Tendenz bei den schwarzen Jugendlichen am ausgeprägtesten ist (vgl. Social Trends 2000).

Die ohnehin benachteiligten jungen Frauen werden durch diese Trends noch weiter benachteiligt. Die Kluft zwischen ihnen und Gleichaltrigen, die nach der Schulpflicht weiterlernen, wird tiefer. Da auf dem Arbeitsmarkt höhere Qualifikationen verlangt werden, werden die wenig oder gar nicht Qualifizierten zunehmend an den Rand gedrängt. Dieser Faktor war auch ein Schwerpunkt der Kampagne zur Verringerung der Teenager-Schwangerschaften. Die finanzielle Last für die Betroffenen selbst und die Gesamtwirtschaft, die entsteht, wenn diese Mädchen aus dem Bildungssystem herausfallen, ist höher als in der Vergangenheit. Dies stellen wir in einer Zeit fest, in der die Teenager-Schwangerschaftsrate in anderen Ländern zurückgeht. Diesbezüglich wurde eine kontroverse Strategie entwickelt:

- Durchführung einer landesweiten Kampagne unter Beteiligung der Regierung, der Medien und des NRO-Sektors, um über die Folgen der frühen Mutterschaft aufzuklären und eine Verhaltensänderung herbeizuführen;
- auf nationaler und lokaler Ebene koordinierte Projekte;
- Programme für bessere Prävention, einschließlich schulischer und außerschulischer Erziehungsmaßnahmen, Zugang zu Verhütungsmitteln, Kon-

zentration auf Risikogruppen, verstärkte Zielgruppenarbeit, insbesondere Erziehungsarbeit bei jungen Männern, damit sie sich der Folgen ihres Sexualverhaltens für die jungen Frauen besser bewusst werden und mehr Verantwortung für die aus diesen Beziehungen hervorgegangenen Kinder übernehmen;

- bessere Unterstützung für schwangere Teenager und Teenager mit Kindern, insbesondere durch Kinderbetreuungsmaßnahmen, um junge Mütter in die Lage zu versetzen, in die Schule zurückzukehren.

(Quelle: Social Exclusion Unit 1999)

Schwerpunkt 3: Beschäftigung

Männer verdienen immer noch besser als Frauen, und der Anteil der Frauen an Teilzeitbeschäftigung und befristeter Beschäftigung ist größer. Das wöchentliche Einkommen einer Frau beträgt 74 Prozent des wöchentlichen Einkommens des Mannes. Dies ist eine Verbesserung zu 1970 (nur 54 Prozent). Mehr als sechs von zehn verheirateten oder in einer eheähnlichen Gemeinschaft lebenden Müttern von Vorschulkindern haben einen Arbeitsplatz, aber nur vier von zehn allein erziehenden Müttern. Wie ist es um die Zukunft unserer jungen Frauen bestellt? Zwar hat die Zahl der berufstätigen Frauen zugenommen, aber der Anteil der Männer an der qualifizierten Beschäftigung wächst deutlich (vgl. Social Trends 2000). Dies steht im Widerspruch zu den Voraussagen von Mitte der 90er-Jahre, die besagten, dass Männer auf dem Arbeitsmarkt gegenüber Frauen benachteiligt sein würden (vgl. Wilkinson 1994). Frauen sind dreimal häufiger im Dienstleistungssektor zu finden als Männer. Dafür besetzen die Männer das Dreifache an leitenden Funktionen in der Wirtschaft. Frauen stellen 85 Prozent der Arbeitskräfte im Bereich der sozialen Dienstleistungen (vgl. NISW 2000), aber nur zwanzig Prozent der Direktoren sind weiblichen Geschlechts (vgl. Thompson, Foster 1997). Die Haupteinkommensquelle für allein erziehende Frauen ist die Sozialhilfe. Dies bedeutet unvermeidlich Armut und einen verzweifelten Kampf, vor allem, wenn es für die Familie über kein Netzwerk verfügt, von dem sie Hilfe erhalten kann (vgl. Kempson 1996).

Schwerpunkt 4: Bekämpfung der Armut im Umfeld und Förderung der Sicherheit im Gemeinwesen

Wenn man anerkennt, dass die soziale Zugehörigkeit eine wichtige Rolle für die Chancen der Menschen in ihrem Leben spielt, so muss man auch anerkennen, dass das Leben junger Frauen in der Regel davon bestimmt wird, welche Möglichkeiten ihre Mütter hatten und wo sie leben. Auch heute noch sind Frauen mehr als Männer in der Gemeinde aktiv, wenn es darum geht, bessere Bedingungen für ihre Kinder zu schaffen. Häufig gibt es vor Ort nicht genug Einrichtungen für junge Frauen, vor allem dann nicht, wenn Kultur und Religion verlangen, dass für das männliche und das weibliche Geschlecht getrennte Einrichtungen vorhanden sein müssen. Beim Kampf gegen Benachteiligung und Diskriminierung spielen einschlägige lokale NROs der schwarzen Bevölkerung und der ethnischen Minderheiten sowie religiöse Organisationen eine sehr wichtige Rolle (vgl. Butt, Box 1997). Für viele junge Frauen sind diese Organisationen keine Quelle von Problemen, sondern eine Quelle von Stärke und positiver Identität.

Programmen zur Erneuerung der Stadtviertel, die über die Köpfe der Bürger hinweg von Experten entworfen wurden, war in der Vergangenheit nur ein minimaler Erfolg beschieden. Beispielsweise wurden Maßnahmen zur Sanierung von Gebäuden und ihrer Umgebung durchgeführt, aber schon nach zehn Jahren sah alles wieder genauso heruntergekommen aus wie zuvor. Bei den jetzigen Maßnahmen der Regierung (vgl. Social Exclusion Unit 2001) wird die Einbeziehung der lokalen Gemeinschaften in die Planung der Sanierungsmaßnahmen und die Festlegung der Prioritäten betont, aber in der Praxis geschieht das immer noch viel zu wenig (vgl. Balloch und Taylor 2001). In einigen Stadtvierteln, in denen viele Sozialbauten stehen, spielt die Frage der persönlichen Sicherheit eine erstrangige Rolle und ist die Lebensqualität der jungen Menschen durch die Furcht vor Missbrauch und vor Belästigung aus Gründen der Rasse beeinträchtigt. Beispielsweise werden seit den 70er-Jahren die öffentlichen Grünflächen immer weniger von Kindern genutzt, die dort unbegleitet spielen (Greenfield, Jones, O'Brien, Rustin, Sloan, 2000). Der von der Social Exclusion Unit vorgelegte Plan soll die Grundlage dafür bilden, dass in zehn bis zwanzig Jahren niemand mehr durch seinen Wohnort benachteiligt wird und dass Menschen mit geringem Einkommen nicht mehr darunter leiden, dass für sie bestimmte Dienstleistungen nicht oder nur in schlechter Qualität zur Verfügung stehen.

Benachteiligte junge Frauen

Die Politik auf diesem Gebiet zielt darauf ab, dass spezialisierte Dienste oder Einrichtungen möglichst seltener in Anspruch genommen werden und dass diejenigen, die solche Dienste in Anspruch nehmen müssen, möglichst schnell wieder in das »Mainstream-System« zurückkehren. Bei Mädchen etwa, die über lange Zeit in einer sozialen Einrichtung leben, besteht das Ziel darin, ihnen die Bildung und die persönliche und soziale Kompetenz zu vermitteln, die sie brauchen, um ein unabhängiges Erwachsenenleben führen zu können.

Einrichtungen der Wohlfahrt werden nicht als Schwerpunkt angesehen, um dieses Ziel zu erreichen; ja sie werden häufig nicht einmal erwähnt, wenn es um die Ressourcen für die Entwicklung der Stadtviertel geht (vgl. Social Exclusion Unit 2001). Dies passiert, obwohl bei der Entwicklung der Gemeinwesen Frauen nachweislich die Vorreiterrolle spielten, die aus der Sozialfürsorge kamen.

Ich habe fünf Gruppen ausgewählt, die mir im Zusammenhang mit dem Thema »Benachteiligung junger Frauen« besonders repräsentativ erschienen, nämlich:
(1) behinderte junge Frauen,
(2) junge Frauen in staatlichen Heimen,
(3) junge Frauen, die Familienangehörige betreuen,
(4) junge Frauen in Familien, die häuslicher Gewalt ausgesetzt sind,
(5) junge Frauen, deren Mütter im Gefängnis sind.

(1) Behinderte junge Frauen

Im Vereinigten Königreich gibt es 333.000 Kinder und Jugendliche unter sechzehn Jahren, die behindert sind (in England und Wales drei Prozent der Kinder). Circa 50.000 davon sind schwer behindert. Es gibt eine ganze Reihe von Familien mit mehr als nur einem behinderten Kind. Ich kann nichts Genaueres über das Geschlecht dieser Kinder sagen, weil ich dazu keine Zahlen gefunden habe, kann aber allgemein sagen, dass sie in mehrfacher Hinsicht benachteiligt sind. Hier stichwortartig einige Beispiele:

- die Eltern eines behinderten Kindes müssen, um es aufzuziehen, drei Mal mehr ausgeben als die Eltern eines nicht behinderten Kindes;
- Wohnungen, die nicht behindertengerecht sind, mit Problemen beim Zugang, beim Spielen, bei der Unabhängigkeit (vgl. Oldman, Beresford 1998);
- ungleicher Zugang zu Gesundheitsleistungen und zur Bildung;
- Notwendigkeit, behindertengerechte Spiel- und Freizeit-Einrichtungen aufsuchen zu müssen, dadurch Trennung von gleichaltrigen Kindern, die dieses Problem nicht haben;
- obschon das Gesetz es vorschreibt, werden die Kinder nur selten nach ihren Wünschen gefragt;
- Familien von Schwarzen und Angehörigen ethnischer Minderheiten werden seltener Leistungen von Wohlfahrtsorganisationen angeboten (Stiftungen, Joseph Rowntree Foundation 1999);
- die Kultur, die Geschichte und die Identität behinderter junger Schwarzer oder Angehöriger ethnischer Minderheiten werden nicht ausreichend berücksichtigt (vgl. Butt, Mirza 1996);
- Kinder, die als schwer erziehbar eingestuft wurden, erhalten sieben Mal häufiger Schulverweise als andere Schüler (vgl. Social Trends 2000).

Behinderte Mädchen und junge Frauen haben es noch schwerer, weil sie zweifach benachteiligt sind. Vor kurzem hat eine internationale Konferenz behinderter Frauen die Stereotype herausgearbeitet, mit denen sie konfrontiert sind. Sie gelten als:

- schutzbedürftige geschlechtsneutrale Wesen,
- triebhaft und schutzbedürftig, wenn sie Lernschwierigkeiten haben,
- unfähig, eine gute Mutter zu sein,
- »korrekt« seien nur sexuelle Beziehungen mit einem behinderten Mann,
- lesbisch, weil sie keinen »Mann abkriegen« können,
- Heldinnen, weil sie das Unmögliche schaffen,
- bösartig und tückisch (Verweis auf populäre Fernsehsendungen),
- es sei teuer, sie zu beschäftigen (obwohl die notwendigen Anpassungen nicht so teuer sein müssen, wie die bei nicht behinderten Frauen verlangten Vorkehrungen und Änderungen am Arbeitsplatz).

Es kamen dabei auch folgende Probleme zur Sprache:

- Oft bedeutet das Lernen in einer speziellen Behinderteneinrichtung die Abtrennung von der »normalen« Bevölkerung, dabei sind Bildung und Beschäftigung der Schlüssel zur Überwindung der Armut.
- Das Thema Missbrauch wird kaum angesprochen, dabei ist es für behinderte Frauen aller Altersgruppen ein großes Problem.

Quelle: Leadership Forum 1998

Was wird getan, um diese Probleme zu lösen?

1. Kollektive Unterstützung und Beratung Behinderter mit Unterstützung durch andere Behinderte (z.B. auch Gehörlose) können für behinderte junge Frauen etwas sein, aus dem sie Kraft schöpfen. Anmerkung: Wenn mich »Behindertenpolitik« etwas gelehrt hat, dann das, dass ich meine persönliche Befreiung und das anschließend von mir Geleistete zu neunzig Prozent unmittelbar der Tatsache verdanke, dass ich von anderen behinderten Aktivisten und Vordenkern gelernt habe (vgl. Campbell 1998)
2. Sozialpolitik ist heute undenkbar ohne die Erfahrung und das einschlägige Wissen von behinderten Menschen aller Altersgruppen, die sich an der Definition von Normen und Leistungsstandards beteiligen.
3. Behinderte Menschen, einschließlich Jugendliche und ihre Eltern, haben eine bessere Kontrolle über ihr Leben, wenn sie anstelle von Sachleistungen Geld erhalten, mit dem sie sich die von ihnen gewünschte Hilfe selbst kaufen können. Das System der »Direktzahlungen« ist ein relativ neues System.
4. Behinderte Menschen nehmen an der Forschungsarbeit in den Bereichen Gesundheit, Soziales und Bildung teil. Es gibt immer mehr Beispiele für Forschungsthemen, die von Behinderten selbst ausgewählt wurden. Dazu gehört z.B. die Frage, wie behinderte Kinder besser in die Entscheidungen über ihr Leben einbezogen und wie sie besser zu diesen Themen befragt werden können.

5. Einen hohen Stellenwert hat der Zugang zu unabhängigen Informationen. In diesem Zusammenhang ist zu erwähnen, dass vor kurzem in England ein »National Information Centre« geschaffen wurde. Dabei handelt es sich um eine Einrichtung, die Behinderte und ihre Familienangehörigen mit Fachinformationen über Behinderungen und medizinische Möglichkeiten versorgt, sie unterstützt und den Kontakt mit anderen Familien und Gruppen auf nationaler und lokaler Ebene ermöglicht.

(2) Junge Frauen in staatlichen Heimen und in Notsituationen

Junge Frauen, die in einem staatlichen Heim leben oder lebten, stellen einen überproportional großen Anteil an den Strafgefangenen, den Obdachlosen, den psychisch Kranken, den Arbeitslosen und den minderjährigen Müttern. Hier versucht der Staat, die Wirkung der Nachteile, die dazu geführt haben, dass sie ins Heim kamen, und die Nachteile, die sich aus dem Heimaufenthalt ergeben, möglichst gering zu halten oder ganz auszuschalten. Im Mittelpunkt stehen Bildung, Gesundheit, persönliche und soziale Entwicklung, stabile Unterbringung und stabile Beziehungen sowie Gewährleistung eines Lebens ohne Missbrauch.

Kinder, die zur Gruppe der Schwarzen oder zu ethnischen Minderheiten gehören, werden in staatlichen Heimen oft schlechter betreut als weiße Kinder (vgl. Gesundheitsministerium 2000). Lokale Studien haben gezeigt, dass sie im Durchschnitt häufiger von Schulverweisen betroffen sind, dass sie seltener bei Verwandten untergebracht werden und dass ihr Kontakt mit lokalen Gruppen, die sie unterstützen konnten, häufig sehr instabil ist (vgl. Gesundheitsministerium April 2001). Problematisch ist auch die Situation unbegleiteter Flüchtlinge weiblichen Geschlechts. Die Mädchen sind zwar unter den unbegleiteten Flüchtlingen eine Minderheit, aber sie werden leicht Opfer von sexuellem Missbrauch, vor allem wenn sie obdachlos werden. Schätzungen zufolge werden von zehn obdachlosen jungen Frauen vier sexuell missbraucht (vgl. CHAR 1995).

Was wird getan, um diese Probleme zu lösen?

1. Ziele, Standards für Leistungen und Praxis
   Es wurde eine Synthese der Forschungsarbeiten zu der Frage vorgenommen, mit welcher Art von Unterstützung Kinder und Jugendliche in staatlichen Heimen am besten in die Lage versetzt werden, das Leben erfolgreich zu meistern. Diese Daten wurden in Ziele übersetzt. Zum einen wird darauf abgezielt, dass die sozialen Leistungen für diese Kinder zu einer befreienden Kraft in ihrem Leben werden, zum anderen darauf, dass sich ihre Lernergebnisse, ihre Gesundheit, ihre soziale Entwicklung und ihre Beschäftigung verbessern (vgl. Gesundheitsministerium 1999).

2. Beteiligung an Arbeitsgruppen und Inspektionsteams
   Da es in den staatlichen Heimen immer noch zu Misshandlungen und sexuellem Missbrauch kam und ein Grund dafür war, dass die Jugendlichen nicht angehört wurden, wurde die direkte Beteiligung der Jugendlichen zum politischen Ziel erklärt. Jugendliche sind Mitglieder der Inspektionsteams der Regierung und sind an der Festlegung von Standards, Leistungen und Praktiken beteiligt. Es soll eine Kultur entwickelt werden, die die Rechte des Kindes anerkennt. Bei diesen Entwicklungen spielten die jungen Frauen eine wesentliche Rolle. Sie werden auch befragt, was sie von ihren Sozialarbeitern halten (vgl. Morris 2000). Ab 2003 gilt für Sozialarbeit eine neue Qualifikation, zumal der Arbeit mit Kindern und Jugendlichen besondere Aufmerksamkeit gewidmet werden soll.

3. Kollektive Unterstützung und unabhängige Beratung
   Es wurden Verträge mit freien Trägern abgeschlossen, die die Jugendlichen in den staatlichen Heimen unterstützen und beraten. Außerdem hat die Regierung die Organisation »A National Voice« finanziell unterstützt. Es ist eine Organisation junger Menschen für junge Menschen, die in Heimen lebten oder noch leben. Zu den Mitarbeitern der neuen Regulierungsbehörden in England wird ein Beauftragter für die Rechte des Kindes gehören, und in Wales wurde ein Kommissar für die Rechte des Kindes ernannt. Damit soll sichergestellt werden, dass die Meinung der jungen Menschen auf lokaler und nationaler Ebene berücksichtigt wird.

Wissensbestimmte Praxis
In die Festlegung der Wissensgrundlagen der Sozialarbeit und der sozialen Betreuung fließen auch die Erfahrungen und das Fachwissen der Nutzer solcher Leistungen ein. Noch in diesem Jahr wird ein neues Social Care Institute for Excellence (Exzellenzzentrum der sozialen Betreuung) seine Arbeit aufnehmen. Wenn wir sicherstellen können, dass es bei seinen Forschungssynthesen auch Fragen der Geschlechter berücksichtigt, dann werden wir eine solidere Basis für die Entwicklung der Leistungen und der praktischen Arbeit mit jungen Frauen haben als dies gegenwärtig der Fall ist.

(3) Junge Menschen, die Familienangehörige betreuen

Es gibt keine genauen Angaben zu der Zahl junger Menschen unter sechzehn Jahren, die sich um Vater oder Mutter kümmern müssen, weil er/sie krank oder behindert ist oder Probleme mit der seelischen Gesundheit, mit Rauschgift oder mit Alkohol hat. Schätzungen zufolge dürften es zwischen 10.000 und 20.000 sein. Ich habe auch keine Zahlen gefunden, die belegen, wie viele davon Mädchen sind. Ursprünglich war man davon ausgegangen, dass diese jungen Menschen für ihre Eltern die Elternrolle spielten (Rollentausch). Das Ergebnis war, dass sie sich nicht trauten, anderen davon zu erzählen, und dass die Eltern, wenn man ihnen die Kinder wegnahm, oft keine Hilfe beantragten. Behinderte Frauen haben gemeinsam mit Feministinnen dieses Sozialkonstrukt erfolgreich angefochten und Folgendes nachgewiesen: Wenn sich behinderte Eltern an ihre Kinder um Hilfe wenden, so deshalb, weil sie selbst in ihrer Elternrolle nicht ausreichend unterstützt werden. Ferner wiesen sie nach, dass die betroffenen Jugendlichen die von ihnen betreuten Eltern durchaus weiter als ihre Eltern ansehen (vgl. Lois, Morris 1996). Wenn nicht genug Geld da ist, um sich persönliche Betreuung und Hilfe im Haushalt zu kaufen, bekommen viele Familien keine oder nur unzureichende Unterstützung durch die Gesellschaft. Bei vielen der betroffenen Jugendlichen kam es zu Bildungsproblemen. Sie blieben häufig dem Unterricht fern und schafften keinen Schulabschluss (vgl. Dearden, Becker 2000).

Was wird getan, um diese Probleme zu lösen?
Die Situation im Vereinigten Königreich ist unterschiedlich, aber es kann festgestellt werden, dass für solche Jungendlichen zunehmend Unterstützung geleistet wird, häufig über Gruppen, in denen man sich gegenseitig hilft, über Bildungs- und Freizeitmaßnahmen. Für die behinderten Eltern gibt es viel weniger Unterstützung. Keine der Familien einer einschlägigen Studie hatte Unterstützung dafür erhalten, als Eltern erfolgreich zu sein (vgl. Dearden, Becker 2000).

Bedingungen für die Mutterschaft und das Leben junger Frauen

Die Mutterschaft setzt einen Rahmen für die Gegenwart und die Zukunft der jungen Frauen. Früher bedeutete als Frau erfolgreich zu sein in erster Linie, eine gute Mutter zu sein. In den letzten 20 Jahren jedoch ist ein Sinneswandel eingetreten. Jetzt gilt eine Frau dann als erfolgreich, wenn sie Mutterschaft und Beschäftigung miteinander vereinbaren kann. In der gleichen Zeit hat sich jedoch die Beteiligung des Mannes an der Familienarbeit nicht wesentlich geändert. Man redet heute viel über den »Hausmann« , aber in der Realität kommt diese Spezies nur höchst selten vor und ein Hausmann, der es über längere Zeit bleibt, ist noch viel seltener.

(4) Mädchen und häusliche Gewalt

Der Frage, welche Auswirkungen Gewalt gegen Mütter auf die Gesundheit, das Sexual- und Gefühlsleben, die schulische Leistungsfähigkeit und die Entwicklung der Kinder hat, die Zeuge solcher Gewalt werden, wird wachsende Aufmerksamkeit geschenkt (vgl. Weltbank 1993). Schätzungen zufolge liegt die Zahl der Männer, die ihre Frau und ihre Kinder misshandeln, zwischen einem Drittel und der Hälfte (vgl. Mullender, Morely 1994; Cleaver, Freeman 1996). Die innerfamiliären Geschlechterbeziehungen spielen eine wichtige Rolle. Einerseits ist damit das Machtgefälle zwischen Vater und Mutter in der Familie gemeint, andererseits jedoch auch die Beziehungen zwischen Jungen und Mädchen. Die bestehenden Unterschiede werden durch Begriffe wie »Eltern« und »Kinder« verschleiert (vgl. Hamner, Statham 2000; Frost, Stein 1989). Leider ist es so, dass uns die Politik in Bezug auf die Kinder zwingt, genau das zu tun (vgl. White 1995). Dass heute häusliche Gewalt als ein Indikator für möglichen Kindesmissbrauch gilt, haben wir in einem hohen Maße der Arbeit von Women's Aid mit Kindern in Zufluchtzentren zu verdanken (vgl. Hague, Mullender, Kelly, Mathos, Debbonaire 2001). Nachweislich haben erfolgreiche Projekte die Praxis der Sozialarbeit auf diesem Gebiet verändert, aber viel bleibt noch zu tun (vgl. Hester 2001).

(5) Kinder, deren Mütter im Gefängnis sind

Viele benachteiligte junge Frauen landen im Gefängnis. Zwischen dreißig und siebzig Prozent der Frauen im Gefängnis wurden physisch oder sexuell missbraucht. Rund vierzig Prozent von ihnen waren in staatlichen Heimen. Im Gefängnis zu sein, wird gerade bei Müttern als etwas Unnatürliches empfunden: Sie haben ihr Recht auf Mutterschaft doppelt verwirkt, zum einen, weil sie kriminell geworden sind, zum anderen, weil sie aufgehört haben, sich um ihre Kinder zu kümmern. Fast zwei Drittel der Frauen im Gefängnis sind Mütter abhängiger Kinder, und eine beträchtliche Anzahl sind allein erziehende Mütter. Es gibt Tausende von Kindern unter sechzehn Jahren, deren Mütter im Gefängnis sind (vgl. Carlen 2000). Im vergangenen Jahr saßen 3.500 Frauen ein, das sind mehr als doppelt soviel wie in den frühen neunziger Jahren (1.500). Gleichfalls zugenommen hat der Anteil der Frauen an der Gefängnispopulation (von drei auf fünf Prozent). Wahrscheinlich ist das auf die Zunahme der Drogenkriminalität und die strengere Strafpolitik zurückzuführen. Es gibt alternative Strafformen, die für die meisten dieser Frauen, deren Leben einige Autoren als das schlimmste Erscheinungsbild sozialer Benachteiligung charakterisieren, besser geeignet wären (vgl. Player 2000). Um hier Abhilfe zu schaffen, kommt es in erster Linie auf frühes Eingreifen und besseren Schutz der jungen Frauen vor Gewalt und sexuellem Missbrauch an, darunter auch und gerade in der Familie. Viel würde sich ändern, wenn wir es schaffen, dass die jungen Frauen besser lesen, schreiben und rechnen lernen und es bessere Voraussetzungen für ihre seelische Betreuung gäbe.

Schlüsselthemen bei der Sozialarbeit mit jungen Frauen

Die Bedingungen für die Entwicklung einer praxisorientierten Sozialarbeit, die speziell auf junge Frauen abstellt, sind zwar wesentlich besser als früher, aber diese Arbeit ist nach wie vor schwierig. Die wichtigsten Impulse kamen aus dem Druck von außen, nicht aus unseren beruflichen Kreisen selbst, obschon viele von uns in der Frauenrechtsbewegung aktiv waren. Weitere Impulse kommen daher, dass zwischen den Prinzipien der Frauenarbeit und den Prinzipien der Befreiungsbewegungen der schwarzen und behinderten Bürger des Vereinigten Königreichs Übereinstimmung besteht. Uns verbindet die Entwicklung in eine Richtung, die die Nutzer unserer Dienstleistungen sich wünschen. Uns ist auch gemeinsam, dass wir die an uns als »Experten« für anderer Leute Leben gerichtete politische Herausforderung angenommen haben, obschon die dafür vorhandenen Finanzmittel und Ressourcen beschränkt sind.

All dies zusammen hat dazu geführt, dass Prinzipien, die ursprünglich nur für die Arbeit mit Frauen, Frauen aller Altersgruppen, gedacht waren, immer in eine allgemeine Sozialpolitik eingebettet werden. Zu diesen Prinzipien gehören:

- die Entwicklung einer Sozialarbeitspraxis, die die ausgeschlossenen Menschen selbst zu Wort kommen lässt, statt für sie zu sprechen;
- eine ganzheitliches Bild von Frauen, anstelle von Konzepten, die nur spezifische Aspekte des Lebens einer Frau behandeln;
- es ist wichtig, die Nutzer von Leistungen anzuhören und ihre Meinung zu berücksichtigen, da sie oft andere Prioritäten setzen als die Professionellen;
- der Wertung von Erfahrungen und Fachwissen von Einzelnen, von Gruppen oder der Gemeinschaft als Ressource und Wissensbestand;
- die Arbeit mit verschiedenen Perspektiven von Geschlecht, Rasse, Behinderung und Sexualität;
- Zugang zur Information, denn Information ist Macht;
- Beteiligung in allen Stufen und an allen Prozessen, frei nach der Devise der Behindertenbewegung im Vereinigten Königreich: »Ohne uns und nichts über uns«;
- offene und nachprüfbare Verfahren für diejenigen, die die Arbeit leisten.

Durch Forschungsarbeit, Pionierprojekte mit unterschiedlichen Verfahren und gegenseitige Unterstützung wurde ein Wandel bewirkt. Zu oft noch lässt man die junge Frauen in dem Begriff »junge Menschen« verschwinden, so wie auch der Beitrag der Frauen in den Begriffen »Eltern« und »Betreuer« versteckt wird. Der Fortschritt und die Entwicklung unseres Wissens werden dadurch beschränkt, dass es nicht genügend Mittel dafür gibt, um unsere Arbeit zu koordinieren und aus Innovationen zu lernen. Bei der Arbeit mit jungen Frauen bestehen die selben Beschränkungen wie bei Frauenarbeit im Allgemeinen. Sie wird dadurch beschränkt, dass bestimmte offizielle Kategorien sich nur auf bestimmte Aspekte konzentrieren und die Frage des Geschlechts vernachlässigt wird. Dadurch fällt die Zahl derer, die in den offiziellen Statistiken als »Frauen« auftauchen, kleiner aus (vgl. Orme 2001). Wir müssen daher weiter kämpfen, aber wir sollten auch unsere Erfolge feiern, denn sie bilden die Grundlage für die Saat der Zukunft.

Literatur

Audit Commission, Feedback (2001): Voluntary Quality of Life and Cross Cutting Indicators for Local Authorities, London, Audit Commission

Butt, J.; Box L. (1997): Supported Services, Effective Strategies, REU London

Butt, J.; Mirza, K. (1996): Social Care and Black Communities, London, HMSO

Campbell, J. (1998): From Break out to Break Through: 25 Years of Legislative Advocacy, in Leadership Forum Final Report: 600 Women

Carlen, P. (2000): Women´s Imprisonment: Reform and Risk, The Perry lectures, Prison Service Journal, Issue 132, 7-12

CHAR (1995): Planning for Action: The Children Act and the Young Homeless: A Black Perspective

Social Services Inspectorate (2000): Children Looked After 1999/2000 Ministry of Health

Cleaver, H.; Freeman, P. (1995): Parental Perspectives in Cases of Suspected Child Abuse, London, HMSO

Deardon, C.; Becker S. (2000): Growing up Caring: Vulnerability and Transition to Adulthood – Young Carers' Experiences, National Youth Agency, Leicester

Ministry of Health (1999): Quality Protects Programme, London, Ministry of Health

Ministry of Health (2000): Excellence not Excuses

Forsyth, A.; Furlong, A. (2000): Socio-economic Disadvantage and Access to Higher Education, Marston Books, Oxford

Greenfield, J.; Jones, D.; O'Brien; Rustin, M.; Sloan, D. (2000): Childhood, Urban Space and Citizenship: Child Sensitive Urban Regeneration, ESRC Research Programme: Children 5-16

Hague, G.; Mullender, A.; Kelly, L.; Mathos, E.; Debbonair (2000): Home Truths about Domestic Violence: Feminist Influences on Social Policy, 113-129 Ed

Hamner, J.; Statham, D. (2000): Women and Social Work: Towards a woman-centred practice, second edition, Basingstoke, Macmillan

Hamner, J.; Itzin, C.; Quaid, S.; Wigglesworth, D. (2001): Home Truths about Domestic Violence: feminist influences on policy and practice a reader, London, Routledge

Hester, M.: Child Protection and Domestic Violence: Findings from a Rowntree/NSPCC Study, 96-112 in Ed Hamner, Itzin

Kempson, E. (1996): Life on a Low Income, Joseph Rowntree Foundation, York

Leadership Forum for Women with Disabilities: Final Report (1998): Rehabilitation International, New York

Mitchell, R.; Shaw, M.; Dorling, D. (2000): Inequalities in Life and Death: What if Britain Were More Equal? Marston Books, Oxford

Morris, J. (2000): Having Someone Who Cares: Barriers to Change in the Social Care of Children, National Children's Bureau, London

Mullender, A.; Morely, R. (eds) (1994): Children Living with Domestic Violence: Putting Men's Abuse of Women on the Child Care Agenda, London, Whiting and Birch

Oldman, C.; Beresford, B. (1998): Homes Unfit for Children: Housing, Disabled Children and Their Families, Policy Press, Bristol

Orme, J. (2001): Gender and Community Care: Social Work and Social Care Perspectives, Palgrave, Basingstoke

Partnership Working: Policy and Practice (2001): Ed. Balloch, S.; Taylor, M.: in: Policy Press, Bristol

Player, E. (2000): Justice for Women: The Perrie Lectures, Prison Journal Issue, 32

Poverty: The Outcomes for Children, (Forthcoming) Family Policy Studies Centre, London Ed. Bradshaw J

Quality Protects: Transforming Children's Services, Issue 7, April 2001, 8-9

Rahman, M.; Palmer, G.; Kenway, P.; Howarth C. (2000): Monitoring Poverty and Social Exclusion, Joseph Rowntree Foundation, York

Social Exclusion Unit (1999): Teenage Pregnancy, London, The Stationary Office

Social Exclusion Unit (2001): A New Commitment to Neighbourhood Renewal: a National Action Plan, London, Social Exclusion Unit, Cabinet Office

Social Trends No. 30 (2000): Office for National Statistics, London, The Stationary Office

Supporting Disabled Children and Their Families (1999): Joseph Rowntree Foundation, York

White, V. (1995): Commonality and Diversity in Feminist Social Work, British Journal of Social Work 25: pp143-156

World Bank (1993): World Development Report: Investing in Health, Oxford, Oxford University Press

■ Sara Swann

Street and Lane's Project in Bradford – ein Projekt für weibliche Opfer von Prostitution

Zusammenfassung: Geschildert werden Erfahrungen aus dem Anfang der neunziger Jahre gegründeten multiprofessionellen Projekt für Mädchen und junge Frauen, die von der Sexindustrie ausgebeutet werden. Das Zentrum wurde von der Autorin unter dem Dach der Organisation Bardardos ins Leben gerufen. Aufgezeigt werden die Abhängigkeitsmuster und -dynamiken, die junge Frauen in die Prostitution treiben und darin gefangen halten. Vorgestellt werden zudem neuere strafrechtlich relevante Forderungen, die angesichts der Problematik eine nationale Rechtsreform begründen.

Einleitung

Im Folgenden möchte ich von einem Projekt berichten, das ich im Jahr 1994 mit der Bezeichnung »SALs« (Street and Lane's Project), einer multiprofessionellen Einrichtung für Mädchen und junge Frauen, die in Prostitution verwickelt sind, gegründet habe. Ein vergleichbares Projekt gab es zum damaligen Zeitpunkt im Vereinigten Königreich in dieser Form noch nicht. Es ging in diesem Projekt um die Arbeit mit Mädchen und jungen Frauen bis zu siebzehn Jahren, die etwas mit einer Erscheinung zu tun hatten, die man gemeinhin als »Prostitution« bezeichnet. Das Projektmanagement lag bei der NRO Barnardos, die auch fünfzig Prozent der Mittel für die Durchführung bereitstellte.

Barnardos ist mit über 200 Stellen die größte Freiwilligenorganisation im Vereinigten Königreich, die sich um Kinder kümmert. Gegründet wurde sie im 19. Jahrhundert von Dr. Thomas Barnardo. Ihre Arbeit bestand anfangs darin, sich der Kinder in East End, einem Stadtteil von London, anzunehmen, oder wie man damals sagte, diese Kinder »zu retten«. Der Gründer von Barnardos hat 1889 Folgendes geschrieben: »Die traurigsten Fälle, die durch meine Hand gehen, sind junge Mädchen, die der Rettung aus schlimmster, oft unmittelbar drohender Gefahr unmoralischen Lebenswandels bedürfen, und das sind beileibe nicht wenige«.

Arbeitsweisen und Erkenntnisse des Projekts

Über 100 Jahre später erkannte die Organisation Barnardos erneut die Notwendigkeit, etwas für die am meisten gefährdeten Kinder in unserer Gesellschaft zu tun. Dies sind Kinder, die in die so genannte Kinderprostitution verwickelt sind. Nach langen Vorarbeiten wurde das Projekt SAL in Partnerschaft mit lokalen Behörden (soziale Einrichtungen, Polizei, Gesundheits- und Bildungseinrichtungen) in Bradford (West Yorkshire) ins Leben gerufen.

Das Projekt verfolgt klare Ziele:

- Für Mädchen und junge Frauen, die leicht Opfer sexuellen Missbrauchs werden können, sollte ein Tagesbegegnungszentrum entstehen, das sie akzeptieren und zu dem sie problemlos Zugang haben.
- Es sollte unter Mitarbeit verschiedener Behörden ein Konzept für Prävention und Schutz entwickelt werden.
- Durch Aufklärungsarbeit sollte dafür gesorgt werden, dass die Behörden und die Entscheidungsträger verstärkt auf diese Problematik aufmerksam werden.

Als ich mit dem Projekt anfing, musste ich zunächst einmal prüfen, wie ich selbst zu diesem Problem stand. Glaubte ich, dass eine Vierzehnjährige von selbst den Entschluss fasst, auf die Straße zu gehen und sich zu verkaufen? Das hätte bedeutet, dass wir uns bei unserer Arbeit vor allem auf Erziehung und Schadensbegrenzung konzentrieren mussten. Oder sollte ich (wie Thomas Barnardo) davon ausgehen, dass es darum ging, diese jungen Frauen zu retten – zu ihrem eigenen Heil? Ich habe mich dann irgendwie für die Mitte entschieden. Aber um eine Antwort auf diese Fragen finden zu können, habe ich mir zuerst die Geschichten der Mädchen angehört, denn ich musste wissen, wie sie dazu gekommen waren, wie sie (möglicherweise) davon abzubringen waren und was sie (möglicherweise) darin bestärken könnte, einen anderen, sicheren Lebenswandel zu führen.

Das jüngste dieser Mädchen, mit dem wir es bei SALs zu tun hatten, war elf Jahre alt. Gehört habe ich auch von einem Fall, in dem das Mädchen erst acht Jahre alt war, aber aus meiner Erfahrung würde ich sagen, dass die meisten Mädchen mit dreizehn bis fünfzehn Jahren mit Prostitution in Berührung kamen. Es gibt niemanden, der in diesem Alter einfach selbst die Entscheidung trifft, loszugehen und seinen Körper zu verkaufen. Es ist nicht so, dass ein Mädchen eines schönen Tages aufwacht, Streit mit der Mutter hat, von zu Hause weggeht und sagt: »Ich weiß, wie ich Geld verdienen kann, von dem ich überleben kann – ich werde in den 'Rotlichtbezirk' der Stadt gehen und mich verkaufen.« Nein, denn das Mädchen wüsste gar nicht, wohin es gehen müsste und was es tun müsste. Außerdem sind diese Orte für junge Menschen ohne Begleitung gefährlich, sie hätten also Angst, allein dorthin zu gehen. Aus meiner Erfahrung ist es so, dass man den Mädchen und jungen Frauen einen Weg in das Leben der sexueller Ausbeutung und des sexuellen Missbrauchs zeigen muss.

In unserer Praxis stellen wir fest, dass die Ereignisse häufig nach demselben Muster ablaufen; wir sprechen darum auch vom »*Boyfriend-Modell*«. Mit dem »boyfriend«, also dem Freund, fängt es an, ohne ihn geht es nicht. Er ist gewöhnlich mehr als fünf Jahre älter als das Mädchen, das heißt, wenn sie 13 ist, dann ist er wenigstens 19, und wenn sie 14 ist, dann ist er 20. Dies ist ein Risikofaktor. Wir sollten alarmiert sein und fragen: »Was tut dieser junge Mann mit einem so jungen Mädchen?« Es muss sich ja nicht um Missbrauch durch Prostitution handeln, aber eines steht fest: In einer solchen Beziehung ist die Macht ungleich verteilt und vielleicht ist es eine beherrschende Macht.

Wir stellen dabei vier Phasen fest: Verführung, Entstehung von Abhängigkeit, Übernahme der Kontrolle, totale Dominanz. Er hat etwas geschaffen, das man als »williges Opfer« bezeichnen kann. Wer in seinem Leben so etwas durchmachen muss, ist gezeichnet. In der Phase der Jugend entwickelt das Mädchen seine eigene Identität und bereitet sich darauf vor, den Schritt aus der kleinen sicheren Welt in die große Welt zu tun. Wenn ihm nun in dieser Zeit etwas Derartiges passiert, dann wird dieser ganze Prozess unterbrochen. Der dadurch verursachte Schaden ist extrem groß.

Dieser Zyklus des Missbrauchs kann sich noch wiederholen, denn manchmal werden die Mädchen »weiterverkauft« und geraten so in Beziehungen, in denen sie noch schlimmer missbraucht und ausgebeutet werden. Meine Erfahrung besagt, dass solche Mädchen mit achtzehn oder neunzehn Jahren gewöhnlich mit Männern zwischen dreißig und vierzig Jahren zusammen sind und mit großer Wahrscheinlichkeit stark heroinabhängig sind. Missbrauch spielt sich oft nicht sichtbar auf der Straße oder im Rotlichtbezirk ab, sondern ganz diskret, sozusagen hinter verschlossener Tür. Wir wissen, dass die Mädchen innerhalb des Vereinigten Königreichs von einer Stadt zur anderen geschickt werden und wir wissen auch, dass weltweit junge Frauen in andere Länder und sogar auf andere Kontinente verschleppt werden.

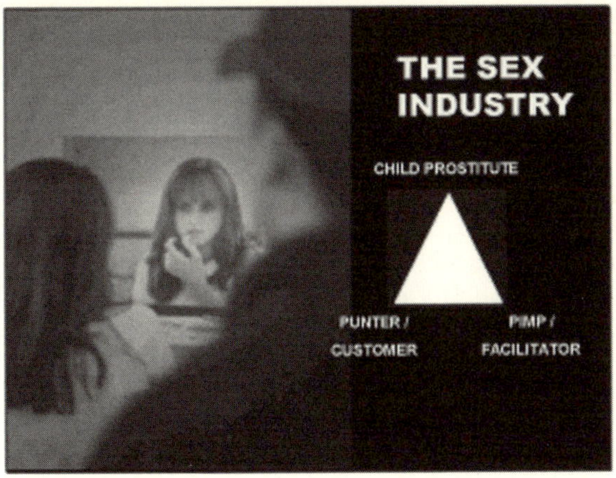

Wir sprechen mittlerweile von einem Dreieck der Prostitution bzw. der »Sexindustrie«: Mädchen werden zu »jungen Prostituierten«, der Freund ist der »Zuhälter« und der Mann, der das Mädchen kauft, damit es ihm sexuell zu Diensten ist, ist der »Freier« oder Kunde. Die Sprache und diese Wahrnehmung ist es, die diesen Missbrauch perpetuiert. Es wird davon ausgegangen, dass diese junge Frau selbst die Entscheidung getroffen hat, ihre sexuelle Dienstleistung zu verkaufen, und dass sie mit dieser Entscheidung die Möglichkeit geschaffen hat, dass die beiden Männer sie für ihre eigenen Zwecke ausbeuten, sei es aus finanziellen Gründen, aus Gründen der Macht und der Kontrolle oder zur Erfüllung perverser sexueller Wünsche.

Anerkennung von Kinderprostitution als Kindesmissbrauch

Das Gesetz in England besagt, dass ein Mädchen/eine junge Frau unter sechzehn Jahren zu jung ist, um ihr Einverständnis zum Geschlechtsverkehr geben zu können (ich weiß, dass das in Europa unterschiedlich geregelt ist). Ein Mann, der mit einem Mädchen unter sechzehn Jahren schläft, begeht eine Straftat, die unter der Bezeichnung »unerlaubter Geschlechtsverkehr« bekannt ist. Aber unsere Gesetzgebung aus den fünfziger Jahren sieht auch vor, dass gegen Mädchen ab zehn Jahren wegen Prostitution Anklage erhoben werden kann und dass man solche Mädchen zur gemeinen Prostituierten erklären kann. In unserer Gesellschaft herrscht immer noch die Meinung, »diese Sorte von Mädchen« habe es ja nicht anders gewollt, und »wer A sagt muss auch B sagen«, jedenfalls seien die Mädchen selber daran schuld, wenn sie ausgebeutet werden.

Wir haben uns viel zu lange auf das »Krankheitsbild« des einzelnen Mädchens konzentriert. Wir haben uns gefragt, was mit ihm passiert ist, warum es sich so verhält und was bei ihm nicht in Ordnung ist bzw. was seine Familie falsch gemacht hat. Stattdessen sollten wir uns auf die Erwachsenen konzentrieren, die diese Kinder missbrauchen und auf die Mechanismen, die dafür sorgen, dass es überhaupt missbraucht wurde. Da wäre zunächst der Zuhälter. Das »schlimmste« Delikt, aufgrund dessen man ihn vor Gericht bringen kann, ist, dass er von den Einnahmen einer Prostituierten lebt. Aber dieser Straftatbestand reicht nicht aus, um die Kinder zu schützen. Beim »Freier« ist es ähnlich. Er wird als Kunde gesehen, also als jemand, der einen Vertrag mit jemand anderem schließt, um eine Ware (in diesem Falle sexuelle Dienste) zu kaufen. Wäre dieser Mann der Stiefvater, ältere Bruder oder Lehrer des Mädchens oder wäre er Sozialarbeiter, dann wäre alles klar: Dies gilt in unserer Gesellschaft als inakzeptabel, auch dann, wenn das Mädchen damit einverstanden wäre. Das würde man nicht als »Prostitution« ansehen, sondern als das, was es ist, nämlich Kindesmissbrauch. Dieses Dreieck der Prostitution ist es, das den Missbrauch von Kindern ermöglicht und rechtfertigt. Sein Fortbestand liegt an Einstellungen, die sich in unserer veralteten Gesetzgebung widerspiegeln.

Die Realität ist ein »*Dreieck des Missbrauchs*«:

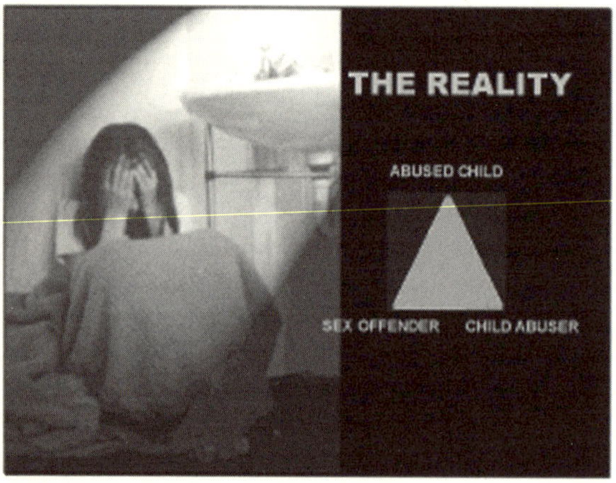

Kein Kind dürfte zur »Prostituierten« oder (wie es im Gesetz heißt) »gemeinen Prostituierten« erklärt werden. Auch die Begriffe »Kinderprostituierte« und »junge Prostituierte« sind Begriffe, die es eigentlich nicht geben dürfte. Denn erstens können Kinder nicht in ihren eigenen Missbrauch einwilligen und zweitens wird eine unerlaubte Handlung nicht dadurch zu einer erlaubten, dass in sie eingewilligt wurde. Diese Kinder werden extrem missbraucht, nicht nur sexuell, sondern auch physisch und emotional. Viele der Mädchen, die zu meinem Projekt kamen, waren in einem furchtbaren Zustand, waren grün und blau geschlagen, hatten Verbrennungen und Knochenbrüche. Viele waren vergewaltigt worden, litten unter Geschlechtskrankheiten, was bei einigen dazu geführt hatte, dass sie unfruchtbar waren. Eine junge Frau, die schwanger war, bekam das Baby, andere, ungewollt schwanger, hatten abtreiben lassen und einigen hatte man das Baby gleich nach der Geburt weggenommen. Ihr emotionaler Missbrauch manifestierte sich in Form von Selbstverstümmelung, Essstörungen und Drogensucht. Wir hatten eine Sechzehnjährige, die von drei Männern in einem Krankenhaus abgegeben worden war. Es wurde geschätzt, dass sie schon seit drei Tagen bewusstlos war. Sie hat Hirnschäden und wird möglicherweise nie wieder gesund. Die Männer wurden nie gefunden. Wir hatten zudem den Fall eines anderen Mädchens im Alter von fünfzehn Jahren. Sie wurde tot aufgefunden. Sie war erwürgt worden und die Leiche hatte vorher zwei Wochen unentdeckt im Wald gelegen.

Das Risiko sozialer Ausgrenzung besteht für diese Mädchen und was man ihnen täglich antut, hat schlimme Folgen für ihr ganzes weiteres Leben. Es ist ein weit verbreiteter Irrglaube, dass junge Menschen, die in sexuelle Ausbeutung involviert sind, bestimmte Besonderheiten haben, wegen derer sie mehr gefährdet seien als andere, beispielsweise ein Hintergrund als Heimkind, Erfahrungen mit Obdachlosigkeit und Drogenabhängigkeit. Solche Faktoren erhöhen zwar sicher die Wahrscheinlichkeit, dass junge Menschen in die Prostitution abrutschen, aber man findet sie längst nicht bei allen durch Prostitution ausgebeuteten Mädchen. Viele der Mädchen, mit denen ich gearbeitet habe, waren bei den Behörden nicht bekannt und sie waren auch nie obdachlos. Drogenabhängigkeit war in der Regel eine Folge der Ausbeutung – und nicht umgekehrt.

Der »Zuhälter« eines Kindes ist ein missbrauchender Erwachsener. Er ist ein Erwachsener, der kontrolliert, Beihilfe zu sexuellem Missbrauch und zur Vergewaltigung leistet und im Extremfall foltert. Er demütigt und erniedrigt verletzliche Kinder, und er verdient damit viel Geld. Ich habe mit einer Vierzehnjährigen gearbeitet, deren »Zuhälter« ihr die Brust mit Zigarettenglut versengt hatte, bevor er sie anschließend zusammen mit drei Freunden vergewaltigte, weil sie in ihrem Schuh eine Zehnpfundnote versteckt hatte. Einem anderen Mädchen wurde der Kopf nach hinten gedrückt und ein Kessel mit kochendem Wasser über den Hals gehalten, weil es sich geweigert hatte »zu arbeiten«. Einem anderen Mädchen wurde die Zunge an den Tisch genagelt, weil es gedroht hatte, es würde »reden«. Der »Freier« eines Kindes ist ein Kinderschänder. Ein Mensch, der versucht, sexuelle Dienstleistungen eines Kindes zu kaufen, kann doch nicht wie ein normaler Kunde betrachtet werden! Ich habe mit einer Sechzehnjährigen gearbeitet, die stark magersüchtig war und daher noch keine sekundären Geschlechtsmerkmale hatte. Sie sah aus wie eine Elfjährige und sie hatte sich Kleidungsstücke gekauft, wie sie kleine Mädchen tragen, weil das den Freiern gefällt. Eine Untersuchung des Innenministeriums aus dem Jahre 1993 hat ergeben, dass die Männer, die die Dienste der Prostituierten im Londoner Rotlichtbezirk in Anspruch nehmen, in der Regel zwanzig bis dreißig Jahre alt sind, also gewöhnlich verheiratet sind und kleine Kinder haben. Sie entsprechen also nicht gerade dem Bild, das man sich von einem Kinderschänder macht. Kein Teil des Dreiecks kann ohne die anderen funktionieren. Dass es existiert, zeigt, dass es sowohl ein Angebot als auch eine Nachfrage gibt. Gäbe es keine Kunden, die bereit sind, für sexuelle Dienste von Kindern zu bezahlen, dann würden die Zuhälter auch nicht an deren Ausbeutung verdienen können.

Die Sprache ist wichtig, denn sie reflektiert unsere Annahmen, Einstellungen

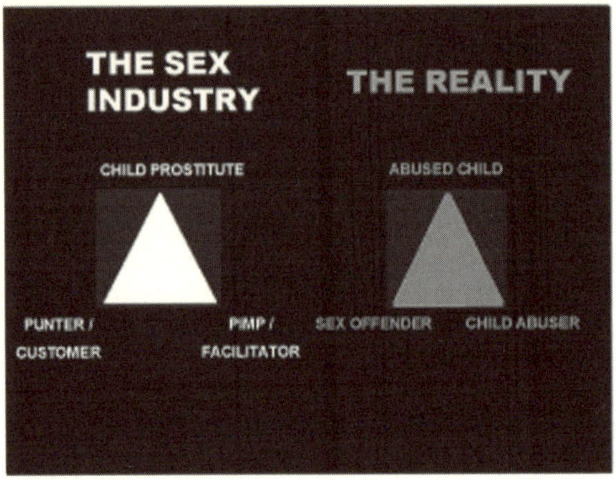

und Wahrnehmungen zu der Frage, ob es sich um Prostitution oder um Kindesmissbrauch handelt. Ist es hinnehmbar, dass noch im Jahre 2001 Kinder für Sex gekauft und verkauft werden können, innerhalb des Vereinigten Königreichs, innerhalb Europas, in der ganzen Welt? Wir müssen anerkennen, dass für alle Kinder die gleichen Rechte gelten. Wir müssen das Thema Kindesmissbrauch vom Thema Prostitution trennen, denn Prostitution ist etwas aus der Erwachsenenwelt. Wenn wir dies nicht tun, dann wird es bleiben wie es ist, dass nämlich Kinder sehr leicht durch Prostitution missbraucht werden können.

Perspektiven

Die Regierung des Vereinigten Königreichs hatte ein offenes Ohr für unsere Sorgen und hat anerkannt, dass unsere jetzige Gesetzgebung einige unserer verletzlichsten Kinder nicht schützt, dass sie veraltet ist, dass sie die Geschlechter nicht gleich stellt und nicht mit der Europäischen Menschenrechtskonvention im Einklang ist. Ich war achtzehn Monate lang Mitglied einer Arbeitsgruppe, die die Rechtsnormen im Bereich sexueller Missbrauch überprüft hat. Im letzten Juli 2000 wurde der Bericht »Setting the Boundaries (Grenzen setzen)« veröffentlicht, um eine Konsultation einzuleiten. Darin wird klar und deutlich empfohlen, eine Reihe neuer Straftatbestände anzunehmen.

Vorgeschlagen wurde, dass folgende Handlungen unter Strafe gestellt werden:

- Kauf sexueller Dienste eines Kindes,
- Gewinnung, Verleitung oder Nötigung eines Kindes zu kommerzieller sexueller Ausbeutung,
- Beteiligung an sowie Erleichterung oder Zulassung von kommerzieller sexueller Ausbeutung eines Kindes,
- Annahme von Geld oder anderen Gegenleistungen für die sexuelle Ausbeutung eines Kindes.

Entsprechend der Definition des Übereinkommens der Vereinten Nationen über die Rechte des Kindes gilt als Kind jede Person unter achtzehn Jahren, somit ist das Alter der Einwilligung in geschlechtliche Beziehungen irrelevant. Für die vorstehend genannten Straftaten soll der Grundsatz der verschuldensunabhängigen Haftung gelten. Dies würde Folgendes bedeuten: 1. Der Straftäter kann sich nicht damit herausreden, er habe die betreffende Person für schon achtzehnjährig gehalten. 2. Wenn nachweislich feststeht, dass die besagte Person bezüglich ihres Alters gelogen und behauptet hat, sie sei schon achtzehn Jahre alt, so wird dies im Urteil als mildernder Umstand berücksichtigt. Die Beweislast liegt dabei beim Käufer der sexuellen Dienstleistung, das heißt, er muss sich absolut sicher sein, dass er es mit einem erwachsenen Mädchen zu tun hat.

Folgende Strafen wurden für die neuen Straftaten vorgeschlagen:
- lebenslange Haftstrafe, wenn das Opfer jünger als dreizehn Jahre ist,
- zehn Jahre, wenn das Kind älter als dreizehn Jahre ist (allerdings mit einer Ausnahme: fünf Jahre für den Kauf sexueller Dienstleistungen von Kindern im Alter von sechzehn oder siebzehn Jahren).

Mit der Einführung dieser neuen Straftatbestände und Strafen soll deutlich gemacht werden, dass ein Erwachsener nicht das Recht hat, sexuelle Dienste von Kindern zu kaufen oder anzubieten, und dass er künftig nicht mehr erwarten kann, dass ein solches Verhalten von der Gesellschaft hingenommen wird. Der Anwendungsbereich wurde in diesen Vorschlägen nicht auf Prostitution bei Kindern beschränkt. Der Begriff »sexuelle Ausbeutung von Kindern« ist weiter gefasst und schließt verschiedene Arten von Ausbeutung ein, darunter auch die zu pornografischen Zwecken. Die Freiheit junger Menschen über sechzehn Jahren, im gegenseitigen Einverständnis geschlechtliche Beziehungen einzugehen, würde damit nicht eingeschränkt, wohl aber die Möglichkeiten sexueller Ausbeutung.

Im UN-Übereinkommen über die Rechte des Kindes wird betont, dass Kinder wegen ihrer besonderen Verletzlichkeit eines besonderen Schutzes bedürfen. Außerdem geht der Vorschlag davon aus, dass Kinder in der Gesellschaft eine aktive Rolle spielen, dass sie zu dieser Gesellschaft beitragen und nicht nur passive Rezipienten sind, die sich gut oder schlecht betragen. Wir müssen anerkennen, dass man junge Menschen, die nicht geschützt werden wollen, nicht dazu zwingen kann. Statt dessen müssen uns auf die »Missbraucher« konzentrieren und durch unsere Arbeit den jungen Menschen dabei helfen, ihre eigenen »sicheren« Entscheidungen zu treffen.

Im Juni 2000 haben alle Polizeidienststellen und sozialen Behörden entsprechende Leitlinien der Regierung erhalten, aber wir stehen noch am Anfang, nicht am Ende.

Ziel der Leitlinien ist die Zusammenarbeit auf folgenden Gebieten:

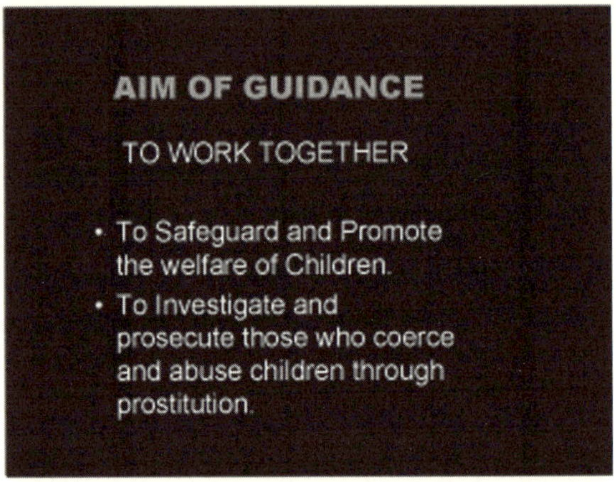

- Schutz der Kinder, Förderung ihres Wohlbefindens,
- Ermittlung und Bestrafung derer, die Kinder zum Missbrauch durch Prostitution nötigen und die sie durch Prostitution missbrauchen.

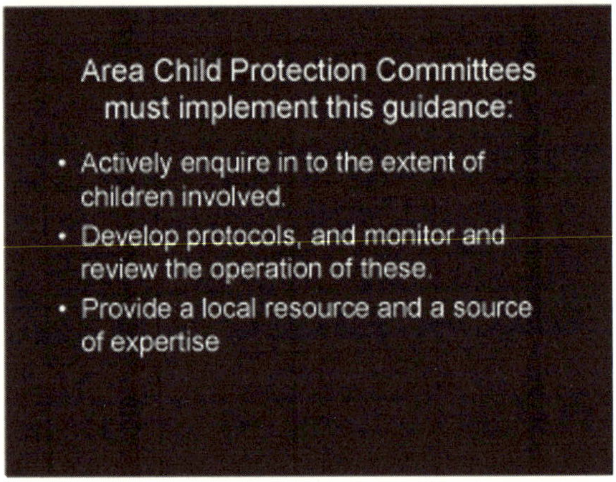

Die Aufgabe der lokalen Kinderschutz-Ausschüsse besteht darin,

- aktiv zu werden um festzustellen, in welchem Maße Kinder involviert sind,
- Protokolle anzufertigen und zu verfolgen, welche Maßnahmen daraufhin getroffen werden und welche Ergebnisse diese Maßnahmen haben,
- als lokale Ressource und Quelle von Fachwissen zur Verfügung zu stehen.

Im Mittelpunkt meines Projekts standen Prävention, Lebenshilfeberatung und Ausstiegs- (oder besser Genesungs-)strategien. Im Bereich der Prävention arbeiteten wir insbesondere mit Mädchen, die von zu Hause wegblieben, gingen in die Schulen und sprachen dort über Missbrauch in Beziehungen. Außerdem führten wir Gespräche unter vier Augen mit jungen Mädchen, die in Heimen lebten. Wir erkennen an, dass Kinder in staatlichen Heimen für diese Art des Missbrauchs anfälliger sind. Bei ihnen sind die familiären Bindungen oft nicht so stabil, und wenn ihr Heimaufenthalt durch emotionalen, physischen und sexuellen Missbrauch begründet war, dann waren sie schon vorher geschwächt und deshalb um so anfälliger für diese Art der Ausbeutung.

Grundlage für unsere Arbeit waren die Prinzipien von Barnardos:

- »Jeder Mensch ist ein einzigartiges Wesen, dessen Wert man achten muss. Es kommt darauf an, die Menschen zu ermutigen, das Beste aus sich zu machen, und mit Hoffnung zu arbeiten.«
- Da wir täglich mit jungen Menschen arbeiten, die missbraucht wurden, was

schlimme Folgen für ihr ganzes weiteres Leben hat, brauchen wir Hoffnung, um weiterarbeiten zu können. Hoffnung, dass wir vielleicht erreichen, dass es anderen jungen Menschen nicht so geht, dass sie vor dieser Art Missbrauch geschützt sind.

Wie bereits erwähnt, wird das Projekt in Partnerschaft mit den Behörden durchgeführt. Partnerschaft ist eine grundlegende Bedingung für diese Art von Programmen, denn es ist unwahrscheinlich, dass ein solches Arbeitsprogramm ohne einen solchen Grad an behördenübergreifender Zusammenarbeit erledigt werden kann, wie er bei uns entwickelt wurde. Dies ist nur realisierbar, wenn die Behörden bereit sind, das Risiko einzugehen, das mit neuen Konzepten, mit denen wir Mädchen und junge Mädchen erreichen wollen, selbstverständlich verbunden ist. Das setzt voraus, dass man ständig in Verbindung bleibt und alle Maßnahmen gemeinsam entwickelt, dass man sich in Fragen der Risikobewertungen und des Eingehens von Risiken bei der Arbeit einig ist, dass sich alle die Ziele des Projekts zu eigen machen. Dabei muss jede Behörde oder Organisation die anderen achten und ihren Beitrag anerkennen. Es kann nicht funktionieren, wenn sich nur eine Behörde allein mit dieser Problematik befasst. Aber junge Menschen sind Behörden gegenüber gewöhnlich misstrauisch und die Tatsache, dass das Projektmanagement in den Händen der NRO Barnardos lag, machte es den Mädchen möglich, zu diesen Diensten in einer Weise Zugang zu erhalten, durch die sie sich weniger stigmatisiert fühlten.

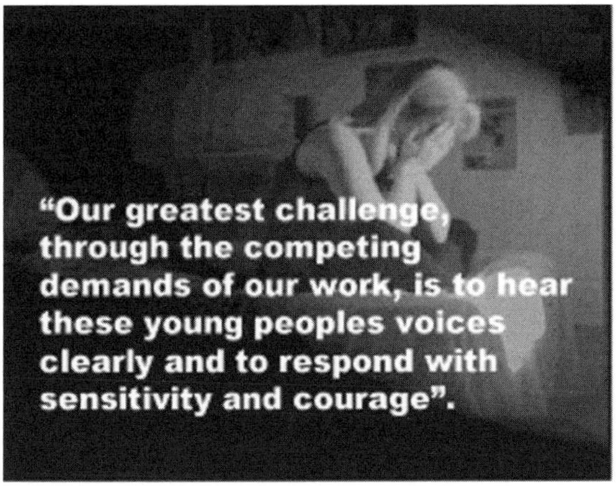

Die größte Herausforderung bei dem, was uns in unserer anstrengenden Arbeit abverlangt wird, ist es, unsere jungen Menschen anzuhören und mit Einfühlsamkeit und Mut zu reagieren. Die größte Hürde, die wir bei unserer Aufklärungsarbeit bei den Behörden nehmen mussten, war, dass wir sie erst einmal überzeugen mussten, dass es überall solchen Missbrauch gibt, in jeder einzelnen Stadt des Vereinigten Königreichs. Denn der Mensch fühlt sich wohler, wenn er sich einreden kann: »Bei uns passiert so etwas nicht«. Während wir an der Basis unsere Arbeit machten, betonten wir immer wieder die Notwendigkeit eines Wandels auf nationaler Ebene. Der erste Schritt zur Verhütung eines Problems besteht in der Erkenntnis, dass dieses Problem existiert.

Lassen Sie mich abschließend noch aus den Arbeiten der Weltkonferenz von 1996 zitieren. Dort wurde Folgendes gesagt: »Kinder werden gekauft und verkauft, als Opfer einer modernen Form von Sklaverei. Obschon in den meisten Gesellschaften verboten, bestehen diese Praktiken fort, oft versteckt, oft einfach ignoriert. Kinder, die zur Prostitution missbraucht werden, werden als Wegwerfware behandelt, dienen zur Befriedigung einer perverser sexueller Gelüste. Ihre Rechte auf Überleben, Schutz und Entwicklung werden mit Füßen getreten«.

Wir müssen unsere Kinder schützen, denn Kinder sind unsere Zukunft!

■ Maria Ludovica Tanquilli-Leali

Zur Situation von Mädchen und jungen Frauen in Italien

Zusammenfassung: Als Lobbyistin der Europäischen Women's Lobby gibt die Autorin einen kurzen Überblick über die Lebenssituation benachteiligter (junger) Frauen und Mädchen in Italien. Aufgezeigt wird, dass diese spezifische Gruppe von der offiziellen Politik in Italien erst seit kurzem überhaupt wahrgenommen wird. Die Autorin regt an, auf europäischer Ebene eine gemeinsame Lobby von Frauen und Mädchen zu gründen, um sozialpolitischen Einfluss zu gewinnen.

Einführung

Italien ist gegenwärtig das Land mit der niedrigsten Geburtenrate und der höchsten Bevölkerungsüberalterung in Europa. Die Zahlen von 1998 weisen aus, dass auf eine Frau im gebärfähigen Alter im Durchschnitt nur 1,21 Kinder kommen. Glücklicherweise wurde dieser Negativtrend zu einem demografischen Ungleichgewicht zwischen den Generationen durch die Zunahme der Zuwanderung kompensiert. Dies bedeutet, dass die italienische Gesellschaft eine Gesellschaft Erwachsener ist, in der für Minderjährige nur wenig Platz ist. Im Jahre 1989 hat die Regierung das UN-Übereinkommen über die Rechte des Kindes ratifiziert und sie durch Verabschiedung des Gesetzes Nr. 176/91 in nationales Recht umgesetzt. Dieses Gesetz dient nicht allein dem Schutze der Kinder vor Ausbeutung, Missbrauch und Diskriminierung. In ihm wurde auch eine ganze Reihe neuer Rechte verankert, darunter das Recht gesund aufzuwachsen, das Recht eine Familie zu haben und das Recht auf Teilhabe am kulturellen und gesellschaftlichen Leben. Trotz der guten Absichten dieses Gesetzes muss man feststellen, dass unsere Kinder und Jugendlichen in einer widersprüchlichen Umgebung aufwachsen und leben. Es heißt, dass es darum geht, ihnen dabei zu helfen, ihre eigene Persönlichkeit auszubilden. In Wirklichkeit aber spielen sie nur die Rolle des Objekts, da es vordergründig darum geht, dass sie die Erwartungen der Eltern erfüllen. Die Jugendlichen fühlen sich in dieser Rolle zunehmend unwohl. Hinzu kommen Drogensucht, subtilste Formen sexueller Gewalt, Selbstmord usw. – Erscheinungen, die keine sozialen Unterschiede kennen. Im südlichen Italien herrscht Armut, die Ausbeutung der Arbeitskraft von Kindern aus Migrantenfamilien ist im ganzen Lande weit verbreitet (Schätzungen zufolge sind 350.000 Kinder in die Schattenwirtschaft involviert).

Benachteiligte Mädchen

Die mir übertragene Aufgabe war nicht einfach. Geschlechtsspezifische Statistiken nach Altersgruppen sind bei uns noch in der Phase der Einführung und wenn solche Zahlen vorliegen, dann eher für die wesentlichen Bereiche wie Bildung, Arbeitsmarkt, Führungspositionen. Hinzu kommt, dass Mädchen erst seit sehr kurzer Zeit als Gruppe für gezielte politische Maßnahmen auf nationaler Ebene gesehen werden, genauer seit dem Prozess »Beijing 5«, als – einem EU-weiten Trend folgend – eine Vertreterin einer italienischen Mädchenorganisation eingeladen wurde, der offiziellen Delegation unseres Landes zur Sondersitzung der Vereinten Nationen anzugehören.

Aber was meinen wir eigentlich, wenn wir von »benachteiligten Mädchen« sprechen? Meinen wir damit nur die Mädchen, die in absoluter oder relativer Armut leben? Oder gehören dazu auch gut ausgebildete Mädchen, die Schwierigkeiten beim Zugang zum Arbeitsmarkt haben und in der Folge arbeitslos sind? Im Jahre 1998 waren dies in der Gruppe der Fünfzehn- bis Vierundzwanzigjährigen in Nordwestitalien 26,9 Prozent, in Nordostitalien siebzehn Prozent, in Mittelitalien 36,7 Prozent und in Süditalien 64,3 Prozent. Zum Vergleich: Der Beschäftigungsgrad liegt bei der gleichen Altersgruppe im Norden bei 32,6 Prozent, in der Mitte bei 18,3 Prozent und im Süden bei 8,8 Prozent.

Wenn wir uns die neuen, flexiblen Formen der Beschäftigung ansehen, die in den letzten Jahren eingeführt wurden, dann stellen wir fest, dass Teilzeitarbeit in Italien nicht nur das am häufigsten genutzte arbeitsmarktpolitische Instrument ist, sondern auch ganz besonders bei Frauen zum Tragen kommt (vierzehn Prozent der Frauen, aber nur 3,4 Prozent der Männer sind Teilzeitbeschäftigte). Tatsächlich ist es das einzige Instrument, mit dem man in der Lage ist, Beschäftigungsformen der sozialen Sicherheit zu schaffen, die mit Standard-Arbeitsverhältnissen vergleichbar sind. Es wurde für diejenigen Arbeitnehmer und Arbeitnehmerinnen geschaffen, die eine verkürzte Arbeitszeit brauchen .

Wenn wir uns mit den flexiblen Instrumenten befassen, die angesichts der schwierigen Beschäftigungslage in Italien eingeführt wurden, um die Beschäftigung junger Menschen zu fördern, dann stellen wir fest, dass atypische Beschäftigungsverhältnisse für junge Frauen die einzige Alternative sind, Zugang zu einem Arbeitsmarkt zu erhalten, von dem sie ansonsten ausgeschlossen sind. 51,6 Prozent der Betroffenen sind unter 35 Jahre und 13,7 % jünger als 25 Jahre. Außerdem ist hervorzuheben, dass die Frauen durch diese neuen Formen der Beschäftigung nur in marginale Beschäftigungsverhältnisse gelangen, die ihnen keine Aufstiegsmöglichkeiten bieten.

Ich habe die Beschäftigungslage in unserem Land angesprochen, um zu zeigen, wie umfassend die Tragweite des Begriffs »benachteiligt« sein kann. Denn die 51,6 Prozent dürften zu Sozialfällen werden, wenn unsere Beschäftigungspolitiken »gender issues« weiterhin als zweitrangig betrachten und es hierfür weiterhin nur wenige, noch dazu finanziell schlecht ausgestattete Maßnahmen gibt, darunter das Gesetz zur Förderung des Jungunternehmertums und des Unternehmertums von Frauen. Und wie sieht es mit der Frage des lebenslangen Lernens aus? Wie lässt sich lebenslanges Lernen mit der immer noch vorhandenen Rollenteilung vereinbaren?

Kehren wir aber zu dem zurück, was mit »benachteiligt« im engeren Sinne gemeint ist. Sprechen wir also zunächst über obdachlose Menschen (in Italien etwa eine Million). Eine jüngere Studie von Caritas hat gezeigt, dass die Zahl der jungen Obdachlosen (unter dreißig) und der obdachlosen Frauen zunimmt, ebenso wie der Anteil derer mit höherer Bildung und der der Migranten unter den Obdachlosen wächst. Auch die Gründe für Obdachlosigkeit wandeln sich. Es scheint, dass hier mehr und mehr externe Faktoren wie Probleme in der Familie oder mit den Behörden eine Rolle spielen, und immer weniger die persönliche Entscheidung zur Wohnungslosigkeit.

Unterprivilegiert sind auch die Mädchen aus Migrantenfamilien, deren Lage davon abhängt, ob ihre Eltern einen Aufenthaltstitel und welchen kulturellen Hintergrund sie haben. Dies bedeutet, dass die für italienische Staatsangehörige geltende Pflicht, bis zum achtzehnten Lebensjahr die Schule zu besuchen, für diese Mädchen nicht gilt, wenn ihre Eltern dies nicht für notwendig halten. Auch besteht für diese Mädchen die Gefahr, dass sie in die Illegalität abwandern müssen, wenn ihr Vater sich scheiden lässt oder stirbt, weil sie dann den Rechtsstatus verlieren, der ihnen im Rahmen von Maßnahmen der Familienzusammenführung gewährt wurde. Junge Migrantinnen sind in unserer Gesellschaft gleich drei Formen der Diskriminierung ausgesetzt: der allgemeinen Diskriminierung als Frau, der Diskriminierung durch die italienische Gesellschaft und der Diskriminierung, die in ihrer eigenen Tradition und Kultur vorkommt.

Ich habe versucht, hier einige der wichtigsten Situationen zu nennen, in denen Mädchen als »benachteiligt« angesehen werden können. Nicht angesprochen habe ich die behinderten Mädchen, denn in Italien wird der Behinderungsproblematik zunehmend Aufmerksamkeit geschenkt. Hierfür gibt es ein wachsendes öffentliches Problembewusstsein, auch wenn manchmal zu wenig über die zur Verfügung stehenden öffentlichen und privaten Einrichtungen informiert wird und auch, wenn es immer noch vorkommt, dass man behinderte Kinder als »Schande für die Familie« ansieht. Gleichfalls nicht erwähnt habe ich die neuen jungen Sklavinnen, die an unseren Straßen stehen und allen möglichen Formen der Folter ausgesetzt sind. Zum Glück gibt es hier ein starkes Engagement unserer Regierung und es besteht für diese Mädchen durch das neue Zuwanderungsgesetz die Möglichkeit, ein Dach über dem Kopf, einen Aufenthaltstitel und eine Ausbildung zu erhalten, wenn sie »ihre« Menschenhändler anzeigen. Auch werden mit den Herkunftsländern der Frauen, die Opfer von Menschenhandel sind, bilaterale Abkommen unterzeichnet. Es gibt ein starkes Netz von NRO, die Aufklärungsarbeit leisten und von denen sich einige sich, auch mit Hilfe von Streetworkern, ganz speziell um diese Mädchen kümmern.

National Politikstrategien zur Bekämpfung von Ausgrenzung

Wenden wir uns nun der Politik unseres Landes zur Bekämpfung sozialer Ausgrenzung zu. Zu den Maßnahmen, die es erst seit sehr kurzer Zeit gibt, gehören Sozialversicherungsrenten, Mindestrenten, Behindertenrenten, Kindergeld, Arbeitslosengeld, Mobilitätsentschädigung, sozial nützliche Arbeit, »Arbeitsstipendien«, Berufsunfähigkeitsrenten, Mutterschaftsgeld, ein garantiertes Mindesteinkommen, Zuzahlungen zu Niedrigstrenten, die Freistellung von der Bezahlung für Leistungen des Gesundheitssystems usw. Die Zuständigkeit für all diese Maßnahmen war sehr zersplittert; es fehlte der Überblick in einer übergeordneten Behörde und zuweilen wurde mit den Integrationsmaßnahmen auch übertrieben. Dies bedeutet, dass zu viel Mutterschafts- und Kindergeld gezahlt wurde, so dass die Frauen, auch die jungen Frauen, angehalten wurden, im Haus zu bleiben. Die wichtigsten Maßnahmen lagen und liegen in der Hand freiwilliger Organisationen.

Um unser System der sozialen Sicherheit den Systemen der anderen Mitgliedstaaten anzugleichen, hat das italienische Parlament das »Rahmengesetz Nr. 328/2000 zur Einführung eines integrierten Systems von Sozialmaßnahmen und -leistungen« verabschiedet. Dieses Gesetz, das wir begrüßen, betrifft in unterschiedlicher Weise sowohl den institutionellen Sektor (Regierung, Regionen, Provinzen und Kommunen) als auch den privaten Sektor (Vereine, Stiftungen, NRO) und bietet die Möglichkeit, im Rahmen von Projekten mit den lokalen Behörden zusammenzuarbeiten.

Mit dem Gesetz wurde ein Ausschuss geschaffen, dessen Aufgabe es ist, die soziale Diskriminierung zu untersuchen. Ferner ist es seine Aufgabe, die Forschung im Bereich Armut und Ausgrenzung zu organisieren und in Zusammenarbeit mit der Europäischen Kommission das Bewusstsein der Institutionen und der Bevölkerung für diese Problematik zu schärfen, Vorschläge zu unterbreiten und Bewertungen vorzunehmen. Der Ausschuss ist verpflichtet, der Regierung jährlich einen Bericht vorzulegen.

Was mir an diesem Gesetz so wichtig erscheint, ist die Tatsache, dass darin ausdrücklich die Rolle des dritten Sektors anerkannt wird. In der Tat geht es in Artikel 5 des Gesetzes um die »Förderung von Aktionen zur Unterstützung und Qualifizierung der Akteure des dritten Sektors, auch durch bildungspolitische Maßnahmen und Maßnahmen zur Gewährleistung des Zugangs zu Krediten und zu den EU-Fonds«.

Wir benötigen eine europäische Lobby für Frauen und Mädchen!

Seit vielen Jahren befasse ich mich mit Sozialpolitik, denn ich gehöre der »European Women's Lobby« an, der wichtigsten Plattform der Frauen in der EU, in der rund 2000 Frauenbewegungen, -gruppen und -vereinigungen vertreten sind. Wir sind daran gewöhnt, Situationen und Entwürfe für politische Maßnahmen zu analysieren, aber wir sind vor allem daran gewöhnt, Lobbyarbeit bei Institutionen und Politikmachern zu leisten. Wir benötigen zukünftig viel mehr Möglichkeit für den Austausch vorbildlicher Praktiken und den Aufbau künftiger Netze unter den Frauen, die mit Mädchen und jungen Frauen arbeiten. Meiner Ansicht nach gibt es in Italien sehr viele ausgezeichnete Projekte und auch eine Vielzahl von Menschen, die bereit sind, ihre Zeit und ihr Geld für andere Menschen einzusetzen. Was allerdings speziell die Organisation der Frauen anbelangt, so wird sie nicht ausreichend sichtbar und der Informationsaustausch untereinander ist nicht ausreichend gewährleistet. Oft führt dies dazu, dass sich Maßnahmen überlappen. Wir sollten deshalb versuchen, in einer Plattform zusammenzukommen und gegenüber den Institutionen als ein Ansprechpartner für Frauen und Mädchen aufzutreten. So würden wir ohne jeden Zweifel an Autorität und Sichtbarkeit gewinnen. Immer wieder stellen wir fest, dass es für junge Frauen schwierig ist, zu uns zu kommen. Denn wir vertreten sie nicht und wir versuchen nicht einmal, sie zu vertreten. Ich glaube auch, dass wir ihnen gegenüber eine bestimmte Logik aufgeben müssen: Wir dürfen sie nicht mehr nur als hilfsbedürftige Menschen sehen, vielmehr müssen wir ihnen das Rüstzeug geben, das ihnen dabei hilft, Selbstachtung aufzubauen, eine Selbstachtung, die viele von ihnen nicht haben. Wir müssen versuchen, ihre Meinung und ihr Anderssein zu respektieren. Nur dann werden wir es schaffen, dass junge Frauen und Mädchen zu uns stoßen.

■ Angelica Monaco

L'impresa di essere donna[1] in Bologna – ein soziokulturelles Existenzgründungsprojekt auch für (junge) Migrantinnen

Zusammenfassung: Im Bericht werden die Erfahrungen im Rahmen eines groß angelegten Projekts geschildert, das als Modell des Kampfes gegen die soziale Ausgrenzung von Frauen in Italien gilt. In dessen Rahmen ging es um den Aufbau und die Förderung von sozialwirtschaftlichen Unternehmen von und für Frauen. Der Ansatz des Projekts bestand darin, im Sinne der Hilfe zur Selbsthilfe, soziokulturelle Unternehmen für und mit Migrantinnen zu gründen und zu begleiten, mit dem Ziel, darüber soziale Ausgrenzungsphänomene zu bekämpfen. Beispielhaft wird eine Frauentheatergruppe vorgestellt, die durch Kulturarbeit zur Integration und zur Verständigung zwischen Frauen unterschiedlicher Herkunft beiträgt.

Einführung

In meinem Beitrag möchte ich einige Maßnahmen vorstellen, die wir in den letzten Jahren bei COSPE durchgeführt haben. Dabei handelte es sich um Maßnahmen zur Bekämpfung von sozialer Ausgrenzung von Frauen (speziell Migrantinnen). COSPE ist eine italienische NRO, die in Florenz und Bologna tätig ist. Zu ihrem Tätigkeitsbereich gehört die Durchführung von Projekten im Bereich der Bildung und Entwicklung sowie der soziokulturellen Integration von Angehörigen ethnischer Minderheiten, aber auch von Projekten für Entwicklungsländer. Das Projekt mit dem Namen »Die Unternehmung, eine Frau zu sein« diente vor allem dem Nachdenken über eine Reihe von Initiativen, die es bereits gab, sie war aber zugleich auch Ausgangspunkt für künftige Aktivitäten. Zielgruppe dieses Projekts waren nicht ausdrücklich junge Frauen, im Verlauf des Projekts mussten wir jedoch feststellen, dass bei der Teilnahme an den Experimental- und Aufklärungsmaßnahmen die Frauen unter 36 Jahren (Italienerinnen und Ausländerinnen) deutlich dominierten.

In der Regel geht man davon aus, dass der Begriff »soziale Ausgrenzung« kulturelle und wirtschaftliche Aspekte und auch die Frage der Rasse umfasst. Im

1 Übersetzung: Die Unternehmung, eine Frau zu sein

Frühjahr 2001 wurden die Ergebnisse einer transnationalen Untersuchung über die »Einstellungen und Erwartungen junger Frauen aus Minderheiten in Europa« veröffentlicht. Der italienische Teil dieser Forschungsarbeit, d.h. der Teil, der von Almaterra, einem Verband mit Sitz in Turin, in Italien durchgeführt wurde, zeigt, dass alle der Befragten (Afrikanerinnen zwischen achtzehn und 32 Jahren) Rassismus und Diskriminierung erlebt hatten. Ihre Aussagen zeugen von Ohnmacht gegenüber psychologischer Gewalt, Empörung darüber, aber auch von dem Wunsch zu verstehen. Ein Hauptfaktor für soziale Ausgrenzung ist gerade bei Migrantinnen das Fehlen beruflicher Anerkennung. Das beginnt schon damit, dass Studienabschlüsse, die in einem Nicht-EU-Land erworben wurden, auf dem italienischen Arbeitsmarkt nicht anerkannt werden. In der Regel ist es so, dass diese Frauen nicht in der Lage sind, sich ein würdiges Leben auf der Grundlage ihrer Kompetenzen aufzubauen. Viele von ihnen arbeiten als Reinigungskräfte, andere sind in »prekären« Beschäftigungsverhältnissen, andere haben gar keine Beschäftigung.

Worüber ich berichten möchte, sind unsere Erfahrungen bei der Vorbereitung und Durchführung eines Modells auf der Grundlage von Vereinen und interkulturellen Zentren. Dieses Modell erwies sich als ein wirksames Instrument zur Bekämpfung sozialer Ausgrenzung. Es betraf die Nutzung von Räumlichkeiten, die Entwicklung kultureller Aktivitäten und die Schaffung von Initiativen zur Erwirtschaftung von Einkommen. Das Projekt ist inzwischen ausgelaufen. Im Auftrag von COSPE gewährleiste ich jetzt aber noch das Monitoring der Unternehmen, die von den beteiligten Vereinen gegründet wurden.

»Die Unternehmung, eine Frau zu sein« – Vorstellung des Projekts

Finanziert wurde das Projekt durch die Europäische Kommission, Generaldirektion V (Drittes System und Beschäftigung). Die Partner von COSPE waren:

- das interkulturelle Zentrum Almamater,Turin,
- die Stadtverwaltung Turin,
- die für Piemont zuständige Regionalbehörde,
- die Stadtverwaltung Florenz,
- die für die Toskana zuständige Regionalbehörde,
- Unicoop Toskana/Latium,
- UCODEP/Movimondo, Arezzo,
- die Frauenvereinigung »Donne in Movimento«, Bologna,
- das Frauenhaus »Casa delle donne per non subire violenza«, Bologna,
- ISI – Stadtverwaltung Bologna,
- Adel, Frankreich,
- Seies, Portugal.

Ziel des Projekts war die Vernetzung von Experimentalprojekten zur Selbstorganisation von wirtschaftlichen Initiativen, die im Rahmen von Frauenvereinigungen entstanden sind. Schwerpunkte des Projekts waren soziale Integration, Chancengleichheit, Beschäftigung von Frauen und Sichtbarmachung ihres Wissens und Könnens. An dem Projekt beteiligten sich viele Vereinigungen von italienischen Frauen und Migrantinnen wie Almaterra (Turin), Cesdi (Livorno), Nosotras (Firenze), Api (Pistoia) Nodi Di Roma, Donne Insieme (Arezzo) und Trama di Terre (Imola). Besonders wichtig waren Experimentalprojekte auf der Grundlage eines Organisationsmodells, mit dem es in Italien bis dahin noch keine Erfahrungen gab: Management von Räumen, wo soziale Integration möglich ist und gleichzeitig flexible Dienstleistungen angeboten werden, Maßnahmen zur Schaffung von Arbeitsplätzen und Verdienstmöglichkeiten, soziale Sichtbarkeit und kultureller Beitrag von Frauen, die von Ausgrenzung bedroht sind. Diese Experimentalprojekte gewannen das Interesse der lokalen Behörden, die besonders aufmerksam für Fragen der Gleichstellung und der Bürgerbeteiligung sind und angesichts der Krise, in der sich der Wohlfahrtsstaat heute befindet, eine Erneuerung der Sozialpolitiken beabsichtigten. Um diese Experimentalprojekte, die die Bezeichnung »interkulturelle Zentren zur Schaffung wirtschaftlicher und sozialer Chancen« erhielten, fortsetzen zu können, bemühten wir uns, vor allem innovative Organisations- und Managementmodelle anzuwenden und Strategien für Partnerschaften im Kontext der lokalen Entwicklung zu entwickeln. Deshalb fand eine Forschungsmaßnahme über die Arbeit des interkulturellen Zentrums Alma Mater in Turin statt und wurden in zwei italienischen Regionen, Emilia-Romagna und Toskana, fünfzehn Beratungsseminare durchgeführt. In der zweiten Phase ging es darum, ausgehend von den Forschungsarbeiten in Turin Modelle und Prozesse auszuprobieren, die eine positive Wirkung auf die Schaffung von Erwerbs- und Beschäftigungsmöglichkeiten im Dienstleistungssektor haben. Diese Dienstleistungsangebote dienten alle der Verbesserung der Lebensqualität.

Ziele und Ergebnisse

Unser vorrangiges Ziel bestand darin, die Bekämpfung der sozialen Ausgrenzung voranzutreiben, indem wir Initiativen der sozialen und wirtschaftlichen Selbstorganisation von Frauen unterstützen, d.h.

- Entwicklung (innerhalb dieser Vereinigungen) eines Dienstleistungsmanagements, das den sozialen Austausch begünstigt.
- Entwicklung bürgernaher Dienstleistungen (persönliche Hilfe), die dem Aufbau von Unterstützungsnetzwerken, der kulturellen Vermittlung sowie der Konfliktbewältigung dienen.
- Befriedigung der wachsenden Nachfrage der Frauen nach »Empowerment« durch Bereitstellung öffentlicher Mittel.

- Schaffung eines operativen Netzwerks zwischen Experimentalprojekten, die sich in Europa um die Schaffung interkultureller Zentren durch Frauenvereinigungen zur Entwicklung einer neuen Wirtschaft bemühen.
- Betonung des strategischen Modells des interkulturellen Zentrums durch die Festlegung von Organisations- und Managementstrategien.
- Stärkung des Organisationsmodells des interkulturellen Zentrums, seiner Entwicklungsprozesse und der bereits bestehenden Wirtschaftsinitiativen durch gemeinsame Forschungsinstrumente.
- Ermittlung der beschäftigungs- und wirtschaftspolitisch wirksamsten Modelle.
- Unterstützung lokaler Behörden, die bereits Mittel für diese Projektlinie bereitgestellt haben.
- Veranstaltung von fünzehn Beratungsseminaren für lokale Frauengruppen, organisierte Skizzierung des Modells des Turiner Zentrums. Diese Seminare sind eine Form der gemeinsamen Beratung und Unterstützung bei der Durchführung von Projekten, die durch lokale Gruppen festgelegt wurden.

Ich selbst war unmittelbar beteiligt an folgenden Teilen des Projekts:

- Stärkung des Organisationsmodells des interkulturellen Zentrums, seiner Entwicklungsprozesse und der bereits bestehenden Wirtschaftsinitiativen durch gemeinsame Forschungsinstrumente.
- Ermittlung der beschäftigungs- und wirtschaftspolitisch wirksamsten Modelle.
- Prozessbegleitung (auf der Grundlage der Begleitforschung in Turin) bei der Schaffung von Verdienstmöglichkeiten zur Verbesserung der Lebensqualität (in diesem Stadium beteiligen sich die lokalen Gruppen der Regionen Toskana und Emilia-Romagna).

Mit Blick auf diese Aspekte prüfte das Projekt »Die Unternehmung, eine Frau zu sein« Fälle von Unternehmen, die aus Vereinigungen entstanden waren. Beteiligt waren sowohl Italienerinnen als auch Migrantinnen, wobei die Zielgruppe der Maßnahmen zur sozialen Eingliederung in erster Linie die Migrantinnen waren.

Die Untersuchungen konzentrieren sich auf folgende Fallstudien:

- Paladar, ein multiethnisches Restaurant, entstanden in der Vereinigung Nosotras in Florenz;
- Talea, eine Genossenschaft mit sozialem Auftrag, die psychisch Kranke unterstützt, Pflegeleistungen anbietet und übrigens auch ein türkisches Bad (ein so genanntes »Hammam«) betreibt.
- Almateatro, eine Theatergruppe, die (wie auch Talea) von der Vereinigung Almateatro und vom interkulturellen Zentrum Almamater in Turin geschaffen wurde.
- Diarie, ein Betrieb, in dem Frauenkleidung hergestellt wird, geschaffen durch Donne Insieme, eine Frauenvereinigung aus Arezzo.

Alle diese Experimentalprojekte haben besondere Merkmale und verdienen es, einzeln besprochen zu werden. Alle haben das Ziel erreicht, mit Gewinn zu wirtschaften und denjenigen, die das Projekt auf die Beine gestellt haben, einen Arbeitsplatz und soziale Anerkennung durch die Gemeinde zu geben. Im Folgenden möchte ich beispielhaft auf das Projekt »Almateatro«, ein Frauen-Theaterprojekt, eingehen.

Ein Beispiel: Das Frauen-Theaterprojekt »Almateatro«

Almateatro ist eine Theatergruppe, die nur aus Italienerinnen und Migrantinnen besteht. Offiziell gegründet wurde sie 1994. Almateatro ist ein Ableger von Almaterra, einer Vereinigung von italienischen und Migrantenfrauen, die wiederum zu Almamater gehört, einem interkulturellen Zentrum, dessen Ziel es ist, die kulturelle und wirtschaftliche Integration zwischen italienischen Frauen und Frauen aus Migrantenkreisen zu stärken. Wie bereits erwähnt, sind Almaterra und ihr interkulturelles Zentrum etwas Einzigartiges in Italien. Hier geht es nicht nur um eine ganze Reihe von Initiativen der kulturellen Integration, sondern auch um Gewinn bringende Arbeit für die Mitglieder der Vereinigung. Die Theatergruppe entstand 1992 aus Teilnehmerinnen eines Kurses über kulturelle Vermittlung, den das Zentrum organisiert hatte. Dabei waren zwei italienische Schauspielerinnen mit langjähriger Theatererfahrung, und es entwickelte sich eine Art Versuchslabor für nonverbale Kommunikation innerhalb des Ausbildungskurses. In den Jahren danach – es gab nun in der Stadt eine wachsende Anzahl von Frauen unterschiedlichster Nationalität – öffnete sich dieses Theaterlabor für alle Italienerinnen und Migrantinnen im Zentrum Almamater. Ziel des Theaterlabors war es, im Rahmen strukturierter Improvisationen zu beobachten, wie unterschiedliche Frauen kommunizieren – mit dem Körper, durch Gesten, mit der Stimme – und wie sie Ereignisse in ihrem Leben bewältigen, von der Trennung vom Heimatland bis hin zum Verlust der Bezugswerte. Erst später wurden traditionelle (mündliche und körperliche) Theatertechniken eingeführt. Dieses Versuchslabor hatte 1993, als das Zentrum Almamater eingeweiht wurde, seine erste öffentliche Aufführung, an der sich achtzehn Frauen aus zwölf Ländern beteiligten.

Diese Aufführung wurde so begeistert aufgenommen, dass sich einige Frauen mit der Vereinigung zusammensetzten und ein Theaterstück mit dem Titel »Righibé« verfassten. Zum ersten Mal aufgeführt wurde »Righibé« am 8. März 1994 und das war auch der erste Auftritt der Theatergruppe Almateatro. Die Aufführung hatte in Turin und bei den Frauenvereinigungen großen Erfolg. Seitdem wurden schon sechs Stücke aufgeführt (*Righibé, Un mondo di paura, Luna nera, Storie sommerse, 1492: percorsi, migrazioni e storie, Chador e altri Foulard*). Das gemeinsame Merkmal dieser Werke ist, dass sie sich mit der besonderen Lage der Frau befassen, mit Fragen des täglichen Lebens und mit kulturbedingten unterschiedlichen Interpretationen. Durch den gemeinsamen Austausch entsteht ein Bühnenerlebnis, das den Blick hinter die Grenzen individueller ethnisch-kultureller Identität erlaubt. *Righibé* analysiert die Bedeutung von Fortgehen, Wurzeln, Zugehörigkeit und die Rituale der Bewältigung von Schmerz und Arbeit bei Frauen aus Afrika, Italien, dem Maghreb, aus Südamerika und vom Balkan, die ihr Heimatland verlassen haben. *Un mondo di paura* untersucht Kindheitserinnerungen; Storie sommerse beschreibt Frauen, die ein Nomadenleben führen, was vor allem eine Öffnung für eine neue Realität bedeutet; *Luna Nera* handelt vom Mutter-Tochter-Verhältnis in verschiedenen Kulturen; *Chador* gilt dem Schleier, der den Körper der Frau versteckt, einengt oder schützt. Bei Almateatro macht man nicht nur Theater, sondern man forscht und experimentiert auch, betreibt Theaterlabors im Rahmen von Almamater und interkulturelle Labors in Vorschuleinrichtungen, Grundschulen, Gymnasien und Hochschulen sowie in Theaterbildungsinstituten. Ein Dutzend Frauen aus Somalia, Nigeria, Äthiopien, Ex-Jugoslawien, Kenia, Kolumbien, Peru, Marokko und Italien beteiligen sich an der Arbeit der Gruppe. Almateatro ist vom übrigen Zentrum unabhängig. Die beiden italienischen Frauen, die die Gruppe gegründet haben, managen alles: Organisation, Verwaltung, Promotion, Design. Eine andere Besonderheit von Almateatro ist, dass man bei der Organisation der Proben und Aufführungen bemüht ist, sie mit der Arbeit der Frauen und der Familien zu vereinbaren.

In den letzten Jahren gelang der Gruppe ein bemerkenswertes Wachstum, ausgedrückt in der Zahl der Aufführungen und des Gewinns. Der Umsatz stieg zwischen 1994 und 1999 um ca. sechzig Prozent und der Anteil an öffentlichen Mitteln sank von 63 Prozent auf achtzehn Prozent (1999). Auch die Zahl der hier beschäftigten Frauen hat zugenommen: 1994 arbeiteten hier nur wenige Frauen, und das mit befristeten Verträgen. 1999 waren es schon sieben Frauen in Teilzeitarbeit, davon vier Angehörige ethnischer Minderheiten. Der wichtigste Faktor für den Erfolg waren und sind innovative Konzepte und Inhalte. Die Arbeitszeiten wurden so gelegt, dass die Frauen Zeit dafür hatten, und es wurden neue Methoden, die den besonderen Nöten der Frauen entsprachen, ausprobiert. So fanden auch solche Frauen Zugang zum Theater, die unter anderen Umständen nie hätten kommen können. Das kulturelle Erbe dieser Frauen trug dazu bei, neue künstlerische Ausdrucksformen zu entwickeln, die auf der Betonung der Unterschiede beruhen. Aber auch andere Aspekte trugen zur Entwicklung von Almateatro bei, die seine Protagonistinnen gleichzeitig als Stärke und Schwäche empfanden. Das Nichtvorhandensein von Vorschriften und einer strengen Hierarchie, das typisch für freie Träger ist, war einerseits ein Vorteil für die Beteiligung, die Forschung, die Diskussion und insbesondere die Kreativität. Auch das Fehlen der sonst üblichen Markteinflüsse empfand man als angenehm. Andererseits war dies mit Problemen bei der Organisation, der Werbung und den Aufführungen im Rahmen des allgemeinen Theatersystems verbunden. Da jede Frau auch noch andere Verpflichtungen hatte, die bei der Zeitplanung zu berücksichtigen waren, erwies sich das Ganze als ein Experiment, das nur unter den Rahmenbedingungen einer Vereinigung überleben konnte. Die Vereinigung unterstützte dieses Experiment materiell und erkannte seinen politischen und kulturellen Wert an.

Die unterschiedlichen persönlichen Motive und Meinungen, aber auch die kulturellen Unterschiede sind häufig eine Quelle von Konflikten und Missverständnissen. Viele Frauen hielten es für notwendig, die Arbeit besser zu organisieren, die Rollen und Verantwortlichen klarer zu definieren. Trotz dieser Streitpunkte wurden über die künstlerischen Inhalte hinaus hervorragende Ergebnisse erreicht, insbesondere was die Schaffung von Verdienstmöglichkeiten und die Entwicklung beruflicher Kompetenz anbelangt. Einige Frauen arbeiten außerdem mit anderen Organisationen zusammen, die Theaterlabors in Schulen und Jugendzentren gründen und betreiben.

Der Erfolg der Gruppe ist auch der Tatsache zu verdanken, dass Italienerinnen mit Theatererfahrung dabei waren, die nicht nur das Konzept der Aufführungen entwarfen, sondern die Aufführungen auch organisierten und so die Gruppe durch den gesamten Prozess führten. Wie sich bei Befragungen gezeigt hat, ist es von größter Wichtigkeit, dass Einheimische an den Maßnahmen des Zentrums beteiligt sind und dies auf unterschiedlicher Ebene. Sie haben nicht nur die »Fachkompetenz des Profis«, sondern sie kennen das Umfeld, sind voll in den kulturellen, politischen und sozialen Kontext integriert, und sie haben die richtigen Beziehungen, ohne die es sehr schwierig ist, die notwendigen Mittel zusammenzubekommen, um künstlerisch zu arbeiten und die Ergebnisse dieser Arbeit sichtbar zu machen.

Die Entwicklung von Almateatro hing in sehr hohem Maße von der Sozial- und Kulturpolitik der lokalen Behörden ab, die die meisten Gelder für die Theaterarbeit im Allgemeinen und die interkulturelle Theaterarbeit im Besonderen bereitstellten. Aus einer ganzen Reihe von Gründen könnte Almateatro ein Symbol für den Kampf gegen soziale Ausgrenzung von Migrantinnen werden:

- Erstens wegen der politischen Botschaft, die es über das Theaterspiel vermittelt: Es ist wichtig zu wissen, welche Rolle die Frau in den verschiedenen Kulturen spielt und welche Rolle die verschiedenen Kulturen spielen;
- zweitens wegen seiner interkulturellen Aufklärungsarbeit – auch in den Schulen;
- drittens, weil es ein Ort der Begegnung und des Austauschs zwischen den Kulturen und Rassen ist und so zum Versuchsstand der multikulturellen Gesellschaft wird.

Resümee

Bei Almateatro und bei allen anderen Maßnahmen, die im Rahmen des Projekts untersucht wurden, handelte es sich um Initiativen im Rahmen des Dritten Sektors. Aus diesem Grunde wurde eine Forschungsarbeit im Rahmen des Programms »Drittes System und Beschäftigung« finanziert. Wenn man »Dritter Sektor« sagt, dann denkt man in der Regel an Wohlfahrtsorganisationen und Tätigkeiten in wirtschaftlichen Randnischen. Aber die Frauenvereinigungen, die an diesem Projekt beteiligt waren, haben es geschafft, ihren Mitgliedern einen echten wirtschaftlichen und kulturellen Status zu geben. Am besten geeignet für die Beschreibung der hier beschriebenen Maßnahmen ist der Begriff »Sozialunternehmen«, wenn man diesen Begriff so versteht, dass es sich dabei um »einen ganzen Prozess des Unternehmertums, der Organisation, der Schaffung und der Erhaltung sozialer Rahmenbedingungen, einen Prozess zum Aufbau einer Struktur des sozialen Austauschs in der Gesellschaft« handelt, d.h. einen Prozess der »materiellen Untersetzung von Bürgerrechten, der Übersetzung dieser Bürgerrechte in Wertschätzung des Einzelnen, der Schaffung der Voraussetzungen für gegenseitiges Vertrauen und für Selbstachtung« (De Leonardis, Mauri, Rotelli 1994). Diese Sozialunternehmen, zunächst entwickelt als Aktivitäten innerhalb einer Vereinigung, erhalten einen eigenen gesetzlichen Status, sobald eine Bewertung des potenziellen Marktes erfolgt ist und es für die Vereinigung aus steuerlichen Gründen nicht mehr sinnvoll ist, die kommerzielle Aktivität fortzusetzen.

Die Vereinigungen spielen die wichtige Rolle von »Inkubatoren für Unternehmen«. Denn erstens ist das »Produkt« des Unternehmens ein Abkömmling normaler Aktivitäten der Vereinigung, in diesem Falle Maßnahmen zur Förderung der interkulturellen Beziehungen, Integration der Rassen, Förderung von Migrantinnen. Beispiele sind »multiethnisches Kochen«, türkische Bäder, Theaterlabors und Vermittlung zwischen den Kulturen. Zweitens stellt die Vereinigung in der Regel Material und logistische Unterstützung bereit, ohne die die »neuen Unternehmen« wohl kaum überleben könnten. Häufige Beispiele sind die Bereitstellung von Räumen, die Übernahme der laufenden Kosten, die Bereitstellung von Ausrüstungen und Geräten. Und last but not least schenkt die Vereinigung diesen Unternehmen politische und kulturelle Anerkennung in einem Gebiet, in dem die Unternehmerinnen Fremde sind.

Wir haben im Rahmen unserer Projekte die Erfahrung gemacht, dass die Beziehung zwischen der Vereinigung und dem Unternehmen blieb verschwommen und widersprüchlich blieb. Die Vereinigung verhielt sich zum Unternehmen etwa wie eine Mutter, die ihre »Tochter« schützen und kontrollieren will. Für die Tochter war es schwer, sich zu emanzipieren. Manchmal war es so, dass die Vereinigung die strategisch-konzeptuelle Arbeit übernahm und das Unternehmen nur ausführendes Organ war. Dass sich Frauen aus der

Vereinigung in die Angelegenheiten des Unternehmens einmischen (meist Italienerinnen, während die Frauen aus dem Unternehmen meist Migrantinnen und mehr auf einen Verdienst angewiesen sind), war zunächst einmal normal, denn in den ersten Jahren brauchte das neue Unternehmen noch Begleitung. Aber oft war es so, dass die »Begleiterinnen« keine Ahnung davon hatten, wie man ein Unternehmen gründet und führt. Sie übernahmen übliche Management- und Organisationsmodelle, die sie aus dem Freiwilligenkontext kannten und passten sie an, aber diese waren nicht dazu geeignet, Gewinn zu erwirtschaften. Dies führte zu Konflikten zwischen den Frauen der Vereinigung und den Frauen im Unternehmen, die manchmal so weit gingen, dass sich die beiden Gruppen trennen wollten.

Die wichtigste Erkenntnis, die wir gewonnen haben, bestand darin, dass sich ein solches Projekt nur duplizieren lässt, wenn bestimmte Bedingungen gegeben sind: Die Vereinigung muss auf geteilten Werten basieren und sie darf nicht durch einen Top-down-Prozess zustande kommen. Die Mitglieder der Vereinigung müssen zudem stark motiviert sein, die Ziele der Organisation zu erreichen. Nur dann entsteht ein fruchtbarer Boden für die konstruktive Entwicklung von Gedanken und die Schaffung von Beziehungen. Dies sind wesentliche Grundbedingungen, damit ein Unternehmen von Migrantinnen mit wenigen Mitteln eine reale Überlebenschance hat.

Literatur

De Leonardis, Mauri, Rotelli: »L'impresa sociale« Anabasi, 1994

A.A.V.V. Ricerca-Azione: »L'impresa di essere donna – Origini di storie: l'esperienza del centro Alma Mater di Torino« a cura di Caludia Piccardo, 1999

ART LINK: The use of art by citizens of ethnic minority and immigrants to fight racism and social exclusion, European research project funded by DGV – 2000, Cooperativa Lai-Momo

V.Borghi, Terzo settore e legame sociale: logiche d'azione del non-rofit e forme di integrazione tra economia e società

Atti del Convegno: »Struggle against discrimination, urban regeneration and social economy: The role of socio-cultural centres in Europe« December 2000, COSPE

DEUTSCHLAND

■ **Luise Hartwig**

Zur Situation von Mädchen und jungen Frauen in Deutschland

Zusammenfassung: Der Überblicksbeitrag geht auf die Grundlagen des Sozial- und Jugendhilfesystems in Deutschland ein, um dann die Gruppe benachteiligter Mädchen näher zu charakterisieren. Exemplarisch werden Faktoren sozialer Benachteiligungen von Mädchen aufgezeigt, um sie an den Lebensplanungen aus der Sicht von Mädchen abzugleichen. Abschließend werden einige Reaktionen der Jugend- und Sozialpolitik sowie Strategien der Sozialen Arbeit gegen die Benachteiligung von Mädchen und jungen Frauen in Deutschland aufgeführt.

Grundlagen des Sozial- und Jugendhilfesystems in Deutschland

Das Sozialsystem: Soziale Marktwirtschaft, Rechtsstaat und Freiheit des Individuums kennzeichnen das Gesellschaftssystem. Dabei kommt der Sozialgesetzgebung im Zusammenhang mit benachteiligten Mädchen und jungen Frauen in Zeiten der europäischen Einigung und Erweiterung große Bedeutung zu. Diese bezieht sich zum einen auf das Sozialversicherungsprinzip, das vorrangig die Erwerbstätigkeit und die damit verbundenen Risiken absichert und entsprechend das Gesundheits- und Rentensystem, die Arbeitslosenversicherung, Mutterschutz etc. umfasst. Zum anderen bezieht sich die Sozialgesetzgebung auf soziale Sicherung und damit auf die Förderung der Bereiche Familie, Erziehung, Wohnen, Pflege und Versorgung. Hierzu gehört als großer Leistungsbereich die Sozialhilfe mit der Hilfe zum Lebensunterhalt und der Hilfe in besonderen Lebenslagen. Der Leistungsbereich, der besonders die Entwicklung und Erziehung von Kindern und Jugendlichen fördert, ist die Jugendhilfe.

Es gibt in der BRD drei große Sozialisationsinstanzen für Kinder und Jugendliche: Familie – Schule/Ausbildung – Jugendhilfe. Zu Familie und Schule haben wir alle ein Bild aus unserem Herkunftsland im Kopf. Deshalb geht es an dieser Stelle nur um die Jugendhilfe. Die Jugendhilfe besteht aus staatlichen und nichtstaatlichen Angeboten, Diensten und Einrichtungen zur Erziehung und Unterstützung von Kindern, Jugendlichen und Familien, sofern diese Angebote nicht in der Schule oder durch die Familie selbst erfolgen. Die Jugendhilfe reicht von Kleinkindbetreuung in Kindergarten und Hort über die Jugendarbeit und die Jugendberufshilfe bis hin zur Fremdplazierung in Heim und Wohngruppe. Sie ist als subsidiäre Sozialisationshilfe zu verstehen; d.h. Erziehung in der Familie und in der Schule haben Vorrang vor der Erziehung durch die Jugendhilfe. Die Angebote werden zum großen Teil durch Wohlfahrtsverbände organisiert und durchgeführt.

Die Arbeit unserer Arbeitsgemeinschaft »Mädchen und Frauen« der Internationalen Gesellschaft für Erzieherische Hilfen ist in einem dieser Wohlfahrtsverbände, dem Paritätischen, angesiedelt und gehört zur Jugendhilfe. Wie der Name schon vermuten lässt, beschäftigt sich unsere AG insbesondere mit der Situation und den Entwicklungschancen von Mädchen und jungen Frauen in der Jugendhilfe. Ansätze und Angebote der Jugendhilfe, die sich gezielt an Mädchen wenden, haben sich hier in Deutschland unter dem Begriff »Mädchenarbeit« etabliert.

Mädchen und junge Frauen, an die sich unsere Arbeit richtet, erhalten häufig Unterstützung und Angebote aus mehreren Leistungssystemen. So erhält zum Beispiel jedes achte Kind Sozialhilfe, was ein Ausdruck von Kinderarmut in einem reichen Land ist. Darüber hinaus erhält eine allein erziehende Mutter als Jugendhilfeleistung z.B. Sozialpädagogische Familienhilfe zur Unterstützung ihrer Erziehungsarbeit.

Ursprung der Mädchenarbeit in der Jugendhilfe sind die Frauenbewegung und die Frauenpolitik auf der einen Seite und die Jugendarbeit und Jugendpolitik auf der anderen. Die Arbeit mit Mädchen und jungen Frauen hat demgemäß zwei Wurzeln. Die feministische Soziale Arbeit hat zur Zeit wenig Konjunktur, dafür aber eine lange Geschichte. Unsere Arbeitsgemeinschaft der Internationalen Gesellschaft für Erzieherische Hilfen steht in dieser Tradition und beschäftigt sich mit der Benachteiligung von Mädchen, um mit der nachwachsenden Generation junger Frauen für mehr Gerechtigkeit zwischen den Geschlechtern in der Gesellschaft zu sorgen.

Wir begründen unseren Handlungsauftrag mit der strukturellen und individuellen Benachteiligung von Frauen. So sind Frauen in der Sozial- und Rentenversicherung schlechter gestellt; bei den Beziehern von Hilfe zum Lebensunterhalt hingegen sind sie überproportional vertreten. Die Maßnahmen der Jugendhilfe: Jugendarbeit, Erziehungshilfe und Jugendberufshilfe, um nur einige zentrale Bereiche zu nennen, haben als Zielgruppe Jugendliche, ohne Mädchen angemessen und explizit zu berücksichtigen. Uns geht es um die Schnittmenge: Mädchen als Jugendliche und Mädchen als Frauen.

Welche Maßnahmen bietet die Jugendhilfe in besonderer Weise für Mädchen? Es gibt wenig Geschlechterspezifizierung in Kindergarten, Hort und Schule; wenig Geschlechterspezifizierung in Jugendberufshilfe und Heimerziehung. Neue Projekte der letzten zwanzig Jahre sind Mädchenhäuser und Wohngruppen für Mädchen; Mädchencafés und offene Mädchenarbeit, Ausbildungsplätze eigens für Mädchen z.B. im IT-Bereich. Es gibt einen ersten Studiengang für Informatikerinnen; d.h. neben der Angleichung der Sozialisationsbedingungen von Mädchen und Jungen in Familie, Schule und Freizeit gibt es auch eine Differenzierung der Lebenslagen innerhalb eines Geschlechts. So hat die junge Migrantin z.B. viel schlechtere Chancen auf dem Arbeitsmarkt als ihre Nachbarin, die hier geboren ist. Ihre Lebensplanung und kulturelle Identität können sich grundlegend von denen ihrer Freundin unterscheiden. Mädchen ist eben nicht gleich Mädchen und Junge nicht gleich Junge. Das zeigt sich in der Bundesrepublik auch an den unterschiedlichen Lebensbedingungen in den alten und neuen Bundesländern.

Differenzierung der Lebenslagen Ost und West

Es zeigen sich zentrale Ungleichzeitigkeiten in der Entwicklung in den östlichen und westlichen Bundesländern von Deutschland. Der Fall der Mauer hat nicht den »Fall« sozialer Ungleichheit zur Folge gehabt und bislang auch nicht die Lebenslagen junger Frauen in Ost und West angeglichen. Die DDR-Modelle der Lebensplanung junger Frauen sind heute nicht mehr realisierbar, ebenso fehlen bislang entsprechend neue Äquivalente. Es gab eine Vereinbarkeit von Beruf und Familie für junge Frauen im Osten, sie war selbstverständlich. Nun ist die Kinderbetreuung zusammengebrochen und die jungen Frauen haben darüber hinaus keine Arbeit. Daraus resultiert eine tiefe Unzufriedenheit der Frauen im Osten bei gleichzeitiger hoher Erwerbsarbeitsmotivation.

In den neuen Bundesländern ist die Berufsorientierung nach wie vor hoch und auch der Wunsch nach Berufstätigkeit in der Kinderphase ist gegeben; die Realisierungschancen hingegen sind ziemlich aussichtslos. So sehen junge Frauen im Osten ihre beruflichen Chancen als schlecht an, sie haben generell düstere Zukunftsvisionen und blicken auch auf Europa distanziert bis besorgt. Im Westen ist der Wunsch junger Frauen nach Vereinbarkeit von Familie und Beruf, nach einem Aufbruch in den achtzier Jahren, eher erneut durch ein Nacheinander gekennzeichnet: Ausbildung – Kinder – beruflicher Wiedereinstieg (vgl. Deutsche Shell 2000). Mobilität und zeitliche Flexibilität als Voraussetzungen für beruflichen Aufstieg werden mit der Geburt des ersten Kindes zugunsten einer Familienorientierung aufgegeben. Zu fragen ist hier, inwieweit die schlechten strukturellen Voraussetzungen der Vereinbarkeit von Beruf und Familie, wie sie durch fehlende Ganztagsbetreuung in Kindergarten und Schule gegeben sind, bereits zu einer vorweggenommenen Einschränkung des

Handlungs- und Orientierungsrahmens der Mädchen und jungen Frauen führen.

Familienorientierung

Die Familienpolitik schlägt sich in der Jugendhilfe auch in der Ausrichtung der Hilfen an den Familien nieder. Die Hilfen erhalten die Eltern als Anspruchsberechtigte, nicht aber die Mädchen und jungen Frauen. Die Familienorientierung zeigt sich aber auch bei den Mädchen als ein deutliches geschlechtsspezifizierendes Merkmal. Gemeint ist damit: Mädchen und junge Frauen halten sich mehr in der Familie auf als Jungen, sie sind in ihren Beziehungen stärker auf ihre Herkunftsfamilie orientiert. Sie werden zur Mitwirkung im Haushalt herangezogen, betreuen jüngere Geschwister und setzten ihre sozialen und kommunikativen Kompetenzen in besonderer Weise für den Erhalt familialer Bezüge ein. Diese Kompetenzen der Mädchen verdecken häufig die massiven realen Problemlagen, die hinter diesen Familienorientierungen liegen. Insoweit sind Mädchen von Beziehungsstörungen auf der Erwachsenen-Ebene und auf der Eltern-Kind-Ebene in der Familie in besonderer Weise betroffen. Durch den Verbleib im familialen Raum sind Mädchen erheblich mehr von Problemen in der Familie betroffen und gleichzeitig stärker der familialen Kontrolle unterworfen. Diese bereits im 6. Jugendbericht benannte Problemanzeige wird durch die Jule-Studie aktuell bestätigt (BMFSFJ 1998). Zudem verdeckt die hohe Familienorientierung von Mädchen auch in Bezug auf eine eigene Familiengründung z.T. ihre ausdrückliche Berufsorientierung.

Was verstehen wir unter benachteiligten Mädchen?

Zunächst werden einige quantitative Aspekte zu der Situation von Mädchen und jungen Frauen dargestellt. Mädchen und junge Frauen im Alter zwischen zwölf und 27 Jahren können Leistungen nach dem KJHG nutzen. Sie sind insbesondere bei ambulanten Hilfen und Angeboten deutlich unterrepräsentiert und werden somit vom Staat in ihrer Entwicklung in diesem Bereich weniger gefördert.

Mädchen in der stationären Jugendhilfe sind mit 64.872 Mädchen (gegenüber 82.988 Jungen Bezug 1997) in Einrichtungen der Erziehungshilfe ebenfalls von der Anzahl geringer vertreten. Es sind hier Mädchen, die nicht mehr in ihrer Familie leben, weil ihre Eltern ihrem Erziehungsauftrag nicht nachkommen (können) oder ihn missbrauchen und das Wohl des Kindes gefährden. 31.400 Kinder und Jugendliche wurden 1999 wegen akuter Krisen in der Familie in Obhut genommen, Mädchen sind bei den Selbstmelderinnen und im

Jugendalter ab zwölf Jahren überproportional vertreten (Familienkonflikte). 72 Prozent der fremdplazierten Minderjährigen kommen direkt aus der Familie, was auf konflikthafte Beziehungsgestaltung in der Familie schließen lässt (Quelle: Statistisches Bundesamt).

In der BRD gibt es ca. 5000 »Straßenkinder«, davon sind die Hälfte Mädchen.

All diese Zahlen belegen einerseits ein Angleichen der Mädchen- und Jungenleben im Jugendalter, weisen aber auch auf verdeckte geschlechtsbezogene Verarbeitungsmuster hin. Mädchen kommen wegen familienbezogener Konflikte in Hilfen und beantragen diese selbst – Jungen fallen wegen Leistungsschwierigkeiten in der Schule oder deviantem Verhalten auf und werden dem Sozial- und Jugendhilfesystem vorgestellt.

In den nun folgenden Beispielen für »benachteiligte Lebenslagen« geht es um qualitative Aspekte der Ausgrenzung von Mädchen und jungen Frauen:

Junge Migrantinnen

Sie leben zwischen zwei und inmitten zweier Kulturen, haben einerseits hohe Anpassungsleistungen zu vollbringen und erleben andererseits eine Vielzahl von Beeinträchtigungen bei der beruflichen und sozialen Integration (dies gilt insbesondere auch für Flüchtlingskinder). Mit dem Argument der anderen kulturellen Orientierung werden ihnen vielfältige Sozialleistungen vorenthalten und zudem werden diese Leistungen nicht sorgfältig an ihre Lebenssituation angepasst. Eine große Studie über die Qualität der Erziehungshilfe kommt zu dem Ergebnis, dass insbesondere junge Ausländerinnen die Erziehungshilfen ohne erfolgreiche Beendigung der Maßnahme verlassen und somit schlechte Chancen für berufliche und gesellschaftliche Integration haben (BMFSFJ 1998).

Junge Frauen und ihre Kinder

Für jugendliche Mädchen aus sozial benachteiligten Milieus und in belasteten Familien hat der eigene Kinderwunsch eine besondere Bedeutung und Attraktivität:

- Endlich etwas Eigenes zu haben, worüber sie bestimmen können,
- die Chance mittels Kind an eine eigene Wohnung zu kommen,
- durch finanzielle Unterstützung vom Staat (Erstausstattung, Erziehungsgeld etc.) zunächst wirtschaftlich unabhängig zu sein,
- in der Rolle als Mutter erwachsen und anerkannt zu sein.

An diesen Wünschen vieler Mädchen ändern sexuelle Aufklärung und Verhütungsmittel, die Möglichkeit des ambulanten Schwangerschaftsabbruchs und mahnende Worte von Professionellen wenig. Die steigende Zahl gewünschter Schwangerschaften von Mädchen in Erziehungshilfen führt häufig zu einem Verlegen der jungen Frauen aus Regeleinrichtungen der Erziehungshilfe in Mutter-Kind-Heime (§ 19 KJHG). Das bedeutet für die Mädchen den Verlust ihres räumlichen und sozialen Bezugsfeldes und die Reduzierung des Mädchens auf seine Rolle als Mutter. Die Arbeitsweisen der Mutter-Kind-Heime sind noch häufig darauf ausgerichtet, aus den Mädchen »gute Mütter« zu machen und erwartete oder bereits eingetretene Defizite in der Versorgung und Erziehung der Kinder zu beheben. Diese Angebote werden häufig den Bedürfnissen der Mädchen und jungen Frauen nicht gerecht (vgl. Kluge 1994, S.4; BMJFFG 1990).

Mädchen in sozialen Brennpunkten

Sie erleben Benachteiligung durch das Wohnumfeld und eine schlechte soziale und ökonomische Infrastruktur und haben neben familialen Beeinträchtigungen auch mit einer schlechten existentiellen Grundversorgung auszukommen. Zudem ist die Regionalisierung des Sozial- und Jugendhilfesystems noch wenig entwickelt, so dass die Zugänglichkeit der Hilfen im sozialen Nahraum erschwert ist. Neue Konzepte der Sozialraumorientierung, d.h. der Wohnumfeldverbesserung und der Schaffung von Angeboten dort, wo der Bedarf entsteht, entwickeln sich erst langsam. Armut ist dabei ein zentraler Faktor für die Verbreitung klassischer, d.h. traditioneller Rollenfixierungen. In sozial belasteten Milieus scheint für Mädchen insoweit die eigene Familiengründung hohe Attraktivität zu besitzen, um einem Teil der Zwänge zu entkommen. Zum Teil können hier Teenagerschwangerschaften über Generationen zurückverfolgt werden.

Gewalt

Mädchen in benachteiligten Milieus und in gewaltbelasteten Familien leiden häufig an körperlichen, seelischen und psychischen Beeinträchtigungen. Sie sind in besonderer Weise gefährdet, wiederholt Opfer von Gewalt zu werden. Diese Situation geht häufig einher mit familialer Isolation. Töchter tragen hier eine Hauptlast der sozialen Verantwortung und häufig auch des Zusammenhalts der Familien. Familiale Gewalt ist eine zentrale Ursache für Problemlagen zur Indikation für Erziehungshilfen. Mädchen werden für die familialen Beziehungen 'ausgebeutet', indem ihnen zu viel Verantwortung übertragen wird, wenn z.B. auf der Elternebene schwerwiegende Konflikte vorherrschen und eine generative Rollendiffusion eintritt (Hartwig 1990). Diese Problembe-

schreibung gilt zunächst grundsätzlich für die Situation von Mädchen in der Familie, die durch ihre 'leisen Auffälligkeiten und Aktionsformen' seltener und später die Intervention der Fachbehörden herausfordern. Mädchen sind häufiger Opfer innerfamilialer Gewalt (jede siebte Frau im Alter zwischen achtzehn und 45 Jahren wird zumindest einmal Opfer sexueller Gewalt; 25 Prozent aller Gewaltverbrechen werden an Frauen durch ihre Partner, Bekannten oder ehemalige Liebhaber verübt).
Ausmaß und Folgen innerfamilialer Gewalt als Ursache abweichenden Verhaltens von Mädchen zeichnet die Lebensgeschichten vieler Mädchen. Sexuellen Missbrauch mit Körperkontakt haben 8,2 Prozent der Frauen vor ihrem sechzehnten Lebensjahr erlebt. 42 Prozent von ihnen haben noch nie mit jemandem darüber gesprochen. Ungefähr ein Zehntel der Frauen sind als Kind körperlich misshandelt worden, 8,9 Prozent haben häufiger elterliche Partnergewalt miterlebt (Wetzels 1997, S. 171). Die Indikation »Gewalt in der Familie« als vermuteter Sachverhalt ist bei 43,1 Prozent der Anträge auf stationäre erzieherische Hilfen Teil der Antragsbegründung. Bei jedem vierten untergebrachten Mädchen wird die Vermutung auf sexuellen Missbrauch benannt (BMFSFJ 1998, S. 27 u. 210). Grund genug, hier einen zentralen Handlungsauftrag für professionelle Fachkräfte zu formulieren.

Wo zeigt sich die Benachteiligung?

Politische und gesellschaftliche Partizipation ist bei Mädchen trotz Angleichung der Geschlechtsrollen deutlich eingeschränkt; trotz UN-Kinderrechtskonvention und deren Ratifizierung durch die BRD sind sie am gesellschaftlichen Leben weniger beteiligt und werden bei Projekten zur politischen Partizipation selten angesprochen,

- sie werden mehr zur Mithilfe in Haushalt und Familie herangezogen als Jungen,
- für sie wird weniger Geld ausgegeben (Spielsachen, Freizeitgestaltung, Fahrzeuge),
- sie machen qualifiziertere Schulabschlüsse in allgemeinbildenden Schulen, haben aber einen viel schlechteren beruflichen Einstieg; Ausbildungsplätze mit geringerem Qualifikationsprofil (achtzig Prozent in 25 typischen Frauenberufen; im IT-Bereich sind sie deutlich unterrepräsentiert).

Die Geschlechtsrollen von Mädchen und Jungen gleichen sich insbesondere im Jugendalter immer mehr an, ohne dass sich die realen Chancen auf Realisierung der Lebenspläne von Mädchen und Jungen angleichen. Bourdieu spricht im Zusammenhang mit der Individualisierungsthese von der »biografischen Illusion«, die durch den Glauben an Machbarkeit und Steuerbarkeit des eigenen Lebenslaufs entstehe.

Das Mädchenbild zu Beginn des neuen Jahrtausends spiegelt die selbstbewussten, sexy Mädchen, die alles cool finden, grundsätzlich gut drauf sind und ihr Leben in die Hand nehmen (müssen). Diese starken Mädchen symbolisieren den Abschied von den klagenden Müttern, die von der Last emanzipatorischer Bemühungen geprägt sind. Das neue Mädchenbild, das auch durch Musikgruppen wie 'Spice Girls' oder 'No Angels' geprägt wird, suggeriert all jenen ein individuelles Versagen, die sich nicht auf der Gewinnerinnenseite des Lebens fühlen. Gesellschaftliche Schieflagen werden individualisiert (Stauber 1999).

Frauen leisten die Reproduktionsarbeit; d.h. sofern sie selber vollzeiterwerbstätig sind, organisieren sie Omas, Freundinnen und Haushaltshilfen, um die Reproduktionsarbeit zu organisieren; der Anteil der Männer an Reproduktionstätigkeit ist unabhängig von der Erwerbstätigkeit der Frauen auf gleichem niedrigem Niveau; das bedeutet auch, dass Frauen dem Arbeitsmarkt faktisch nur eingeschränkter zu Verfügung stehen können als Männer. Die »Arbeit des Alltags« wird unter Frauen und nur dort aufgeteilt (Rerrich 1999). Das hat weitreichende Konsequenzen für die Beziehung der Geschlechter zueinander, im privaten wie im beruflichen Sektor.

Frauen unterliegen zudem einem erhöhten Armutsrisiko: Kinderreichtum ist das größte Armutsrisiko, insbesondere nach Trennung und Scheidung haben Frauen keine eigenständige Existenzsicherung; es gibt kaum Ganztagsschulen und wenig Hortbetreuung, d.h. die Vereinbarkeit von Familie und Beruf ist mit vielfältigen Erschwernissen für Frauen verbunden. Ehe und Familie wirken sich für Männer berufsfördernd, für Frauen berufshindernd aus. Der geschlechtssegmentierte Arbeitsmarkt zeigt Frauen als Beschäftigungsverliererinnen. Dies gilt insbesondere für die neuen Bundesländer.

Lebenslagen und Lebensplanung aus der Sicht von Mädchen

Mädchen bezeichnen sich als gleichberechtigt: Mädchen formulieren einen deutlichen Anspruch auf Gleichheit, räumen aber Schwierigkeiten bei der Umsetzung ein. Oechsle (2000, S. 49) spricht von einem »Ungleichheitstabu«, d.h. die Mädchen selber wünschen real existierende Ungleichheit zu ignorieren. Auf die eigene Person bezogen wird Ungleichheit als individuelles Versagen attestiert und nicht auf strukturelle Diskriminierung zurückgeführt.

Mädchen distanzieren sich aktuell vom Feminismus. Sie wünschen keine Sonderbehandlung durch Geschlechtertrennung z.B. in der Schule, weil sie diese als Diskriminierung empfinden. In ihrer Lebensplanung wünschen sie, die drei Lebensbereiche Familie, Kinder und Beruf zu vereinbaren. Sie haben z.T. erhebliche illusionäre Subjektpositionierungen, was auch der Lebensphase Jugend geschuldet ist.

Lebensplanung von Mädchen und ihre Realisierungschancen liegen weit auseinander: Jede dritte Frau bleibt ohne Kinder, jede 2,5. Ehe wird geschieden, nur fünf Prozent der Frauen mit Kleinkindern (bis sechs Jahren) sind vollzeiterwerbstätig und haben somit ein existenzsicherndes eigenes Einkommen etc. Insbesondere ausländische Mädchen haben Probleme bei der Berufsintegration und sind auf die traditionellen Frauenberufe verwiesen (Hauswirtschaft, Schneiderei, Friseurin).

Mädchen sind sozial engagiert, interessieren sich für Umweltschutz und Tiere, gehen spazieren und machen Einkaufsbummel. Jungen hingegen interessieren sich für Technik, Politik und Computerspiele, Internet, Sport und Vereinsleben (vgl. Deutsche Shell 2000, S. 21). An der unterschiedlichen Gewichtung der Interessen je nach Geschlecht werden verschiedene Ausgangslagen für beruflichen Erfolg nur zu deutlich. Es besteht allerdings eine Angleichung der Geschlechter in Bezug auf die Gewichtung von Idealen für die Lebensplanung bei bestehender Ungleichheit in Bezug auf die Realisierungschancen. Gleichheitsanspruch und Ungleichheitserfahrungen stehen unvermittelt nebeneinander und werden individualisiert. Hering (2000) spricht von den »Individualisierungsverliererinnen«.

Reaktionen auf das andere Geschlecht: Mädchen meinen, dass Jungen einfach dazu gehören, aber auch, dass Jungen albern sind und stören. Jungen dürfen sich mehr für sich herausnehmen. Alles Wichtige besprechen Mädchen lieber mit der besten Freundin. Mädchen werden in Bezug auf Ausgangszeiten und Kontakte zum anderen Geschlecht stärker kontrolliert und eingeschränkt als Jungen. Damit sollen sie vor sexuellen Übergriffen geschützt werden. Dieser Schutzgedanke schützt sie nicht wirklich, da der soziale Nahraum für sie die zentrale Gefahrenquelle darstellt und schränkt sie zudem in ihrer Entfaltungsfreiheit ein.

Zum aktuellen Stand von Mädchenarbeit in der Erziehungshilfe

Erziehungshilfen dienen der Unterstützung und Begleitung von Kindern, Jugendlichen und Familien in Krisenzeiten und bei speziellen Problemlagen. Insoweit sollten sie in besonderer Weise auch auf die Lebenswelt von Mädchen rekurrieren und hier die geschlechtsbezogenen Problemlagen in den Blick nehmen. Mädchenpädagogik in der Erziehungshilfe spielt im Fachdiskurs der neunziger Jahre eine untergeordnete Rolle. Eine Ausnahme bildet die Arbeit unserer Fachgruppe »Mädchen und Frauen«. Sie forderte 1994 in ihrem Positionspapier zur Mädchenarbeit die Einbeziehung gesellschaftlicher Benachteiligungen und daraus resultierender Problem- und Bedürfnislagen von Mädchen (IGfH-Fachgruppe Frauen und Mädchen 1994). Ferner stellt sie auf die Klärung des Hilfebedarfs, die Gestaltung eines Hilfenetzes sowie die Verknüpfung und strukturelle Verankerung verschiedener koedukativer und geschlechtshomogener Arbeitsansätze ab. Gemessen an diesen Positionen ist zu konstatieren, dass eine breite fachliche und strukturelle Umsetzung von Mädchenarbeit in der Erziehungshilfe bislang nicht stattgefunden hat (vgl. Retza 1994). Mädchenarbeit in der Erziehungshilfe führt eher ein Nischendasein. Ganz überwiegend wird sie in geschlechtshomogenen Angeboten realisiert, die sich auf spezielle Problemlagen beziehen.

Wie reagieren Sozialpolitik und Kinder- und Jugendhilfe?

Es existieren Sonderprogramme zur Frauenförderung und Mädchenförderung in den Bereichen Freizeit, berufliche Integration, Vereinbarkeit von Beruf und Familie, Hilfen für Alleinerziehende und Schutz vor Gewalt (78 Prozent der Frauen und 44 Prozent der Männer sehen in Bezug auf Gleichstellung einen erheblichen Handlungsbedarf).

Alle Programme zielen auf den Abbau von Diskriminierung und die Herstellung von Chancengerechtigkeit. Der Maßstab für die Förderung ist das Modell der männlichen Erwerbsbiografie: es geht um die Kompensation weiblicher Defizite. Diese Defizite sind auch die Voraussetzung für die Förderungswürdigkeit, es existiert kein Modell der Geschlechterdemokratie im Hinblick auf die Gleichverteilung aller gesellschaftlich notwendigen Arbeit (Produktion und Reproduktion) auf beide Geschlechter. (72 Prozent der Frauen und 49 Prozent der Männer halten eine spezielle Frauenpolitik, die von Frauen gemacht wird, für sinnvoll (vgl. PI BMFSFJ vom 27.7.2000). Eine Ausnahme bildet die neue Kampagne der Bundesfamilienministerin Bergmann, mehr Männer in den Erziehungsurlaub zu »locken«. Sie zielt auf eine neue Rollenverteilung in den Familien, ebenso wie auf dem Arbeitsmarkt, indem Arbeitgeber zukünftig auch mit einem Ausfall von Männern aufgrund von Familienarbeit zu rechnen haben sollen. Heute führt die von Frauen gewünschte Teilzeitarbeit häufig in die berufliche Sackgasse.

Es besteht ebenso kein Modell der Gewaltfreiheit zwischen den Geschlechtern und insbesondere nicht im familialen Nahraum. Gender Mainstreaming, die neue Frauenpolitik aus Brüssel, die die Untersuchung und Bewertung aller politischen Vorhaben in Bezug auf die Auswirkungen auf beide Geschlechter einfordert, ist in der Praxis der Lebensgestaltung von Frauen und Mädchen noch nicht angekommen. Die Intention des Gender Mainstreaming, politische Organisationen, Kommunalverwaltungen und Wohlfahrtsverbände für eine Beschäftigung mit dem Geschlechterverhältnis in ihrem eigenen Handeln zu gewinnen, ist von der Idee her bestechend, was die praktische Umsetzung angeht, rudimentär.

Was sind unsere Strategien in der Sozialen Arbeit?

Einige Aspekte zur Realisierung von mehr Chancengerechtigkeit für Mädchen:

- Zunächst geht es um neue Leitbilder und alternative Erfahrungsräume für Mädchen.
- Öffentlichkeitsarbeit, Prävention und Intervention in Bezug auf sexuelle Gewalt.
- Pädagogik der Vielfalt in Bezug auf die Geschlechter, die soziale Klasse, die Ethnie.
- Eine Parteilichkeit mit den eingeschränkten Lebenslagen von Mädchen und Frauen zur Unterstützung ihrer Selbstbestimmung.
- Autonome Existenzsicherung für Mädchen und junge Frauen, die nicht an männliche Lebenspartner gebunden ist (z.B. Ehegattensplitting).
- Schutz vor Gewalt.
- Lebensplanung mit Mädchen und Frauen als eigenständigen Arbeitsbereich.
- Mädchenpolitische Bündnisse schaffen (z.B. Mädchenbeauftragte in den Kommunen, Landesarbeitsgemeinschaften, Bundesarbeitsgemeinschaft).
- Umsetzung von Gender Mainstreaming in allen Bereichen Sozialer Arbeit.

Literatur

Birtsch, Vera/Hartwig, Luise/Retza, Burglinde (Hg.) 1990: Mädchenwelten – Mädchenpädagogik. Perspektiven zur Mädchenarbeit in der Jugendhilfe. Frankfurt a.M.

BMFSFJ (Hg.) 1998: (Bundesministerium für Familie, Senioren, Frauen und Jugend) Leistungen und Grenzen von Heimerziehung. Stuttgart

Brown, Lyn/Gilligan, Carol 1994: Die verlorene Stimme. Wendepunkte in der Entwicklung von Mädchen und Frauen. Frankfurt a.M., New York

Deutsche Shell (Hg.) 2000: Jugend 2000. Opladen

Gruber, Christine, Fröschl, Elfriede (Hg.) 2001: Gender-Aspekte in der Sozialen Arbeit. Wien

Hartwig, Luise 1990: Sexuelle Gewalterfahrungen von Mädchen. Konfliktlagen und Konzepte Mädchenorientierter Heimerziehung. Weinheim

Hartwig, Luise/Kriener, Martina 1997: Mädchen in der Erziehungs- und Jugendhilfe – Feministische Analysen und Ansätze in der Praxis. In: Friebertshäuser, Barbara/Jakob, Gisela/ Klees-Möller, Renate (Hg.) Sozialpädagogik im Blick der Frauenforschung. Weinheim, S. 195-209

Hering, Sabine 2000: Einwürfe. Modernisierungsprozesse weiblicher Lebenslagen. Berlin (SPI)

IGfH-Fachgruppe Frauen und Mädchen 1994: Positionen zur Mädchenarbeit in den Erziehungshilfen. In: Materialien zur Heimerziehung, Nr. 4, S. 8-9

Kluge, Christiane 1994: Junge Frauen und ihre Kinder in der Erziehungshilfe. Zwischen Alltäglichkeit und Problemlage. In: Betrifft Mädchen Nr. 1 S.3-7

Oechsle, Mechthild 2000: Einwürfe. Gleichheit mit Hindernissen. Berlin (SPI)

Rerrich, Maria 1999: Zwischen Lohn und Liebe. Frauen und neue Ungleichheiten in den Geschlechterverhältnissen. Köln

Retza, Burglinde 1994: »Kinder und Jugendliche« sind Mädchen und Jungen. Die Jugendhilfe entdeckt die Geschlechter. In: Materialien zur Heimerziehung H. 4 S.1:

Stauber, Barbara 1999: Starke Mädchen – kein Problem? In: Beiträge zur feministischen Theorie und Praxis 22. Jg. Heft 51 S. 53-65

Wetzels, Peter 1997: Gewalterfahrungen in der Kindheit. Sexueller Mißbrauch, körperliche Mißhandlung und deren langfristige Konsequenzen. Baden-Baden

■ Astrid Wabra

Mädchenzentrum Erfurt – ein Projekt Integrierter Hilfen

Zusammenfassung: Der Projektbericht schildert die Entstehungsgeschichte des ersten Mädchenzentrums in den neuen Bundesländern, das seit seinen Anfängen einen integrativen Ansatz in der Arbeit mit und für Mädchen und junge Frauen verfolgt. Die Arbeitsschwerpunkte und der Arbeitsamsatz des Zentrums werden dargestellt und anhand anschaulicher Szenarien wird der Alltag im Mädchenzentrum vor und hinter der Tür sowie an der Türschwelle geschildert. Deutlich wird, was es in der Mädchenarbeit konkret heißt, die Türe für den Stadtteil zu öffnen.

Zur Entstehung des Mädchenzentrums

Der gemeinnützige Verein Mädchenprojekt Erfurt e.V. wurde im Jahr 1991 von engagierten Frauen gegründet. Der Arbeitsansatz war damals stark von der bundesweiten Diskussion um Mädchenhauskonzepte beeinflusst. Die autonomen Mädchenprojekte wollten parteiliche und ganzheitliche Unterstützung von Mädchen und jungen Frauen leisten, die an den Bedürfnissen der Adressatinnen orientiert sind, niedrigschwellige Übergänge in alle Richtungen ermöglichen und nicht von unterschiedlicher Förderpraxis segmentiert werden.

Bereits seit 1985 wurden in der Mädchenarbeit – ausgehend von der Frauenbewegung – Konzeptionen erarbeitet, die eine nötige Verknüpfung von verschiedenen Bausteinen, wie dem offenen Treff, der Beratung, von Selbsthilfegruppen, einer Zufluchtswohnung, Wohngruppen und Kontakt- und Informationsstellen beinhalteten. Unsere Arbeit begann 1992 mit dem ersten Mädchenzentrum in den neuen Bundesländern und dem Zuschlag als Bundesmodellprojekt für drei Jahre. Ausgehend von einem Mädchentreff mit integriertem Beratungsangebot entstand kurz darauf eine regelfinanzierte Inobhutnahme-Einrichtung für Mädchen, zwei Jahre später die Mädchenwohngruppe »Towanda«, kurz danach ein zweites, Rund-um-die-Uhr betreutes Wohnprojekt und 1998 das Angebot flexibler erzieherischer Hilfen.

In Deutschland wird gegenwärtig stark darauf fokussiert, die Übergänge zwischen den Hilfen zur Erziehung durchlässig zu gestalten, den Willen der AdressatInnen mehr einzubeziehen, Beziehungsabbrüche zu vermeiden und damit die Wirksamkeit der Hilfen zu erhöhen. Wenig diskutiert werden Übergänge zwischen anderen Bereichen der Jugendhilfe und den Hilfen zur Erziehung und das Beziehungsgefüge zu Bereichen, wie z.B. Sozialhilfe, Schule oder Gesundheitswesen. Spätestens im Hinblick auf Prävention im Bereich der Hilfen zur Erziehung, d.h. den Fragen, wie man Problemlagen frühzeitig erkennen und mit geeigneten Maßnahmen möglicherweise verhindern kann, werden Vernetzungsbezüge relevant.

Aus diesem Grund wird der Fokus dieses Beitrags auf ein Projekt gelegt, in dem Hilfen zur Erziehung (als Pflichtleistung der Kommunen) eng vernetzt sind mit Angeboten der offenen Jugendarbeit und der Jugendsozialarbeit (so genannte freiwillige Leistungen). Unser Angebot ist sozialraumbezogen, wobei wir uns nicht starr an Verwaltungsbezirke halten, sondern der Definitionslogik unserer Klientinnen folgen. Die Mitarbeiterinnen im Mädchenzentrum Erfurt e.V. bieten Leistungen in folgenden Bereichen an:

Mädchenzentrum Erfurt e.V.

Mädchentreff	**Angebote zur Unterstützung der Erziehung in der Familie**	**Sozialpädagogischer Dienst**
§§ 11, 13 SGB VIII	§ 16 SGB VIII	§§ 27 ff. SGB VIII
• offener Treff • Projekte • Beratung	• Information • Beratung • Angebote • Projekte	• flexible/ambulante Hilfen • Einzelfallhilfe • Gruppenangebote
Gemeinwesenorientierte Angebote		

Neben diesen Angeboten arbeitet das Mädchenzentrum eng vernetzt mit der Mädchenzuflucht als Inobhutnahme-Einrichtung und dem betreuten Mädchenwohnen zusammen.

Unsere Arbeitsansätze im Mädchenzentrum und Szenarien aus unserer alltäglichen Arbeit mit Mädchen

Das Mädchenzentrum besteht aus dem Cafe als *offenem* Treff (sowohl selbstverwaltet als auch pädagogisch betreut), der Angebotsarbeit, aus Projekten, der Arbeit mit kontinuierlichen Mädchengruppen, der Arbeit mit Ehrenamtlichen und der Einzelberatung.

Schwerpunkt der Arbeit des *sozialpädagogischen Dienstes* ist die Betreuung und Unterstützung von Mädchen mit ihren Familien oder Bezugspersonen und von jungen volljährigen Frauen. Das Angebot setzt Freiwilligkeit voraus. Grundsätzlich gibt es keine Ausschlusskriterien. Grenzen werden lediglich gesetzt, wenn die Adressatinnen nicht den Wunsch haben, ihre Lebenssituation zu verändern.

Der offene Treff hat in unserem Leistungsverbund seit jeher eine *Schlüsselfunktion*: Mädchen verbringen hier ihre Freizeit, nehmen Angebote wahr oder beteiligen sich an *Projekten*. Auch *Beratungs*wünsche werden an die Pädagoginnen herangetragen. Zum Teil erfolgt über den offenen Treff die *Vermittlung* in die Zuflucht oder die Kontaktaufnahme zum Allgemeinen Sozialen Dienst. Der offene Mädchentreff ist täglich von dreizehn bis neunzehn Uhr geöffnet. Unsere Besucherinnen sind im Alter von sieben bis 27 Jahren. Täglich kommen – je nach Jahreszeit – dreißig bis vierzig Mädchen und junge Frauen.

Wir arbeiten sowohl sozialraumorientiert, als auch stadtteilübergreifend, z.B. stammen unsere jüngeren Besucherinnen (sieben bis zwölf Jahre) überwiegend aus dem Sozialraum, während ältere Mädchen eher Fahrtzeiten in Kauf nehmen, um ihre Clique/ Freundinnen zu treffen oder ein Angebot, dass sie interessiert, zu nutzen.

Zu Angeboten und Workshops im Kreativbereich, zu Bildungsveranstaltungen und zu Gruppenveranstaltungen und Angeboten für spezielle Zielgruppen (z.B. für lesbische Mädchen, junge Mütter, afro-deutsche Mädchen oder Aussiedlerinnen aus den GUS-Staaten) besuchen uns Mädchen aus dem gesamten Stadtgebiet, teilweise auch aus den umliegenden Ortschaften. Zugleich sind wir auch Anlaufstelle für junge Volljährige, insbesondere in Krisensituationen.

Offenes Angebot/Arbeit mit Mädchengruppen

Die Angebote der offenen Tür sind niedrigschwellig, sie orientieren sich an den alltäglichen Bedingungen und den Bedürfnissen der Mädchen, ermöglichen Selbstorganisation und gehen stark auf die Bedürfnisse der Mädchen nach unverregelten Freiräumen ein. Hier ist »Abhängen« genauso möglich, wie die Nutzung von Angeboten. Dabei möchten wir sowohl Reibungsfläche sein und zur Auseinandersetzung anregen als auch verlässliche Orientierung geben.

- *Frei- und Entfaltungsräume* anzubieten bedeutet: Räume so zu gestalten, dass sie grundsätzlich von allen Mädchen und jungen Frauen genutzt werden können, Grundbedürfnisse zu erkennen und zu befriedigen, Gestaltungsfreiheit einzuräumen, Möglichkeiten zu eröffnen, Selbstorganisation zu üben;

- *Reibungsfläche zu bieten bedeutet*: einen persönlichen (fachlichen) Standpunkt zu vertreten, sich in Aushandlungsprozesse zu begeben, um Konfliktfähigkeit und Auseinandersetzung zu trainieren, Formen demokratischer Mitbestimmung einzuüben und Verantwortungsbewusstsein zu entwickeln;
- *Verlässlichkeit und Orientierung zu geben bedeutet*: Kontinuität zu gewährleisten, alltagsorientierte Hilfen anzubieten, unterstützende Kontakte zu bieten oder zu organisieren, Konfliktbewältigungsmuster aufzuzeigen, Ressourcen zu entdecken und Selbstbewusstsein zu entwickeln.

Ein Ziel ist es auch, gemeinsam mit Mädchen und jungen Frauen bedarfsgerechte Freizeit-, Bildungs- und Sportangebote für Mädchen und junge Frauen aufzubauen und zu gestalten. Wir möchten in den von Frauen selbst verantworteten Räumen, nach selbstbestimmten Regeln, Gemeinschaft von Mädchen bzw. Frauen bieten, das Gefühl von Geborgenheit und Wertschätzung vermitteln, Kompetenzen, Eigenverantwortung und Toleranz entwickeln.

Die Mädchengruppen sind Orte der Begegnung und Unterstützung, Foren der Auseinandersetzung mit Sinn- und Wertfragen, Räume der Begegnung, sie bieten Gemeinschaft und Geselligkeit. Sie dienen als Experimentierfelder, sind Orte der Thematisierung von Lebensperspektiven und der Identitätsentwicklung.

Neben verschiedenen inhaltlich arbeitenden kontinuierlichen Mädchengruppen (z.B. Trommelauftrittsgruppe, Tanzgruppe) gibt es eine Reihe informeller Gruppen und Cliquen ohne kontinuierliche inhaltliche Ausrichtung. Wir beziehen alle Gruppen bei Angelegenheiten, die das Haus betreffen, mit ein. So gibt es für alle Besucherinnen die »Mädchenkonferenz«. Ursprünglich als Konfliktregulativ entstanden, hat diese ihre Funktion weit ausgedehnt. Hier werden gemeinsame Unternehmungen vorbereitet, an der Hausordnung gefeilt, Konflikte bearbeitet, neue Regeln und Verantwortungen diskutiert. Die Mädchen begrüßen es, Einfluss auf die Prozesse im Haus auszuüben, sie fühlen sich wahr- und ernst genommen. Durch die gemeinsame Bearbeitung und Klärung von Konflikten der Mädchen untereinander oder von Regelverstößen im Mädchenzentrum vermittelten wir Modelle des Miteinanders und der Konfliktlösung. Durch die kontinuierliche Arbeit in diesem Gremium ist es gelungen, im Haus z.B. Akzeptanz für andere Cliquen, andere Kulturen und für scheinbare Außenseiterinnen zu schaffen. Besonderer Schwerpunkt ist derzeit die Integration von Mädchen und jungen Frauen mit Migrationshintergrund und die Arbeit mit lernbehinderten Mädchen. Im Ergebnis der Mädchenbesprechungen haben auf Wunsch der Mädchen auch gemeinsame Gruppenunternehmungen an Bedeutung gewonnen. Somit führen wir verstärkt Angebote wie Kinobesuch, Filmbesprechungen, gemeinsame Ausflüge, Schlittschuhlaufen, Volleyballspiele, Discos und kleinere Feiern wie Karaoke-Party und »Ladiesnight« durch. Diese Form des Miteinanders führte zu intensiven Kontakten der Mädchen untereinander und auch zwischen Mitarbeiterinnen und Mädchen, die das Vertrauensverhältnis stabilisieren und z.T.

Konfliktklärung und Unterstützung im persönlichen Bereich ermöglichen. An der Diskussion beteiligen sich meist nicht alle Mädchen gleichermaßen. Die eigene Meinung zu vertreten, die vielleicht noch anders ist, als die der besten Freundin, will geübt sein. Die Diskussion in der Mädchenkonferenz wird – je nach Interesse am Thema – meist von der reichlichen Hälfte oder zwei Dritteln der anwesenden Mädchen geführt, die anderen hören erst mal zu und unterstützen nonverbal die eine oder andere Seite.

Eine weitere Möglichkeit, Mädchen noch stärker in thematische und aufeinander aufbauende Projekte einzubeziehen, sind gemeinsame Fahrten mit erlebnispädagogischen Aktivitäten, wie dem Mädchenklettertag, Rad-und Paddeltouren und Hüttenfahrten. Durch sozial verträgliche Preise gelang es uns bisher immer, eine große Anzahl von Mädchen aus sozial benachteiligten Familien mitzunehmen, unter anderem auch immer Mädchen aus dem Bereich der erzieherischen Hilfen. Das während dieser Reisen stabile Gruppengefüge bietet gute Möglichkeiten zur Bearbeitung wichtiger inhaltlicher Themen. Soziale Gruppenarbeit wird hier nicht gesondert anberaumt für eine spezifische Gruppe, bei der sich Problemlagen konzentrieren, sondern wir setzen auf Integration: Unsere Gruppen sind offen nach außen, hier passiert soziales Lernen und neben geplanten pädagogischen Interventionen werden die Potentiale der Gruppen wirksam. Wir behalten die Gruppe im Blickwinkel, sind bei Bedarf zur Stelle und geben die nötigen Impulse.

Förderung des ehrenamtlichen Engagements

Die Förderung des Ehrenamtes von Mädchen und jungen Frauen hat das Ziel, zur Selbstorganisation anzuregen und andere Mädchen und junge Frauen zu unterstützen. Wir möchten unseren Ehrenamtlichen attraktive Betätigungsfelder bieten. Dazu schaffen wir Anreize, sprechen Vertrauen aus, organisieren Förderung, bieten Beständigkeit und Verbindlichkeit. Mädchen und junge Frauen, die uns im Ehrenamt unterstützen, sind im Regelfall lange Zeit zu uns gekommen, »kennen sich aus« und fühlen sich heimisch. Sie haben oft eine enge Beziehung zu mindestens einer Mitarbeiterin und kommen aus unterschiedlichen sozialen und kulturellen Schichten. Vielleicht nehmen sie selbst noch ein Beratungsangebot wahr und sind bei einer Fahrt als Ehrenamtliche dabei. Sie übernehmen kleinere und ganz komplexe Aufgaben, je nach Fähigkeit und Zeit. Sie distanzieren sich damit von ihrer eigenen Mädchenzeit im Haus und knüpfen den Kontakt zu Mitarbeiterinnen und Mädchen auf einer anderen Ebene neu. Sie setzten sich mit ihrer eigenen Zeit als Mädchen im Treff auseinander, reflektieren und halten Rückschau auf ihre eigene Geschichte und lösen sich so ab.

Beratung als Querschnittsaufgabe

Darunter verstehen wir, dass Mädchen im Bedarfsfall unbürokratisch unterstützt werden sollen und können. Darum sind Beratungsangebote im offenen Treff als Möglichkeit sichtbar und garantieren den niedrigschwelligen Zugang, dominieren aber Freizeitfreiräume nicht. In der Form des Beratungsangebotes wird ausgesteuert zwischen situativer und flexibler bzw. strukturierter Form. Mädchen fordern Unterstützung dort ein, wo sie verortet sind. Mitunter nehmen sie mehrere Anläufe, lassen nebenbei einen Satz fallen. Manchmal können sie nicht warten. Explizit ausgewiesene Beratungsstellen haben darum für viele, besonders jüngere Mädchen und Mädchen aus Haupt- und Förderschulen, eine zu große Zugangshürde und werden nicht als mögliche Hilfeinstanz einbezogen.

In einer Zeit, in der auch für Mädchen alles möglich scheint, werden persönliche Schwierigkeiten von ihnen als individuelles Versagen und somit als persönliche Schwäche erlebt. Mädchen warten oft lange, bevor sie sich Unterstützung holen. Oftmals berichten sie auch, dass sie sich bereits in der Vergangenheit mit ihren Problemen an jemanden gewendet haben, es dann aber »doch noch einmal (zu Hause etc.) probiert« haben. So kommt es, dass viele ältere Mädchen, insbesondere auch junge Volljährige, scheinbar plötzlich vor vielschichtigen und multikausalen Problemlagen stehen.

Mädchenfreundschaften und Mädchencliquen dienen vielfach als Auffangnetz in Not- und Krisensituationen oder wirken präventiv. Wir beziehen dieses Wissen ein und versuchen Mädchennetze als zentrale Unterstützungsstruktur für Klientinnen zugänglich zu machen, ohne sie dabei zu überfordern. Ein Teil unserer regelmäßigen Besucherinnen benötigt auf Grund einer schwierigen persönlichen und sozialen Situation intensive Unterstützung durch die Mitarbeiterinnen. Dies sind zum Teil Mädchen, die Angebote der Jugendhilfe abgebrochen haben, die solche nicht annehmen wollen, oder auch junge Volljährige, die im eigenen Wohnraum leben und deren Unterstützung durch die Jugendhilfe abgeschlossen ist. Andere nehmen uns in einer Krisensituation als »alte Bekannte« in Anspruch, um für sie unüberschaubar gewordene Problemlagen anzugehen. Hier ist es oft wichtig, präsent zu bleiben und die Verantwortung für das Case-Management zu übernehmen, da oftmals bereits viele Institutionen außerhalb der Jugendhilfe involviert sind, deren Zusammenarbeit nicht koordiniert ist (z.B. Suchtberatung, Sozialamt und Betreuungsverein oder Schuldnerberatung, Sozialarbeiterin der Berufsschule und Psychiatrie). Diese Fälle sind trotz sehr guter Vernetzung oftmals auch schwer in ihrer Gesamtheit an andere Träger und Dienste abzugeben, da die Mädchen bei Wechsel des Hilfsangebotes oft abbrechen und erst in der nächsten Krise wieder vor unserer Tür stehen. Hauptthemen in der Beratung von Mädchen, die nur das Beratungsangebot nutzen, sind Konflikte mit Eltern, Stiefeltern und Geschwistern, Gewalterfahrungen, Geldprobleme, Essstörungen und Selbstwertprobleme.

Beratung als Querschnittsaufgabe bedeutet auch, *uns grundsätzlich verantwortlich zu fühlen*, wenn sich Mädchen an uns wenden. In dringenden Fällen erhalten Mädchen noch am selben Tag einen Termin. Dieser Anspruch erfordert in der Struktur einer offenen Einrichtung aufgrund des nicht voraussagbaren Arbeitsanfalls (im Regelfall kurz vor Weihnachten oder Freitagabend) hohe Einsatzbereitschaft und durch die Vielzahl der unterschiedlichen Anforderungen hohe Fachkompetenz der Mitarbeiterinnen.

Stadtteilorientierung

Angefangen haben wir vor zehn Jahren mit einem von der Frauenbewegung inspirierten Mädchentreff als Schutz und Schonraum. Wir haben umgedacht: Wir wollen mehr als nur Nische sein, die Welt endet nicht an unserer Türschwelle. Mädchen müssen auch dort, wo sie sich aufhalten und leben, Unterstützung in Anspruch nehmen können.

– Hinter der Tür

Je mehr wir uns auf die Gestaltungswünsche der Mädchen einlassen, desto lebendiger und quirliger wird es im Haus und desto mehr Ideen gehen über unsere Türschwelle hinaus. Nach »Seidenmalen und Basteln« wird nun alles mögliche Brauchbare verliehen, es gibt selbstorganisierte Feste (gelegentlich immer mal mit Jungen – jedoch nach »Mädchenregeln«), es wird um Raumnutzungen gestritten, sehr konträr wird beredet, wie wir mit der geklauten Küchenkasse oder der Scheibe, die die Jungen eingeschlagen haben, umgehen sollen, es wird geplant, wie die Entennester dieses Jahr vor der Zerstörung gerettet werden können oder auch darüber geredet, wie blöde man doch das eine oder andere in der Schule oder im Wohngebiet findet und was Mädchen da wohl tun könnte …

Wir sind keine guten Feen, die Wünsche erfüllen. Aber dort wo Wünsche konkreter Wille werden, helfen wir, Ziele zu formulieren, stellen unsere Ressourcen bereit und unterstützen Mädchen, andere Ressourcen zu finden. Manchmal kann das zuerst angepeilte Ziel nicht erreicht werden, vielleicht weil es zu groß war oder sich die Bedingungen geändert haben. Wir gehen davon aus, dass sich Ziele ändern dürfen oder auch ad acta gelegt werden. Unsere Arbeit ist es, die Impulse der Mädchen aufzunehmen und sie dabei zu unterstützen, ihre Interessen und Ziele umzusetzen, sie zu ermuntern, Fehler zu machen und aus ihnen zu lernen.

– An der Türschwelle

Die Türschwelle unseres Hauses ist die Grenze zwischen Mädchenzentrum und öffentlichem Raum. Nebenan am Spielplatz oder an der Rampe vor dem Kindergarten trifft sich eine Clique, oftmals sind auch die Jungen da. Ist die Aufmerksamkeit der Mädchen im Haus gerade nicht mit spannenden Dingen gebunden, pulsiert an der Türschwelle das Leben.

Die Mädchen stehen mit einem Fuß in der Sicherheit ihrer Räume und agieren nach aussen. Es gibt Bemerkungen, wie »Hey Kleiner«, es wird gelästert, geflirtet, provoziert, angemacht, mitunter gibt es Geschrei, Handgreiflichkeiten oder auch Wasserbomben. Alles an der Türschwelle – initiiert von den Mädchen. Sind die Jungen im Abzug, fällt bestimmt einer noch etwas ein und es geht von Neuem los. Wird es zu heftig, halten die Mädchen die Tür zu oder rufen die Dienstfrau ...

Die Wünsche der Mädchen sind ambivalent: zum einen haben sie den Wunsch nach Sicherheit und Geborgenheit und zum anderen nach Aktion, Provokation und Ausprobieren. Dies erfordert eine doppelte Herangehensweise: Arbeit im Haus und mit den Mädchen und Arbeit an der Türschwelle – mit der Dynamik der entstandenen Situation.

Manchmal respektieren auch die Jungen die Grenze der Türschwelle nicht, sie provozieren und stehen dicht vor dem Eingang, lassen die Mädchen nicht durch, pöbeln herum und verschaffen sich Aufmerksamkeit.

Wir schauen, was vom letzten Selbstbehauptungskurs noch präsent ist. Das Überschreiten der Schwelle steht nicht zur Debatte. Wir üben den souveränen Umgang mit den Jungen und klare Grenzsetzungen.

– Die geöffnete Tür

Unsere Nachbarn sind nicht immer begeistert von uns: »Zu Ihnen gehen doch sicherlich nur Mädchen, die große Probleme haben. Außerdem ist auch immer die Jungenclique vor dem Haus und die machen Krach und Dreck, das gab es früher nicht, als Ihre Einrichtung noch eine Kita war...«. Unsere Nachbarn schimpfen, beschweren sich beim Jugendamt und drohen uns am Telefon, weil sie finden, dass wir zu laut sind. Manchmal nicht ganz zu Unrecht, wir sind laut, der Innenhof ist wie ein Schalltrichter gebaut und im Sommer spielt sich alles im Garten ab. Mütter wollen ihre Töchter nicht mehr zu uns lassen, weil sich im Viertel herumgesprochen hat, dass bei uns alle lesbisch seien. Sie kommen aber zum Kaffee, bei uns ist es schön sauber, vielleicht ist das mit dem Lesbischsein ja gar nicht so schlimm? Wir organisieren ein Stadtteilfest in und um unsere Einrichtung und laden die Leute ein. Die Mädchen selbst sind stolz auf ihre Räume und wollen sie anderen zeigen. Sie machen für Neuankömmlinge Hausführungen und stellen ihre Bilder aus – Kuchen gibt es auch.

Manche Nachbarn schimpfen immer noch, manche bringen uns jetzt Möbel, Stoffreste oder den nicht mehr gebrauchten Hometrainer. Gelegentlich schauen Mütter bei uns herein, sehen sich um, ob eine Kollegin Zeit hat, trinken einen Kaffee und erzählen, was ihnen gerade auf der Seele brennt.

In unserem Stadtteil sind die Wohnungen klein. Zum Geburtstag oder zur Jugendweihe wird es eng. Zuerst fragten unsere Besucherinnen, ob sie unsere Räume mal außerhalb der Öffnungszeit nutzen können, dann ihre Eltern, jetzt fragen Leute auch aus dem Stadtteil.

Wenn es möglich ist, organisieren wir das auch. Ärger gab es bisher erst einmal. Wir werden im Stadtteil bekannt, die Leute wissen, was wir machen, die Akzeptanz für unsere Arbeit steigt und die Mädchen werden nicht mehr schief angesehen, wenn sie zu uns kommen.

Die Mädchen wünschen sich eine Disko mit ihren Freunden. Wir erarbeiten mit ihnen und den anderen Mädchen im Haus Regeln, die ihren Interessen und unseren als Betreiberinnen der Einrichtung Rechnung tragen. (Im übrigen haben wir mit jedem neuen Durchgang Mädchen einen oder mehrere Tage der offenen Tür oder Feste mit Jungen mit dem Ergebnis, dass die Mädchen bisher immer wieder entschieden haben, die Jungen doch nicht regelmäßig in die Einrichtung zu lassen, bis die nächste Mädchenclique auf die Idee kommt, es wäre doch schön, mal ein Fest mit Jungen zu machen ...).

Wir gehen solche Entwicklungen mit und stellen uns als Begleiterinnen zur Verfügung. Die Jungen überschreiten an diesem Tag unsere Türschwelle.

– Vor der Tür

»Wir machen doch heute unser Fußballmatch und brauchen den Bolzer, da sind aber wieder die Jungen«. Das ist die erste Hürde: den öffentlichen Raum in Anspruch nehmen!

Ist das geklärt, bleiben noch die Bemerkungen und Kommentare. In solchen Situationen unterstützen wir die Mädchen bei der Durchsetzung ihrer berechtigten Interessen.

Die einzige große Wiese in der Nähe, die zugleich von der Schule als Sportplatz genutzt wird, ist eigentlich die Hundetoilette des Stadtteils.

Gemeinsam mit der Schule suchen wir nach Möglichkeiten. Der Verlauf ist eher zäh.

Vor unserer Tür stand regelmäßig bis nachts eine Clique gewaltbereiter rechter Jugendlicher mit laufenden Automotoren, Kampfhunden und voll aufgedrehten Lautsprechern. Morgens lagen Bierbüchsen und Schlimmeres vor unserer Tür. Die Anwohner fühlten sich belästigt und liefen Sturm. Wir mischten uns ein, und wurden von den Jugendlichen und den Anwohnern bedroht. Mit Unterstützung von Polizei, der Schutztruppe des Ordnungsamtes, dem Jugendamt und dem Jugenddiakon konnten wir lediglich einen anderen Platz finden, an dem sich die Jugendlichen nun treffen. An ihrer Gesinnung änderten wir nichts.

Vor der Tür weitet sich unser Blick über unsere Zielgruppe hinaus.

Manche Beispiele klingen ermutigend, wir verschließen jedoch nicht die Augen davor, dass viele Menschen in unserem Stadtteil von Verteilungsprozessen ausgeschlossen sind, beispielsweise keine Chance auf eine Arbeit und damit eine grundsätzliche Veränderung ihrer Situation haben. Werte wie Partizipation und demokratische Mitbestimmung, stehen in ihrer Wertehierarchie daher nicht zwangsläufig auf Platz eins, geht es um Verteilung, so geht es um Sieg oder Niederlage – und im Zweifelsfall eben um Sieg. Darauf müssen wir uns einstellen. Auch wir können keine Arbeitsplätze herbeizaubern, aber wir können die Menschen in unserem Umfeld fragen, was sie bewegt, die Ressourcen unseres Stadtteils aufspüren, die Motivationen der Menschen finden, Anstöße geben, informieren, vernetzen, Kooperationsbezüge entwickeln und Eigeninitiative bündeln und unterstützen.

Wir haben unseren Sozialraum in den Blick genommen. Er ist zugleich Ressource und Gestaltungsfeld. Wir denken mit Mädchen darüber nach, wie eine Verbesserung von Lebensbedingungen und wie Teilhabechancen von Mädchen im Sozialraum aussehen können. Eher sehr konkret, weil Mädchen etwas Konkretes brauchen und Ergebnisse sehen wollen.

Erfahrungen in der Zusammenarbeit zwischen offenem Angebot und flexiblen Hilfen

Von den Mädchen wird das Bedürfnis nach Freizeitgestaltung, nach Beziehungen, die unterschiedliche Intensität annehmen können und das Bedürfnis nach offenen Treffmöglichkeiten geäußert. In der Ausgestaltung der flexiblen Hilfen zeigt sich, dass die Ressourcen des offenen Treffs oft wichtige Bausteine zur Ausgestaltung einer flexiblen Hilfe bieten. Sie sind sozusagen vorgehaltene »Bausteine«, die entsprechend der Erfordernisse des Einzelfalls gewählt und in unterschiedlichen Kombinationen zusammengefügt werden können. Da diese Bausteine genau auf die Bedürfnisse von Mädchen ausgerichtet sind, werden sie im Regelfall gut angenommen und sind in ihrer Wirkung sehr effektiv. Durch die Ansiedlung des offenen Treffs unter einem Dach mit den flexiblen Hilfen ist auch eine personelle Kontinuität und Flexibilität möglich. Pädagoginnen können genau ausloten, welches Maß an Nähe und Kontakt gerade notwendig ist. Dies ist ein von Mädchen oft formuliertes Kriterium. Außerdem wünschen sie sich Beraterinnen, die auch etwas mit ihnen unternehmen und Zeit gemeinsam verbringen. Mädchen stellen an die Pädagoginnen den Anspruch, als Mensch für sie da zu sein, sich einzulassen. Wir schaffen darum Begegnungsmöglichkeiten in unterschiedlichen Kontexten und stellen uns für Kontaktaufnahmen zu den Mädchen in vielfältiger Weise zur Verfügung.

Durch die Verknüpfung beider Bereiche kann das Potenzial von Mitarbeiterinnen in vielen Facetten genutzt werden: Mitarbeiterinnen übernehmen Fälle, machen Angebote im Gemeinwesen und regen Freizeitaktivitäten an. Damit sind sie gut in den unterstützenden Netzwerken von Mädchen verortet, kennen sich aus und können Beziehungen herstellen und knüpfen. Die Austauschprozesse zum Stadtteil werden vielgestaltiger und differenzierter. Die Arbeit im Treff gewinnt an Lebendigkeit und es kommen neue Facetten hinzu.

Wir wissen, dass bei Jugendlichen der Wunsch nach selbstbestimmter Freizeit eine hohe Priorität hat. Eine professionelle Unterstützung, z.B. im Fall von ambulanten Hilfen zur Erziehung kann diesen Aspekt nicht ausblenden, sondern muss ihn gezielt einbeziehen. Die Kopplung von flexiblen erzieherischen Hilfen mit offenen Treffmöglichkeiten ermöglicht auch den Einbezug der von den Jugendlichen sehr oft als wichtigste Ressource benannten Peer group und des Freundeskreises.

Bei Neuaufnahmen stellt der Treff langfristig oftmals eine zusätzliche Ressource dar, da Jugendliche auch auf der Suche nach für sie passenden Freizeitangeboten sind. Nicht zuletzt gibt es hier starke Differenzierungen hinsichtlich des zur Verfügung stehenden Geldbudgets, denn für einen großen Teil der Mädchen sind kommerzielle Angebote schlicht nicht zu finanzieren. Ein Angebot von Hilfen zur Erziehung, integriert in ein offenes Angebot mit niedrigschwelligem Übergang zwischen den Bereichen nach beiden Seiten, bedeutet für Jugendliche Normalität. Mädchen nehmen Angebote der erzieherischen Hilfen im offenen Kontext als höhere Beziehungsintensität wahr und definieren sich weniger als Bedürftige oder Hilfe-Empfängerinnen. Dies kommt dem Bedürfnis von Mädchen entgegen, dass sich jemand für sie interessiert, dass sie als gleichberechtigte Partnerinnen behandelt werden möchten, auch wenn sie Hilfe und Unterstützung benötigen. Mädchen in erzieherischen Hilfen erleben während des Hilfeverlaufes, dass die Pädagoginnen, die sie betreuen, vielfältige und abwechslungsreiche Aufgaben haben, in hohem Maße selbstverantwortlich arbeiten, in Aushandlungsprozesse treten, und Verantwortung für Entscheidungen tragen. Dies bietet Mädchen und jungen Frauen, unabhängig von den Inhalten der Hilfe, eine Orientierung und ein Modell.

Um niedrigschwellige, lebensweltorientierte und partizipative Unterstützungsangebote für Mädchen zu entwickeln, ist es notwendig, über den eigenen Tellerrand hinauszuschauen, verbindliche Kooperationsbeziehungen herzustellen und Ressourcen in den Blick zu rücken. »Maßgeschneiderte« Unterstützungsangebote können entstehen, wenn sich professionelle Neugier, Motivation und Fachwissen der Mitarbeiterinnen in einem flexibel gestaltbaren Arbeitsalltag entfalten können, der durch verbindliche Qualitätsstandards, eine Atmosphäre des Vertrauens und der Fehlerfreundlichkeit Sicherheit bietet und Lern- und Entwicklungsprozesse ermöglicht. Schon eine Verbindung zwischen den Bereichen offene Jugendarbeit und Hilfen zur Erziehung zu schaffen, erfordert verwaltungsmäßiges Wohlwollen, die Unterstützung der Leitungsebenen, die Motivation der Mitarbeiterinnen und deren Fähigkeit zu Rollenflexibilität. Die Bereitschaft der Mitarbeiterinnen, Routinen zu verlassen und sich immer wieder in neue Aushandlungs- und Verständigungsprozesse zu begeben, braucht Zeitbudgets und eine fehlerfreundliche Atmosphäre.

Mädchen im Rahmen von Hilfen zur Erziehung zu begleiten, heißt mit ihnen gemeinsam Perspektiven zu entwickeln, sie mit Empathie, Respekt und professioneller Distanz zu unterstützen und zu fördern und dabei ein Stück Weg gemeinsam zurückzulegen. Wenn Mädchen in ihrer Entwicklung auf gesellschaftliche Bedingungen stoßen, die eine Neuorientierung erschweren oder unmöglich machen, sind wir als Pädagoginnen gefragt uns dafür einzusetzen, dass diese Bedingungen sich so verändern, dass Mädchen eine reale Chance bekommen.

■ Ria Puhl

Ausgrenzung von Frauen und Mädchen in Europa – eine vergleichende Analyse

Zusammenfassung: Die Autorin hatte im Rahmen des im Frühjahr in Berlin stattgefundenen EU-Forums, in dessen Rahmen die Beiträge dieses Buches als Referate vorgetragen wurden, die Aufgabe der Kongressbeobachterin übernommen. In ihrem Beitrag nimmt sie entlang der Ausgangsfrage- und Themenstellungen des Forums eine vergleichende Perspektive ein. Sie bündelt und fokussiert dabei die wesentlichen Problem- und Aufgabenbereiche, denen sich die Verantwortlichen für die nationale und europäische Politik und Sozialarbeit widmen müssen, um die Chancengleichheit zwischen Mädchen und Jungen sowie Männern und Frauen einzulösen und Ausgrenzungsphänomene nachhaltig zu bekämpfen.

Einleitung

Das Phänomen sozialer Ausgrenzung von Frauen und Mädchen hat viele Gesichter – national und europäisch. Gesichter von Ausgrenzung zeigen sich dann eindeutig und plakativ, wenn Problembereiche, nachgerade Problemkonglomerate, beispielsweise im Komplex »Straßenkinder« oder »Prostitution« aufeinander treffen. Es gibt aber auch Zwischentöne sozialer Ausgrenzung, viel leisere, manche sogar ungehörte. Darunter lässt sich etwa das gesellschaftliche Klima fassen mit seinen Auswirkungen auf weibliche Rollenzuschreibung in Familie, Ausbildung und Beruf.

Diesen Zwischentönen soll die besondere Aufmerksamkeit gelten, und zwar im Hinblick auf

- die Armutsverhältnisse (im Sinne von Infantilisierung und Feminisierung der Armut),
- die sozialen Sicherungen (in Deutschland kennt man ein hochdifferenziertes System sozialpolitischer und sozialarbeiterischer Maßnahmen, das in anderen europäischen Ländern nicht – oder noch nicht oder nicht nach dem deutschen Muster – Standard ist,
- einen Vergleich der eigenen Systeme mit denen anderer europäischer Länder. Dabei geht es darum, von anderen Ansätzen zu lernen, eine selbstkritische Position einzunehmen und den Blick nicht nur auf den Westen Europas, sondern auch auf die Türkei oder Russland zu richten.

Die einzelnen Länder, von denen hier berichtet wird, nämlich Türkei, Spanien, England, Italien, Deutschland und Russland, beschreiben (mit Ausnahme Russlands) die Problemlagen ähnlich: Es gibt nirgendwo eine eigenständige Existenzsicherung, die Beschränkungen durch Rollen und ein struktureller Arbeitsmarkt manifestieren die Benachteiligung und Ausgrenzung von Frauen.

Als Indices sozialer Ausgrenzung sollen im Folgenden gelten: Arbeitslosigkeit, Migration, schlechte Schulbildung/fehlende Ausbildung, Armut, Drogen, Gewalt, frühe Schwangerschaften und Prostitution.

Aber sind das die Wirkmechanismen von Ausgrenzung? Verhält es sich wirklich so? Immerhin haben Ausgrenzungen und die Gegenmaßnahmen in den einzelnen Ländern ganz unterschiedliche Facetten.

Es interessiert die Frage: Was sind die offen Formen von Ausgrenzung? Und was sind die unsichtbaren Facetten sozialer Ausgrenzung – und damit die unterschätzten Probleme?

Diese Fragen werden für alle untersuchten Länder an vier Kategorien überprüft:
1. Familie/Vereinbarkeit Familie und Beruf
2. Soziale Arbeit
3. Politik
4. Gewalt

1. Familie/Vereinbarkeit von Familie und Beruf

Türkei

Nach westlichem Verständnis ist die Frauenerwerbsarbeit von Familienfrauen in der Türkei gleichbedeutend mit Schwarzarbeit. Frauen leisten entweder unbezahlte Arbeit oder arbeiten in Familienunternehmen mit, was implizit heißt, dass sie keine soziale bzw. sozialstaatliche Sicherheit genießen, die jenseits des Familienverbandes erbracht würde und auf die gar ein Rechtsanspruch bestünde.

Spanien

In Spanien hat es enorme Veränderungen im Bürgerlichen Recht (Persönlichkeitsrecht: Scheidung, Freizügigkeit, Kreditwürdigkeit usw.) und in der Sozialgesetzgebung (Sorgerecht, soziale Sicherung) gegeben. Das heißt, in Spanien können Mädchen heute – genau wie in Deutschland – Vorzüge, Freiheiten und eine Unabhängigkeit im Denken genießen, die die Frauengeneration davor erkämpft hat. Aber eine Verbindung von Familie und Beruf scheint noch nicht geglückt zu sein: Familienstrukturen sind hinter der gesellschaftlichen Entwicklung zurückgeblieben, was sich beispielsweise ablesen lässt am »Gesetz zur Aussöhnung von Beruf und Privatleben« (1999), einer der niedrigsten Geburtenraten auf der Welt und der gleichzeitig sehr hohen Scheidungsrate.

England

Strukturell ist in England aufgrund der außerhäuslichen Versorgung von Kleinkindern, die praktisch alle (98 Prozent) in den Kindergarten gehen, ähnlich wie in Frankreich für die partielle Vereinbarkeit von Familie und Beruf gesorgt. So sind sechzig Prozent der in Paarbeziehungen lebenden Mütter und vierzig Prozent der alleinerziehenden Mütter von Kleinkindern berufstätig. Außerdem haben die englischen Frauen sozusagen ihre Hausaufgaben gemacht und die Ausbildungschancen genutzt.

Italien

Italienische Frauen müssen in puncto Erwerbstätigkeit zurückstecken, damit die vorhandene Arbeit für die Männer reicht; Frauen suchen deshalb einen alternativen Zugang in die Beschäftigung, aber diese Randarbeitsplätze führen in die Unterprivilegierung – mit der Folge, dass Frauen in die Sozialfalle geraten. Angesichts dieses Verarmungsrisikos scheint die Geschlechterfrage in Italien zweitrangig zu sein. Außerdem leben italienische Frauen familiär in einer schwierigen Situation zwischen Tradition und Moderne. So hat Italien heute eine der niedrigsten Geburtenraten weltweit; gesellschaftspolitisch ähnelt die Situation der spanischen. Hinzukommt, dass Frauen nach wie vor ein geringer Subjektstatus zugesprochen wird; sie werden zwar als Individuen gesehen, bleiben aber in Tradition und Ausrichtung auf die katholische Kirche immer noch der Familienorientierung verpflichtet.

Deutschland

In Deutschland hat man die Orientierung auf die Gleichzeitigkeit von Berufstätigkeit und Familie aufgegeben, nur sechs Prozent der Frauen mit nicht schulpflichtigen Kindern arbeiten ganztags; es herrscht gesellschaftspolitisch das so genannte Drei-Phasen-Modell vor, das für Frauen – zumindest im Hinblick auf Karriereabsichten – in der Regel eine berufliche Sackgasse darstellt. Was wenig thematisiert wird: Immerhin existierte im alten Osten Deutschlands ein anderes als das Drei-Phasen-Modell: Familie und Beruf waren dort im Ansatz schon einmal zu vereinbaren gewesen.

Russland

Prostitution ist zur Einkommensquelle breiter Bevölkerungsschichten geworden (Gegenleistung für materielle Leistungen). Familien leiden unter dem Alkoholismus der Männer und der Verantwortungslosigkeit der Väter gegenüber ihren Kindern: Frauen sind häufig die Alleinverdienerinnen in der Familie. Diese Ungleichzeitigkeit als Quelle außerordentlicher Unzufriedenheit führt in Russland zu einer sehr hohen Scheidungsrate, und das Verarmungsrisiko für Mütter ist enorm.

2. Soziale Arbeit

Türkei

Die Türkei ist gekennzeichnet von sozial und kulturell sehr heterogenen Strukturen. In den Metropolen ähneln die Lebenseinstellungen in vielerlei Hinsicht den westlichen Mustern. Aber bei strukturellem wie persönlichem Hilfebedarf, also dem Gegenstand Sozialer Arbeit, wendet man sich in der Türkei noch immer an den Familienverband. Die Familie mit ihrer immensen Bedeutung ist gleichsam der soziale Rückversicherer. Die Kosten dieses patriarchalischen Versorgungsmodells müssen nicht näher erläutert werden.

Spanien

Spanien hat praktisch keine eigene Sozialpolitik – und im Gefolge Sozialarbeit – entwickelt: sie wurde von der EU importiert. Frauen profitieren in Spanien von EU-Programmen wie Daphne, Sokrates und anderen sozialen Modellen zur Unterstützung von armen Frauen, Leistungen, die aber im Zuge der Osterweiterung aus spanischer Sicht gefährdet sind. Das heißt: der Fokus Sozialer Arbeit liegt in Spanien auf der Verhinderung von Armut und Abhängigkeit durch Beschäftigung und äußert sich in der umfänglichen Unterstützung von privaten Existenzgründungen (Kleinstbetriebe).
Soziale Maßnahmen der Jugendhilfe für benachteiligte Jugendliche treffen allerdings eher Jungen als Mädchen.

England

In England hat sich die Armutsrate von Kindern in den letzten zehn Jahren verdreifacht; die Bevölkerung befindet sich in einem relativ schlechten Gesundheitszustand; so spricht man von jährlich 1.400 Todesfällen bei Kindern aufgrund von Armutsverhältnissen.
Im Unterschied zu Deutschland wird bei der Armutsbekämpfung benachteiligter junger Frauen die Wohlfahrtspflege nicht als der wichtigste Hebel für Veränderungen angesehen.
Um ein gravierendes, aber unsichtbares Armutsphänomen handelt es sich da, wo Jugendliche ihre Familie unterstützen (kranke, behinderte, arbeitslose Eltern etc.) und wenig oder keine Hilfe von amtlichen Stellen erhalten.
Behinderte Frauen finden praktisch keine Beschäftigung, haben aber eine starke Behindertenbewegung und formulieren eindeutig einen Selbstvertretungsanspruch »Nothing about us without us«; sie haben Sach- und Pflegeleistungen gegen Geldleistungen eingetauscht – ein Modell, das mit dem neuen Rehabilitationsgesetz (SGB IX) seit dem 1.7.2001 auch für Deutschland gilt.
In England fällt im Vergleich zu Deutschland ein sehr hoher Anteil von Teenager-Schwangerschaften auf, wobei die meisten der jungen Frauen die Kinder trotz eines liberalen Abtreibungsgesetzes austragen.
Für Kenner des deutschen Wohlfahrtssystems ist dies schwer nachvollziehbar: Verlassen Jugendliche die Familie, so haben sie keinen Anspruch mehr auf Hilfe, außer sie gehören einer Multiproblemfamilie an, sie sind behindert, kriminell, schwanger, allein erziehend – und am besten alles zusammen.
Soziale Arbeit mit MigrantInnen (ethnic minorities) strebt im Unterschied zu den meisten anderen europäischen Staaten die Bildung einer multikulturellen Gesellschaft an.

Italien

Auch in der italienischen Sozialarbeit gelten Jugendliche, genau wie die Jugendlichen nach dem deutschen KJHG, nicht mehr als Objekte, aber sie haben viel selbstverständlicher als deutsche Jugendliche die Erwartungen der Eltern und der Familie insgesamt zu erfüllen. Dies führt zu erheblichen Spannungen zwischen den Generationen. Aus diesem Zwiespalt entstehen im Zuge schwerer ungelöster Identitätskonflikte große Probleme: Drogenkonsum, sexueller Missbrauch, Erkrankungen (Bulimie), Schattenwirtschaft.
In Italien leben eine halbe Million Obdachlose, darunter viele Frauen mit durchaus höheren Bildungsabschlüssen (vgl. Punkt 1: Familie). Der berufsbedingten Ausgrenzung versucht man mit der Bildung kultureller Zentren zu begegnen: Das Ende der Ausgrenzung durch Kunst? Vor allem Migrantinnen leiden unter berufs- bzw. erwerbsbedingter Ausgrenzung: Ihre Studienabschlüsse werden nicht anerkannt (Putzfrauen mit Diplom etc.).

Zwar ist Schulbildung für Migrantenmädchen bis zum Alter von achtzehn Jahren obligatorisch; dennoch ist für sie Diskriminierung gleich dreifach gegeben: als Frau, als Fremde und im kulturell-religiösen Kontext. Außerdem verlieren sie nach dem Ausländerrecht beim Tod eines Elternteils ihren Migrantenstatus. Für eine Gruppe scheint sich die soziale Situation in Italien noch sehr verschärft zu haben, nämlich die Behinderten. Ihnen gilt im Zuge der Genforschung immer mehr negative Aufmerksamkeit (»Eine Schande für die Familie – war das nicht zu verhindern?!« usw.).

Deutschland

Das deutsche Wohlfahrtssystem soll an dieser Stelle nicht, auch nicht in seinen Grundzügen, skizziert werden. Festgehalten wird hier nur, dass das Sozialwesen sehr unglücklich »Jugendhilfe« und »Hilfen für Behinderte« unterscheidet. Unglücklich deshalb, weil es sich damit automatisch um unterschiedliche Zuständigkeiten und Finanzierungen handelt. Die Behindertenhilfe hat an dem insgesamt sehr fortschrittlichen Kinder- und Jugendhilfegesetzes (KJHG) praktisch nicht partizipieren können, obwohl in der Behindertenhilfe ein Teil der KlientInnen natürlich Kinder und Jugendliche sind. (Zur Verdeutlichung: Mädchen mit körperlich-geistigen oder psychisch-seelischen Behinderungen fallen nicht in die Zuständigkeit des KJGH, außer ein Jugendamt schätzt dies so ein.) Es ist außerdem auffallend, dass Mädchen, wenn sie soziale Probleme haben, sehr lange damit warten, bis sie Hilfe suchen. Wenn sie es dann doch tun, können sie nicht immer damit rechnen, auch umgehend Hilfe zu erhalten. Der Allgemeine Soziale Dienst verhält sich gegenüber hilfesuchenden Mädchen oft noch zögernd (»Versuch's doch noch mal!«). Das heißt: Mädchen kommen spät in die Jugendhilfe, und sie kommen früh wieder raus, weil Probleme der jungen Erwachsenen nicht (selbstverständlich) zum Aufgabenfeld der Jugendhilfe gehören. Die Probleme der Mädchen kreisen am ehesten um Beziehungskonflikte in den Familien.

Russland

Die sozialen Probleme sind in Russland so allumfassend, dass sie als – wenn auch brutale – Normalität erlebt werden: Die Akzeptanz der Armut ist die Norm. Eine sozialstaatliche Politik mit Rechtsansprüchen auf soziale Hilfen existiert nicht mehr, es herrscht eine pragmatische Politik der Bedürftigkeit. siebzig Prozent der Frauen sind arbeitslos, das Sozialsystem tut einfach so, als hätten alle diese Frauen jemanden, der sie unterstützt. Tatsächlich erreichen häufig nicht einmal die erwerbstätigen Frauen das Existenzminimum, woraus sich nur allzu häufig weitere persönliche Probleme entwickeln (so liegt die Rate der suchtmittelabhängigen Frauen bei elf Prozent).

Viele Mädchen verlassen sehr früh die Familie; Wohnsituation, Alkoholismus der Eltern, Aggressivität der Männer, geringe Bildung und psychische Probleme treiben sie aus dem Haus und in die Prostitution, die sie nur noch weiter an den Rand drängt. Hilfen für diese Mädchen gibt es staatlicherseits kaum; soziale Initiativen sind auf die Unterstützung der mittel- und nordeuropäischen Nachbarländer angewiesen. Für Russland ist auffallend, dass die Normdifferenzierungen – so belegen es Studien – größer sind als in anderen europäischen Ländern.

3. Politik

Türkei

Der Bildungsstand der Mädchen ist deutlich geringer als der der Jungen; Mädchen besuchen viel seltener die Oberschule als Jungen, das liegt nicht zuletzt an der kulturellen Ausrichtung des Islam. Allerdings schneiden Mädchen beim direkten Vergleich besser ab. Sie erbringen, wenn sie denn gleiche Bildungschancen haben, bessere Leistungen.
Der Grad der Alphabetisierung ist bei Mädchen deutlich niedriger als bei Jungen. Aus deutschem Blickwinkel überrascht deshalb der hohe Anteil von (unverheirateten) Frauen unter den Hochschullehrern (geschätzt: ein Drittel bis ein Viertel). Bei näherem Hinsehen zeigt sich jedoch Folgendes: Was Reputation, Privilegien oder Vergütung betrifft, so ist die Lehrtätigkeit in der Türkei nicht annähernd mit deutschen Verhältnissen vergleichbar und für männliche Wissenschaftler nicht entsprechend attraktiv; leitende Stellen (Rektorat) sind in keinem einzigen Fall mit einer Frau besetzt.
Unter Atatürk hat es ausgeprägte Frauenrechte gegeben, die unter Frauen – vielleicht weil sie »geschenkt« und nicht erkämpft waren – nicht besonders geschätzt wurden und bald wieder verloren gingen.
Angesichts der Situation, dass rund ein Viertel der BewohnerInnen AnalphabetInnen sind, gilt Bildung als Einstiegschance in den Arbeitsmarkt und gleichzeitig als Seismograph für die Chance auf ein selbstbestimmtes Leben.

Spanien

Der Bildungsstand ist in Spanien hoch, gerade Mädchen und junge Frauen sind gut ausgebildet (der Anteil der Frauen an Universitätsabschlüsse beträgt 35 Prozent). Bildung ist in Spanien kein Nachweis mehr für geschlechterbezogene Benachteiligung, das ist heute die Beschäftigung. Sie gilt als »Flaschenhals«, der – auch von schlechter ausgebildeten – Männern eher passiert wird. Daher ist die Arbeitslosenrate bei Frauen mehr als doppelt so hoch wie bei

Männern. Es existieren jedoch Eingliederungshilfen für die Einstellung langzeitarbeitsloser Frauen, wobei Beschäftigungsprojekte aus EU-Töpfen Priorität genießen. Das heißt, über EU-Förderstrukturen werden Veränderungen angeregt und sozialpolitisch befördert: Europäische Sozialfonds tragen zur Entwicklung der Situation von Frauen ganz erheblich bei. Die spanische Gesetzgebung hat sich für Frauen ebenfalls positiv entwickelt, indem sie mit der Veränderung des gesellschaftlichen Klimas Schritt gehalten hat.

England

Dreizehn Prozent der Migranten-Jugendlichen besuchen eine höhere Schule, das ist entschieden mehr als der vergleichbare Anteil in Deutschland, der nur neun Prozent beträgt.
Auch in England erbringen die Mädchen in der Schule bessere Leistungen als die Jungen und teilen sich damit eine auffällige europäische Gemeinsamkeit. Frauen sind eher in befristeten Arbeitsverhältnissen beschäftigt als Männer. In den sozialen und betreuenden Berufen arbeiten fast ausnahmslos Frauen, aber nur jede zehnte Leitungsstelle einer sozialen Einrichtung ist mit einer Frau besetzt.

Italien

Italien hat im EU-Raum die geringsten Sozialausgaben, aber die meisten Sozialrenten (Altersarmut). Gegen die Arbeitslosigkeit (15 bis 64 Prozent im Süden) sind finanzielle und beratende Unterstützung bei Existenzgründungen das Mittel der Wahl (auch und gerade durch EU-Fördergelder). Der Ausbildungsstand ist in Italien bei beiden Geschlechtern hoch, aber er ist insbesondere für Frauen keinerlei Garant für Erwerbstätigkeit.
Noch bis vor einigen Jahrzehnten war Italien ein Auswanderungsland (wie übrigens auch Spanien), aber heute ist es eindeutig zum Einwanderungsland geworden.

Deutschland

Der Fall der Mauer hat in Deutschland nicht den Wegfall sozialer Ungleichheit bedeutet. So haben Mädchen trotz ihrer besseren Schulabschlüsse auch hier geringere Berufschancen als gleichaltrige Jungen. Frauen und Mädchen sind in Deutschland sowohl strukturell als auch individuell immer noch benachteiligt.

Russland

Für Russland muss die hypothetische Frage: »Bietet die politische, wirtschaftliche, gesellschaftliche, soziale und kulturelle Umbruchsituation des Landes für Frauen eine Chance? – Sind sie die Gewinner der Krise?« mit einem glasklaren Nein beantwortet werden.
Mit Ausnahme der neuen Reichen (drei Prozent der Bevölkerung) ist soziale Ausgrenzung ein Alltagsphänomen, das alle trifft. Es geht um nicht weniger als das physische Überleben sehr vieler Menschen. Die durchschnittliche Lebenserwartung ist in Russland seit dem Zusammenbruch des Kommunismus um zehn Jahre gesunken, weil medizinische Behandlung nicht mehr bezahlbar ist. Der Bildungsstand der russischen Frauen war einmal sehr hoch. Heute sind die Ausbildungsstätten kommerziell orientiert, der Zugang ist den meisten nicht mehr möglich. Viele Studentinnen verdienen sich ihren Lebensunterhalt und ihre Studiengebühren mit Prostitution, andere mit »Organspenden«. Aber diese Sachverhalte werden von der Regierung ignoriert. Staatliche Programme existieren nur für die allergravierendsten Folgen von Ausgrenzung (aber welche sollen das noch sein?).

4. Gewalt

Türkei

Um das Ansehen der Familie nicht zu schädigen, verschleiern Frauen erfahrene Misshandlung und Gewalt. Dazu gehören auch Inzest (der sich jedoch nicht erforschen lässt), in den Westen »importierte Bräute« und Zwangsverheiratung (so besteht der Verdacht reaktiver Selbsttötungen).

Spanien

In Spanien kommt es häufig zu häuslicher Gewalt oder Gewalt aus dem familiären Umfeld, man hat den Begriff »Häuslicher Terrorismus« geprägt, was sagen will: Das patriarchalische Modell ist nicht mehr zeitgemäß, aber noch wirksam.

England

Von besonders brutaler Gewaltanwendung muss man bei einer bestimmten Form des sexuellen Missbrauchs sprechen. Es handelt sich dabei um die systematische Einführung (Modell »Freund«) von ganz jungen Mädchen in die

Prostitution. Diese Form des Missbrauchs spielt sich nicht im Rotlicht-Milieu ab, sondern in Wohngebieten mit privatem Ambiente, wobei man wahrscheinlich nicht davon ausgehen sollte, dass es sich um ein spezifisch englisches Problem handelt, sondern eher, dass es in den Nachbarländern (noch) nicht wahrgenommen wird. Es gibt Vorbedingungen (Fürsorgeerziehung, Drogen und Obdachlosigkeit), die dieses Problem begünstigen. Diese sind keinesfalls eine notwendige Voraussetzung, dagegen aber fast immer die Folge dieser Lebensumstände. So haben die Hälfte der Mädchen vorher unauffällig gelebt und keinen Kontakt zu Behörden gehabt. Es ist deshalb dringend notwendig, auch in England nicht länger von »Kinderprostitution« zu sprechen, sondern das Verbrechen beim Namen zu nennen: besonders perfider Kindesmissbrauch.

Italien

Der Ort für gewaltsame Übergriffe ist in Italien die Familie. Neunzig Prozent der Gewaltanwendungen finden im familiären Umfeld statt.
Menschenhandel ist ein so großes Problem geworden, dass man ihm mit einem neuen Gesetz Einhalt zu bieten versucht: Der Staat gewährt Sklavinnen Unterschlupf, Ausbildung, Unterstützung und Zugehörigkeit, wenn sie Hintermänner preisgeben.

Deutschland

Das Thema Gewalt gegen Mädchen und Frauen ist in den letzten Jahren in Deutschland zugunsten anderer Gewaltthemen, wie rechtsextreme Gewalt, Gewalt gegen Ausländer, Gewalt gegen Kinder, in den Hintergrund gerückt. Am ehesten wird das geschlechtsspezifische Gewaltthema noch unter dem Stichwort »Häusliche Gewalt« gefasst. Konsens scheint allerdings darin zu bestehen, dass – mit einem Blick auf Selbstverantwortung – gute präventive Mädchenarbeit gute präventive Jungenarbeit braucht.

Russland

Diskriminierungen aufgrund von Alter und Geschlecht sind an der Tagesordnung, das gilt auch für sexuelle Übergriffe. Aber nur ein bis zwei Prozent der Anzeigen wegen Vergewaltigung werden von den Behörden verfolgt und enden mit einer Verurteilung. Was Misshandlungen von Frauen in den Familien angeht, so belegt Russland in der Welt einen traurigen vorderen Platz. (Aber Gewalt gegen Frauen spiegelt sich auch in ihrer gesellschaftlichen Stellung wieder: So ist der Stress bei Männern zurückgegangen, bei Frauen aber geblieben.)

Neben Misshandlung und Inzest wird das Thema Menschenhandel in Russland immer drängender. Junge Frauen werden offen und verdeckt in die Prostitution(ssklaverei) verkauft, viele werden verschleppt und im westlichen Ausland weiterverkauft. Allein in sechs russischen Städten laufen Kampagnen gegen Menschenhandel.

Resümee

Ausbildung

Mädchen haben gegenüber Jungen in allen beobachteten Ländern die besseren Schulabschlüsse bei gleichzeitig schlechteren Berufs- (oder Erwerbs)chancen. Bildung (Schulbildung, Ausbildung) hat in allen Ländern einen sehr hohen Stellenwert, sowohl als Fluchtweg aus Armut und Unterprivilegierung als auch aus engen Geschlechtergrenzen mit einschränkenden Rollenerwartungen und den daraus erwachsenden Benachteiligungen. Der Bildungsgrad hilft Frauen, wenn sie emigriert, geflohen oder illegal eingewandert sind, wenig oder nichts (»Putzfrau mit Diplom«); die Studienabschlüsse der Migrantinnen und Flüchtlinge werden so gut wie nie anerkannt.

Familie

Alle Länder sind gekennzeichnet von hohen Scheidungsraten, die in der Mehrzahl darauf zurückzuführen sind, dass Frauen die bestehenden Ehen beenden wollen. Neben den bekannten Gründen wie Individualisierung, Unabhängigkeit etc. kommen in einem beträchtlichen Ausmaß als auslösende Faktoren Gewalt in der Familie und divergierende Rollenerwartungen (Machismo) dazu. Das heißt, wir haben es mit hohen Scheidungsraten in sich geschlechterpolitisch ausdifferenzierenden Gesellschaften zu tun.

Beschäftigung

Trotz des generell hohen Ausbildungsniveaus schaffen Frauen seltener den Sprung in die Erwerbstätigkeit; wenn doch, erhalten sie bei gleichem Bildungsstand niedrigere Löhne. Beschäftigung gilt als »Flaschenhals«, die Passage gelingt selbst schlechter ausgebildeten Männern eher. Frauen suchen – häufig mit der Unterstützung durch EU-Programme – einen alternativen Zugang zur Beschäftigung (Existenzgründung; Schattenwirtschaft).

Armut

Die Lösungsversuche der Frauen, sich alternative Zugänge zum Arbeitsmarkt zu verschaffen führen leicht in die Unterprivilegierung und bergen ein großes Verarmungsrisiko, insbesondere für allein erziehende Mütter.

Prostitution

Viele Frauen, auch gut ausgebildete, wählen den Weg in die Prostitution, um sich und ihren Kindern den Lebensunterhalt zu sichern – und das nicht nur in Russland.

Kindesmisshandlung

Kindesmisshandlung und sexueller Missbrauch sind in Europa ein großes, offenbar noch weiter wachsendes Problem. Es ist deshalb unabdingbar, an einer Präzisierung der Begrifflichkeiten zu arbeiten: Da unter Achtzehnjährige nicht in ihre sexuelle Ausbeutung einwilligen können, ist es absurd, von Kinderprostitution (England) zu sprechen. Es handelt sich bei minderjährigen »Prostituierten« vielmehr um Formen von Kindesmisshandlung und sexuellem Missbrauch.

Menschenhandel

Das Ausmaß der Versklavung (Frauenhandel/ Kinderhandel) und ihre Bedeutung für das organisierte Verbrechen ist erschreckend. Es handelt sich um ein riesiges und ebenfalls weiter wachsendes Problem.

Frauenpolitik

In allen untersuchten europäischen Ländern laufen Frauen Gefahr, an den Rand gedrängt zu werden. Es scheint wichtig zu sein, beim Gender Mainstreaming auf entsprechende Funktionalisierungen zu achten.

In Spanien können, genau wie in Deutschland, Mädchen heute Vorzüge und Freiheiten genießen, die die Generation davor erkämpft hat. Aber selbst wenn junge Frauen heute glauben, sie hätten keine geschlechtsspezifischen Ausgrenzungen zu befürchten (»Wir haben doch schon Gleichberechtigung!«), werden sie möglicherweise mit zunehmendem Alter, dem Eintritt in die Erwerbstätigkeit und der Mutterschaft, soziale Benachteiligungen erleben.

Interessant ist die Beobachtung, dass über EU-Förderstrukturen durchaus Veränderungen angeregt und befördert werden (Spanien). Es bleibt die Frage: Wie wirksam erweist sich der immer noch lebendige Machismo, wenn die Gelder einmal ausbleiben?

Ein Blick auf das Europa der sozialen Umbrüche zeigt, dass diese gesellschaftlichen Krisen und Entwicklungen für Frauen durchaus Chancen bieten können (Spanien, Italien), aber keinesfalls müssen (Russland, Türkei).

Forderungen für ein mädchengerechtes Europa

■ **Monika Weber, Mechthild Wolff**

Zukunft Europa - Zukunft für Mädchen?! Ein Tagungsbericht

Zusammenfassung: Der folgende Bericht fasst Ergebnisse und Eindrücke von dem im Mai 2001 in Berlin stattgefundenen EU-Forum zusammen. Ein Fokus wird dabei auf die vielen Zwischentöne, aber auch die offenkundigen Formen sozialer Ausgrenzung von Mädchen und jungen Frauen gerichtet, die im Rahmen des Forums zur Sprache kamen. Aufgezeigt wird die Notwendigkeit, ein breites Bündnis zwischen Frauen- und Mädchenarbeit sowie Frauen- und Mädchenpolitik zu knüpfen, das einen umfassenden Blick für die Lebensbedingungen und -verhältnisse von Mädchen und Frauen in Europa entwickeln muss.

Europa wächst zusammen. Die damit verbundene politische, wirtschaftliche und mediale Globalisierung radikalisiert gesellschaftliche Umbruchprozesse in den einzelnen Ländern – und das gilt insbesondere für die Lebenschancen junger Frauen, die derzeit dem rasantesten Wandel unterliegen. Dank der Teilhabe an Bildung und Erwerbsarbeit, dank der Freiräume in der Lebensgestaltung, die Frauen sich in den vergangenen dreißig Jahren europaweit erkämpft haben, haben immer mehr junge Frauen heute die Möglichkeit, diesen Prozess der europäischen Einigung aktiv mitzugestalten, für sich zu nutzen und persönlich von dem Zuwachs an Mobilität und Erfahrung zu profitieren. Nur: Voraussetzung dafür sind eine gute Ausbildung, Sprachkenntnisse und die Bereitschaft und Fähigkeit zu Mobilität. Was aber ist mit den Mädchen und jungen Frauen, die aufgrund ihrer Herkunft, ihrer sozialen Lage, aufgrund von Armut, Gewalterfahrungen etc. in ihren Startchancen benachteiligt sind? Droht ihnen im zusammenwachsenden Europa langfristig die gesellschaftliche Ausgrenzung?

Ein europäischer Vergleich der Lebensverhältnisse gerade dieser oft unsichtbar bleibenden Gruppe benachteiligter Mädchen und junger Frauen stand im Mittelpunkt eines Europäischen Forums, das Anfang Mai von der Diakonischen Akademie Deutschland und der Fachgruppe »Mädchen und Frauen« der Internationalen Gesellschaft für erzieherische Hilfen (IGfH) veranstaltet wurde. Fast achtzig Teilnehmerinnen lernten von Expertinnen aus England, Italien, Spanien, der Türkei, Russland und Deutschland, unter welchen Bedingungen Mädchen und junge Frauen aufwachsen bzw. leben und welche Lücken die Politik- und Sozialsysteme gerade im Hinblick auf die Beachtung dieser Zielgruppe aufweisen. Die länderspezifischen Einführungen von Politikerinnen und Wissenschaftlerinnen wurden ergänzt durch die Vorstellung exemplarischer Projekte der Mädchenarbeit aus den einzelnen Ländern und ermöglichten einen Einblick in die konkrete Praxis der Hilfen für diese Zielgruppe. Welche Maßnahmen sind notwendig, damit alle Mädchen und Frauen vom Prozess der europäischen Einigung profitieren können und einzelne Mädchengruppen nicht erneut zu Verliererinnen des gesellschaftlichen Wandels werden? Diese Frage stand im Mittelpunkt der lebhaften und vielfältigen gemeinsamen Diskussionen zwischen Fachfrauen aus Praxis, Wissenschaft und Europapolitik.

Offenkundig war, dass in allen teilnehmenden Ländern Mädchen und junge Frauen von Phänomenen sozialer Ausgrenzung betroffen sind. Eine sozialpolitische Lobby sowohl auf nationaler wie auch auf europäischer Ebene – das trat ebenso deutlich zutage – bekommen sie allerdings in der Regel nur dann, wenn sie von mehrfachen Ausgrenzungen betroffen sind und wenn sie als extreme Problemgruppen auftauchen: als Straßenkinder, als Prostituierte oder als Verkaufsobjekte im Rahmen von Frauen- und Kinderhandel.

Die vielen Zwischentöne sozialer Ausgrenzung, die sich bereits in einem gesellschaftlichen Klima, in Rollenvorstellungen und -zuschreibungen ankündigen bzw. ausdrücken und sich dann in der Familie, im Kindergarten, in Schulen, Ausbildungsstätten und in der Berufswelt manifestieren, geraten allzu leicht aus dem Blickfeld. In den Wohlstandsländern sind die zentralen Problemlagen dabei keine gravierend anderen, wenngleich sie sich graduell von denen in Armutsregionen unterscheiden. So werden die Problemlagen benachteiligter Mädchen in den meisten Ländern ähnlich beschrieben: fehlende Arbeits- und Beschäftigungsoptionen, die Bedrohung und Betroffenheit durch (sexualisierte) Gewalt, die Alleinzuständigkeit für Haus- und Reproduktionsarbeit etc. kennzeichnen vielfach ihre Lebenssituation und schränken ihre Lebensperspektiven in erheblichem Maße ein. Übergreifend kann man festhalten, dass die wesentliche Ursache für diese Ausgrenzungsphänomene in Armutsverhältnissen zu suchen ist – durch die unterschiedlichen Länderberichte wurde erneut bestätigt, dass die Infantilisierung von Armut ein weibliches Gesicht hat.

Die Folgen von Armut wurden bei unserem Blick über die derzeitigen europäischen Grenzen hinaus noch offenkundiger. Insbesondere die Berichte aus der Türkei, Russland, aber auch Spanien zeigten eindrücklich, dass in Ländern, in denen sich erhebliche gesellschaftliche und wirtschaftliche Transformationsprozesse abzeichnen, gerade Mädchen und Frauen aus benachteiligten Familien wenig Chancen haben, von den neuen Freiheiten und Chancen zu profitieren. In ländlichen Regionen ist der Anteil der Mädchen und jungen Frauen am Analphabetismus erschreckend hoch. Fehlende Bildungschancen und Armut führen gerade in Russland dazu, dass zahlreiche Mädchen und Frauen der Prostitution nachgehen (müssen).

Ein weiterer Besorgnis erregender Beleg für das Ausmaß dieser – von vielen Referentinnen zutreffend so bezeichneten – 'weiblichen Versklavung' wurde von einer aus Weißrussland kommenden Teilnehmerin vorgetragen: dort sind Mädchen aus den kontaminierten Gebieten um Tschernobyl, die im Rahmen westlicher Hilfsprogramme Erholungswochen in Deutschland oder anderen westeuropäischen Ländern verbringen, zur leichten Beute für Menschenhändler geworden. Ihr Traum vom sorglosen Leben im Westen wird von Händlerringen mit freundlichen Scheinangeboten schamlos ausgenutzt. Die Degradierung von Mädchen und jungen Frauen zur Ware in einem sich neu sortierenden europäischen Markt gehört in allen Ländern und vor allem an den Ostgrenzen der EU zur Tagesordnung: Mit Mädchen und jungen Frauen aus den Armutsregionen machen männliche Menschenhändler in den Wohlstandsstaaten ein offenbar einträgliches Geschäft.

So ähnlich, wenn auch graduell unterschiedlich, sich die Lebensmöglichkeiten und Problemlagen von Frauen und Mädchen darstellen, so groß auch die Übereinstimmungen in den vorrangigen Themen der Frauenpolitik und Frauenarbeit. Europaweit geht es darum, wirksame Maßnahmen gegen Gewalt an Mädchen und Frauen zu treffen, jungen Frauen Möglichkeiten einer eigenständigen Existenzsicherung zu erschließen und stereotypen Weiblichkeitsvorstellungen entgegenzutreten. Die Zunahme von Schwangerschaften bei minderjährigen Frauen beschäftigt Sozialarbeiterinnen in der Bundesrepublik ebenso wie in England. Soziale Arbeit entwickelt europaweit ähnliche Ansätze und Fragestellungen im Hinblick auf die Konzipierung von Angeboten für spezielle Zielgruppen wie z.B. Drogenkonsumentinnen, ausländische Frauen etc. Parallelen taten sich auch dort auf, wo Kolleginnen diese Mädchen und Frauen beschrieben. Sie wurden nie nur als Opfer sozialer Ausgrenzung gesehen, sondern verwiesen wurde auch immer wieder auf die Überlebensstrategien und die Widerstandskraft der Mädchen und damit auf ihre Stärken im Umgang mit gesellschaftlichen und individuellen Benachteiligungen. Dass in diesem länderübergreifenden Konsens ein erhebliches frauenpolitisches Potenzial steckt, war für alle Teilnehmerinnen während des Forums spürbar.

Insbesondere die Länderberichte aus der Türkei und Russland machten deutlich, dass die soziale Absicherung von Mädchen und Frauen vielerorts erst am Anfang steht und gesetzliche Regelungen z.B. zur Verfolgung von Gewalt gegen Mädchen und Frauen bislang ausgeblieben sind. In diesen Ländern kommt den kleinen und innovativen Initiativen und NGOs eine wichtige Bedeutung zu, die Teil der grassroot-Bewegung sind oder diese initiieren und mühsam, aber stetig auf Lücken aufmerksam machen und Veränderungsprozesse in Gang setzen. Ein Grund mehr, sich diesen Projekten und Initiativen als Kooperationspartner anzubieten und sie zu unterstützen. Im Rahmen des Forums wurden einige Austausch- und Besuchsprojekte auf den Weg gebracht. Hier zeigt sich eben auch, dass die EU gerade in den südeuropäischen Ländern – und demnach auch im Zuge der anstehenden Osterweiterung – in der Lage ist, Impulse für den Aufbau einer frauengerechten Politik und sozialen Absicherung zu setzen und durch eine gezielte Projektförderung einer politischen und sozialen Arbeit mit und für Mädchen und junge Frauen zu weiterer Verbreitung zu verhelfen.

Der Blick über den 'Tellerrand' lässt erkennen, dass Deutschland über ein hochdifferenziertes System sozialer Arbeit und über viele sozialpolitische Errungenschaften verfügt, die in anderen, insbesondere ärmeren Regionen, so nicht vorhanden sind bzw. in anderen europäischen Regionen eine andere Form haben. Ebenso sichtbar wurden aber auch die 'Schattenseiten' eines solch ausdifferenzierten Wohlfahrtssystems: Je differenzierter das Sozialsystem desto stärker werden zum einen Notlagen auch auseinander dividiert. Während es in England eher zur Tagesordnung gehört, Benachteiligung durch 'Geschlecht', 'Ethnie' und 'Behinderungen' zusammen zu diskutieren und nach Wechselwirkungen zwischen diesen Benachteiligungsdimensionen zu fragen, verlaufen in Deutschland Fachdiskurse der Mädchen- und Frauenarbeit noch immer häufig getrennt nach Zuständigkeiten und Gesetzesgrundlagen, wie Jugendhilfe, Sozialhilfe, Behindertenhilfe. Zum anderen laufen Mädchen und junge Frauen in Wohlfahrtssystemen Gefahr, dass die gesellschaftspolitische Dimension aus dem Blick gerät, ihre Probleme individualisiert werden und sie zu Klientinnen degradiert werden, die ihrerseits einen Hilfebedarf nachweisen und einfordern müssen. Um einer solchen Vereinseitigung entgegenzutreten, braucht Mädchenarbeit als Pendant immer eine Mädchenpolitik, die sich einmischt und für die Rechte und die Chancengleichheit von Mädchen und Frauen aktiv eintritt.

Im Grad der Professionalisierung und Institutionalisierung von Mädchenarbeit zeigen sich europaweit erhebliche Unterschiede: In der Bundesrepublik Deutschland blickt die parteiliche Mädchenarbeit auf eine mittlerweile fast dreißigjährige Geschichte zurück. Pädagoginnen haben die Benachteiligung von Mädchen in allen gesellschaftlichen Bereichen aufgedeckt und Ansätze für eine mädchengerechte Praxis entwickelt. Das Gesetz schreibt inzwischen vor, die unterschiedlichen Lebenswelten von Mädchen und Jungen zu berücksichtigen und geschlechtsspezifische Benachteiligungen abzubauen. Zudem haben sich in den vergangenen Jahren Fachfrauen und Projekte der Arbeit mit Mädchen und jungen Frauen kommunal, landesweit und bundesweit vernetzt.

Aus den anderen Ländern, die am Forum teilnahmen, wurde im Hinblick auf die Institutionalisierung von Mädchenarbeit berichtet, dass sie nicht immer gleichermaßen differenziert entwickelt ist. Sie bewegt sich – auch in der Bundesrepublik – immer im Grenzbereich von Frauenorganisationen bzw. -politik und Kinder-/Jugendhilfe, wobei die Schnittmenge zwischen Frauenarbeit und -politik und Jugendhilfe insgesamt klein zu sein scheint. Mit dem Austausch zwischen Jugendpolitikerinnen, Mädchenpädagoginnen, Frauen- und Europapolitikerinnen hat das Forum einen Beitrag geleistet, hier Grenzen zu überwinden und in einen konstruktiven Dialog einzutreten.

»Das Private ist politisch!« – dieses Motto verbindet bis heute engagierte Frauen in allen europäischen Ländern. Fachkräfte, die in der Mädchenbildung, in den Erziehungshilfen, im Gesundheitsbereich u.a. mit dieser bzw. für diese Zielgruppe arbeiten, sind auf unterschiedlichen Ebenen politisch aktiv und sie müssen es sein. Um die besonderen Lebens- und Problemlagen von Mädchen sichtbar zu machen und um für die Gewährung von Leistungen in den sozialen Systemen einzutreten, ist nicht nur in Deutschland ein langer Atem Voraussetzung. Es gilt sich einzumischen und Mädchenthemen mit Nachdruck auf die politische Agenda zu setzen: auf regionaler Ebene in Arbeitsgemeinschaften, in Ausschüssen, in Parteien, in Fachverbänden, in Wohlfahrtsverbänden, in Bildungsinstitutionen usw.

Mit dem im Amsterdamer Vertrag für alle Mitgliedsstaaten verpflichtend gemachten Prinzip des Gender Mainstreaming sind die Voraussetzungen gegeben, dass Mädchenarbeit nicht lediglich ein Arbeitsfeld unter anderen bleibt, sondern Mädchenbelange tatsächlich in allen Politikfeldern als Querschnittsaufgabe Berücksichtigung findet. Trotz vieler Beispiele für weitreichende positive Entwicklungen, von denen die Teilnehmerinnen berichten konnten, treten jedoch auch die Gefahren deutlich zutage: Galt die Berücksichtigung der Geschlechterfrage als übergreifende Kategorie als eine wesentliche Forderung, so zeigt sich aktuell, dass dieses Prinzip mit dem Hinweis, man müsse ja sowohl Männer als auch Frauen berücksichtigen, auch als Begründung für Kürzungen von europäisch geförderten Projekten im Bereich der Mädchenarbeit missbraucht wird. Die Teilnehmerinnen betonten deshalb erneut, dass die Intention des Gender Mainstreamings ist, frauenpolitischen Forderungen zu einer größeren Breitenwirkung zu verhelfen und sie aus dem Nischendasein zu befreien, und Gender Mainstreaming somit eine Ergänzung – und keinesfalls ein Ersatz! – der bestehenden frauenpolitischen Instrumentarien ist.

Das Forum endete mit einem Appell an die europäische Politik: Die Teilnehmerinnen forderten,

- Mädchen auf nationaler Ebene wie auch in der Europapolitik gezielt als eigenständige Zielgruppe in den Blick zu nehmen;
- die Berücksichtigung von Mädcheninteressen national und europaweit strukturell abzusichern (z.B. durch EU-Mädchenbeauftragte und Koordinationsstellen zur Mädchenarbeit);

- die europäischen Vernetzung von Mädchenarbeit und Mädchenpolitik ebenso wie die stärkere Kooperation zwischen Mädchenarbeit, sozialer Arbeit, Jugendpolitik und Frauenpolitik weiter zu befördern;
- das Prinzip des Gender Mainstreaming auch im Rahmen von Jugendpolitik, Jugendarbeit/-hilfe und Jugendforschung auf europäischer wie nationaler Ebene zügig umzusetzen und z.B. sicherzustellen, dass die Hälfte der zur Verfügung gestellten Fördermittel Frauen und Mädchen zu Gute kommt, um so Mädchenarbeit als infrastrukturellen Bestandteil sozialer Arbeit zu sichern;
- die politischen Voraussetzungen für eine eigenständige Existenzsicherung von Mädchen und Frauen zu schaffen ebenso wie wirksame Maßnahmen gegen Gewalt an Frauen und Mädchen und Frauenhandel zu ergreifen, die den Opfern Solidarität und staatlichen Beistand garantieren und gleichzeitig die Taten und die Täter konsequent verfolgen und sanktionieren.

Das EU-Forum war ein wichtiger Meilenstein, um aktive Frauen miteinander ins Gespräch zu bringen und ein Gespür für dieses Europa zu bekommen. Im Kontakt und Austausch mit anderen konnten die Teilnehmerinnen Handlungsansätze und Denkweisen kennen lernen, die uns verbinden, aber auch, wo sie sich unterscheiden. Wir mussten erfahren, dass wir in Europa noch einen langen Weg vor uns haben, um Mädchenarbeit als Querschnittsaufgabe, aber auch als eigenständigen Politikbereich zu etablieren. Es bedarf noch vieler europäischer Foren, um Daten und Erfahrungen aus der Mädchenarbeit zusammen zu tragen und auszuwerten. Die Forderung nach einer europäischen vernetzten Mädchenarbeit und Mädchenforschung, die es sich zur Aufgabe macht, Praxisentwicklungen aus den Bereichen Sozialer Arbeit, Gesundheit, Bildung etc. zu dokumentieren und der Politik Handlungsbedarfe aufzuzeigen, ist eine Zukunftsvision, für die es sich lohnt, sich stark zu machen.

Forderungen an die nationale und europäische Politik

Zusammenfassung: Der Forderungskatalog bündelt die Arbeitsgruppenergebnisse, die im Rahmen des EU-Forums zusammengetragen wurden. In den Arbeitsgruppen, an denen ca. neunzig Frauen teilnahmen, wurden folgende Themenbereiche diskutiert: Vereinbarkeit Beruf und Familie, Gewalt, Politik und Soziale Arbeit. Die Ergebnisse wurden von den AG-Moderatorinnen zusammengefasst.

A. Vereinbarkeit Beruf und Familie

Zusammengestellt von: Rita Bünemann de Falcón, Christiane Kluge

Forderungen an die Politik:

- Teilzeit für alle als Prinzip für Vollbeschäftigung und erhöhter Lebensqualität (s. Holland).
- Höhere Bezahlung von Mutterschaftsurlaub (vgl. Beispiel Spanien) monatlich: 500 EUR.
- Ganztagsschulen bzw. ganztägige Kinderbetreuung (wahlweise) als gesellschaftliche Verpflichtung – auch für die unter 3-jährigen Kinder.
- Modell zur besseren Umverteilung von Hausarbeit, d.h. stärkere Einbeziehung der Männer in die Sorge- und Pflegearbeiten – auch in die ehrenamtliche Arbeit von Familienangehörigen.
- Berufsorientierung (geschlechtsspezifisch in geschlechtshomogenen Gruppen) in den Schulen ab der 5., 6. und 7. Klasse, d.h. z.B. Praktika und Hospitationen integriert in die Unterrichtsstunden/-fächer.
- Jungen auf die Haus- und Sorgearbeiten vorbereiten
- Elternschulen einrichten
- Ausbildungschancen für Mädchen verbessern, z.B. über Quotierung der Ausbildungsplätze nach Geschlecht und Minoritätengruppen.
- Ausbildungsmodule in allen Berufszweigen mit Abschlussmöglichkeiten durchsetzen (besonders für junge Mütter), die eine täglich und wöchentlich reduzierte Ausbildungszeit benötigen.
- Zusammenarbeit mit der Wirtschaft, um die Quotierung der Ausbildungsstellen umzusetzen.
- Mit Wirtschaftsunernehmen familienfreundliche Modelle der Flexibilisierung von Arbeitszeit und Arbeitsorganisation entwickeln und verhandeln.

- Höherbewertung und bessere Bezahlung von Frauenberufen wie der Sozial- und Pflegeberufe.

Forderungen an die Pädagogik/LehrerInnen/Sozialarbeit:

- Bild und Rolle von Mutterschaft vor dem jeweiligen kulturellen Hintergrund diskutieren.
- Mädchen für die neuen technischen Berufe informieren und motivieren.
- Berufsfindung durch 'Töchtertage' befördern.
- Berufsorientierung (geschlechtsspezifisch in geschlechtshomogenen Gruppen) in den Schulen ab der 5., 6. und 7, Klasse.
- Jungen auf die Haus- und Sorgearbeiten vorbereiten
- Elternschulen (zur Vorbereitung auf die Übernahme von Elternverantwortung beider Geschlechter) einrichten.
- Gender Mainstreaming in den Organisationen der Sozialarbeit/Jugendhilfe implementieren.
- Netzwerke verstärken, z.B. durch die Einrichtung einer Servicestelle für die BAG-Mädchenpolitik, um z.B. eine Datenbank über die unterschiedliche Gesetzgebung in den europäischen Ländern einzurichten; um Namen, Adressen und Zielsetzungen der vorhandenen Netzwerke in der Datenbank einzuspeisen und Lobbyarbeit machen zu können – auch durch weiterführende Tagungen wie das EU-Forum.

B. Gewalt

Zusammengestellt von: Luise Hartwig und Martina Kriener

Zur Wahrnehmung von Gewalt:

Gewalt gegen Mädchen und Frauen wird in allen Ländern marginalisiert (Beispiel Spanien: die Entrüstung über ETA-Anschläge, während Frauenmord in der Familie unbeachtet bleibt).

- Forderung nach stärkerer Öffentlichkeitsarbeit und Aufklärung (die in den einzelnen Ländern unterschiedlich ausgeprägt ist).
- Differenzierung von Gewalt: sexuelle, häusliche, politische, staatliche oder ökologische Gewalt (Beispiel für ökologische Gewalt: Mädchen und Frauen in den kontaminierten Gebieten um Tschernobyl; Ausgrenzung von Frauen, die kranke Kinder bekommen; überwiegend werden Frauen als Kindergärtnerinnen und Lehrerinnen dienstverpflichtet; Mädchen und junge Frauen,

die wie alle aus der Region weg wollen und oftmals im Rahmen von Erholungsmaßnahmen westliche EU-Länder kennen gelernt haben, fallen hier besonders leicht den Menschenhändlern zum Opfer).

- Kampagnen zur Ächtung von Männergewalt (Beispiel Prostitution: die Frauen werden geächtet, die Freier bleiben unbehelligt – im Gegensatz zu den Gesetzen in Schweden).

Zu den Angeboten und Programmen bezüglich Gewalt:

- Hilfsangebote für Mädchen und Frauen als Opfer von Gewalt müssen immer gleichzeitig psychologisch und sozioökonomisch ausgerichtet sein.
- Ausbau von Angeboten für Jungen als Opfer von Gewalt und Täterarbeit zur Vermeidung von Gewaltkreisläufen.
- Forderung nach einer stärkeren interinstitutionellen Kooperation zur Gewaltprävention in allen Ländern.

Zu Strategien auf europäischer Ebene:

- Solidarität und Kooperation zwischen Ost und West, auch über die EU hinaus, Informations- und Wissenstransfer, Abstimmung von Strategien (Beispiel Menschenhandel, Zwangsprostitution, Zwangsverheiratung).
- Aufenthaltsrecht für Gewaltopfer und vom Menschenhandel betroffene Mädchen und Frauen (auch für Minderjährige) in allen Ländern.
- Lobby für »Daphne« als EU-Programm gegen Gewalt an Mädchen und Frauen, bessere und »niedrigschwellige« Nutzungsmöglichkeiten (z.B. bei Bedarf Übernahme des Länderanteils durch den Europäischen Strukturfonds).
- EU-Förderung der Vernetzung von NGOs auf europäischer Ebene, die mit benachteiligten Mädchen und jungen Frauen arbeiten (dies auch für Projekte im Bereich Menschenhandel und Migration).

C. Politik

Zusammengestellt von: Hannelore Häbel und Mechthild Wolff

Zur Ausgangslage:

- Mädchenpolitik gibt es weder auf nationaler noch auf europäischer Ebene als eigenständigen Politikbereich – vergleichbar z.B. der Arbeitsmarktpolitik, der Bildungspolitik, der Gesundheitspolitik.

- Mädchenpolitik gibt es auch nicht als regulären Bestandteil parteipolitischer Aushandlungsprozesse im Rahmen etablierter Politikbereiche wie Jugendpolitik, Familienpolitik, Bildungs- oder Gesundheitspolitik.
- Mädchenpolitik muss bisher verstanden werden als Basis- und Netzwerkarbeit engagierter Frauen, die Interessen von Mädchen und jungen Frauen in den dafür in Frage kommenden Politikbereichen sichtbar zu machen (eher gemeinwesenorientierter und fachpolitischer Aktionsradius).

Forderungen:

- Mädchenpolitik muss Querschnittsaufgabe sein (d.h. präsent sein z.B. in der Jugend-, Gesundheits- und Beschäftigungspolitik). Querschnittsaufgabe bedeutet aber nicht Verzicht auf die Etablierung eines selbstständigen, mit eigenen Strukturen ausgestatteten Politikbereichs »Mädchenpolitik«. Einem selbstständigen Bereich »Mädchenpolitik« kommt die Aufgabe zu, die Interessen von Mädchen in andere Politikbereiche hineinzutragen und deren Realisierung dort zu kontrollieren.
- Damit umfasst Mädchenpolitik nicht nur fachpolitische Aktivitäten, sondern macht parteipolitische Lobbyarbeit notwendig mit allen Konsequenzen.
- Mädchenpolitik ist trotz Gender Mainstreaming notwendig, um die Parteilichkeit für Mädcheninteressen sicherzustellen.
- Mädchenpolitik muss Bestandteil von Frauenpolitik sein. Frauen können in Bezug auf die Definition von Inhalten und Strategien jedoch nur unterstützend wirken. Mädchen entwickeln ihr eigenes Profil, das gegenwärtig nicht unbedingt an feministischen Inhalten orientiert ist. Es müssen Methoden entwickelt werden, der Gefahr des Verlusts feministischer Inhalte zu begegnen.
- Keine Mädchenpolitik ohne Partizipation der Mädchen.

Gemeinsame Ziele einer »Europäischen Mädchenpolitik«:

- Schutz der Mädchen vor Gewalt.
- Förderung der Chancengleichheit von Mädchen im Beruf (bisher i.d.R. keine der qualitativ guten Ausbildung entsprechende Beschäftigung am Arbeitsmarkt).
- Verankerung eines breiten Bildungsauftrages zu geschlechtsspezifischen Themen z.B. in Kindergarten, Schule, Freizeit.
- Forschung zu Mädchenthemen.
- Verpflichtung zu differenzierten, die Mädcheninteressen berücksichtigenden Statistiken.
- Schaffung nationaler Koordinierungsstellen, die die mädchenpolitischen Querschnittsaufgaben wahrnehmen bzw. deren Realisierung überprüfen,

Know-how zu mädchenpolitischen Strategien weitergeben und den Kontakt zur EU halten.

Forderung an die EU:

Erlass eines gesonderten Dekrets zur Mädchenpolitik, das o.g. Ziele enthält.

D. Soziale Arbeit

Zusammengestellt von: Claudia Daigler und Monika Weber

1. Strukturen und Netzwerkarbeit

- Strukturelle Verankerung von Mädcheninteressen in (der Verwaltung) der EU. Mädchen sind bislang noch wenig in den Programmen der EU mitgedacht und thematisiert (außer in Verbindung mit Gewalt). Die Einsetzung einer Mädchenkommissarin und/oder einer Mädchenkommission sowie spezifische Programme/Fonds für Mädchenarbeit und der Aufbau von europäischen Netzwerken der Mädchenarbeit werden benötigt, damit Mädchenbelange systematisch aufgegriffen und bearbeitet werden.

- Transfer von Erfahrungen der Mitarbeiterinnen der Jugendhilfe in die Europa-Politik – BAG Mädchenpolitik als Schnittstelle.
  Zumindest in Deutschland bestehen auf Landes- und Bundesebene mädchenpolitische Netzwerke im Rahmen des breiten Spektrums der Jugendhilfe (offene und verbandliche Arbeit, Erziehungshilfen, Jugendsozialarbeit). Die Bundesarbeitsarbeitsgemeinschaft Mädchenpolitik, die im November 1999 in Dresden gegründet wurde und als breiteste Vertretung der Mädchenarbeit in Deutschland zu verstehen ist, sollte sowohl von den Europapolitikerinnen (Frauenkommission) als auch vom Netzwerk junger Frauen deutlicher zur Mitgestaltung und Bedarfsbestimmung einbezogen werden bzw. sich selbst gestaltend mit einbringen.

- Orte schaffen für inhaltliche Dialoge zwischen Jugendhilfe, »der jungen Generation« und der Frauenverbandsarbeit.
  Diese Formen von Netzwerken bestehen landesintern noch nicht bzw. wenig. Ihr Aufbau und ihre »Pflege« sind finanziell zu unterstützen um eine tragfähige »europäische Mädchenpolitik« in Deutschland zu entwickeln. Zu berücksichtigen sind hierfür u.a. auch die Vertreterinnen einer mädchengerechten Behindertenarbeit und interkulturellen Arbeit.

- Informationsbedarf – Wie geht Europapolitik/-förderung?
  Europäische Jugendpolitik mitgestalten und Inhalte aus den Praxiserfahrungen heraus zuarbeiten braucht ein Wissen über Einmischungskanäle (wer ist Ansprechpartnerin für ... etc.) und Möglichkeiten der Zusammenarbeit. Hierfür braucht es u.a. eine Informationstagung, denn »Europa« ist kompliziert und unübersichtlich. Die richtigen Adressen zu wissen bzw. die AnsprechpartnerIn gar zu kennen sehr hilfreich.

- Aufbau einer Informationsbörse
  Für die praktische Arbeit und Teilnahme an EU-Programmen ist eine Zusammenstellung und ständige Aktualisierung von möglichen Partnerinnenprojekten in europäischen Ländern ausgesprochen hilfreich. Dies könnte als Projektarbeit finanziert und bei einer Vertretung angegliedert werden (z.B. BAG).

2. Inhalte und Bedarfe für Kongresse/Tagungen

- Sozialsysteme/Sozialgesetze und Anknüpfstellen für die Arbeit mit Mädchen:
  Vertiefungsbedarf besteht bezüglich der Struktur bzw. der Thematisierung von Mädchenbelangen in der Struktur von Jugendhilfe in den einzelnen Ländern, insbesondere in Spanien und Italien.
  Wie sieht Mädchenarbeit in den einzelnen Ländern aus? Wer trägt sie? Wie ist das Verhältnis von sozialer Arbeit und feministischer Arbeit? Welche Erfolge sind zu verzeichnen? Welche Erfahrungen gibt es mit Empowerment, Beteiligung von Mädchen bei der Ausgestaltung von Angeboten sozialer Arbeit etc. in den einzelnen Ländern? Warum und wie werden Mädchen in den jeweiligen Systemen auffällig bzw. erfasst? Wo werden Bedarfe gesehen? Wie können Sozialrechtsfragen bzw. -veränderungen mitgestaltet werden?

- Kommerzielle sexuelle Ausbeutung von Mädchen – Mädchenhandel – verdeckte Mädchenprostitution:
  Dies war eine Thematik, die die Teilnehmerinnen des Forums ob ihres Ausmaßes und ihrer Selbstverständlichkeit besonders betroffen machte. Wie sieht die Situation in Deutschland aus? Welche Projekte arbeiten in Deutschland dazu? Wo liegen die Ursachen? Was sind länderübergreifende Strategien dagegen?

- Lebenssituation von lesbischen und bisexuellen Mädchen in den einzelnen Ländern Europas:
  Tagung zum Austausch über Lebenssituation und Angebotsbedarfe.
  Diese Tagungen bedürfen jeweils eine entsprechenden finanziellen Unterstützung durch Bund und Europa-Gelder.

3. Anforderungen an die Erstellung von Statistiken bzw. Erhebungen

Statistiken müssen deutlicher daraufhin überprüft werden, wo sie Ausblendungen ausweisen bzw. begünstigen und Geschlechterunterschiede sowie Aspekte von Geschlechterverhältnissen nicht aufzeigen.

4. Forschungen zu Mädchenhandel und weiteren verdeckten Aspekten von Ausgrenzungsprozessen

Verstärkte Forschung zu Mädchenhandel in Europa auf dem Hintergrund von Umbrüchen in Geschlechterverhältnissen und Verarmungsprozessen insbesondere in Ost-Europa.

Die Autorinnen

Rita Bünemann de Falcón,
Jugendaufbauwerk Berlin

Claudia Daigler,
Tübinger Institut für frauenpolitische Sozialforschung

Zerrin Güler-März,
freiberufliche Soziologin, Senden

Irina Grushevaya, Dr.,
Belarus

Hannelore Häbel, Prof.,
Ev. Fachhochschule für Sozialwesen Reutlingen, Tübingen

Luise Hartwig, Prof. Dr.,
Staatliche Fachhochschule Münster

Natalia Khodyreva, Dr.,
Universität St. Petersburg, Psychologisches Institut, St. Petersburg

Christiane Kluge,
Landesbetrieb für Erziehung und Berufsbildung, Hamburg

Martina Kriener,
Kinder haben Rechte e.V., Münster

Eva Kultus,
Projekt Papatya, Berlin

Miriam Merino Martinez,
Projekt Opañel, Madrid

Angelica Monaco,
Projekt L'impresa di essere donna, Bologna

Ria Puhl,
Sozialmagazin, Frankfurt am Main

Patsy Sörensen,
Europaparlament, Brüssel

Daphne Statham, Prof.,
National Institute for Social Work, London

Sara Swann,
Projekt SAL, Bardardos, Ilford

Maria Ludovica Tranquilli-Leali, Dr.,
European Women's Lobby, Rom

Galina Volkova,
Projekt Malookhtinskii Dom Trudolubiya, St. Petersburg

Astrid Wabra,
Mädchenzentrum Erfurt

Monika Weber, Dr.,
Internationales Zentrum für Frauengesundheit, Bad Salzuflen

Mechthild Wolff, Dr.,
Diakonische Akademie Deutschland, Berlin

Gender Mainstreaming
in der Kinder- und Jugendhilfe

Band 1

Ruth Enggruber

Gender Mainstreaming und Jugendsozialarbeit

Gender Mainstreaming ist eine neue auf europäischer Ebene verbindliche politische Strategie der Gleichstellungsförderung, um das Ziel der Chancengleichheit von Frauen und Männern zu erreichen. Erst wenn Frauen und Männer die gleichen Start- und Rahmenbedingungen haben, haben sie die gleichen Chancen. Eine geschlechtersensible Perspektive wird in alle Aktivitäten und Maßnahmen integriert und alle Vorhaben werden auf ihre geschlechtsspezifischen Wirkungen hin überprüft. Für die Handlungsfelder der Sozialen Arbeit bedeutet dies, dass in den jeweiligen Arbeitsfeldern wie -methoden die neue Perspektive der Geschlechterfrage zu einem selbstverständlichen Handlungs- und Entscheidungsmuster werden muss.
Dieser Band führt in das Thema Gender Mainstreaming ein, skizziert die Ausgangssituation in der Jugendsozialarbeit und entwickelt Handlungsstrategien zur Gleichstellung der Geschlechter in der Praxis der Jugendsozialarbeit. Dazu gehören u.a. Qualitätsleitfäden und Skizzen zu einer geschlechterreflexiven Didaktik und Curriculumentwicklung.
Expertise, erarbeitet im Auftrag des Bundesministeriums für Familie, Senioren, Frauen und Jugend in Zusammenarbeit mit der Fachhochschule Düsseldorf, Fachbereich Sozialpädagogik.

2001, 158 S., 10 EUR, ISBN 3-935984-10-3, Best.-Nr. 310

In Vorbereitung sind:
Band 2
Irina Bohn: Gender Mainstreaming und Jugendhilfeplanung
2002, ISBN 3-935984-15-4, Best.-Nr. 315

Band 3
Ursula Rabe-Kleeberg: Gender Mainstreaming und Kindertagesbetreuung
2002, ISBN 3-935894-16-2, Best.-Nr. 316

Band 4
Lotte Rose: Gender Mainstreaming und Offene Kinder- und Jugendarbeit
2002, ISBN 3-935894-17-0, Best.-Nr. 317

Band 5
N.N.: Gender Mainstreaming und Erziehungshilfen
2002, ISBN 3-935894-18-9, Best.-Nr. 318

Reinhold Schone, Sabine Wagenblass

Wenn Eltern psychisch krank sind ...

Kindliche Lebenswelten und institutionelle Handlungsmuster

Die Lebenswelten und spezifischen Problemlagen von Kindern psychisch kranker Eltern sind bislang kein zentraler Gegenstand sozialpädagogischer Forschung. Die Jugendhilfe kommt meist erst dann mit den betroffenen Kindern in Kontakt, wenn zum einen die Kinder selbst Verhaltensauffälligkeiten zeigen oder wenn es zum anderen um die Frage geht, ob sie bei den Eltern bleiben können oder eine Fremdunterbringung notwendig wird. Viele solcher krisenhaften Situationen könnten vermieden werden, wenn den Kindern und Familien vorher Hilfen durch Erwachsenenpsychiatrie oder Jugendhilfe angeboten würden. Das Buch dokumentiert Ergebnisse des vom Institut für soziale Arbeit e.V. in Münster in Kooperation mit der Fachhochschule Dortmund durchgeführten Praxisforschungs- und Praxisentwicklungsprojektes »Kinder und Eltern zwischen Psychiatrie und Jugendhilfe – Analyse der Lebenssituation von Kindern psychisch kranker Eltern und Anforderung an sozialpädagogisches Handeln«. Es leistet einen Beitrag zur Sensibilisierung für die kindlichen Lebenswelten und analysiert die bestehenden Kooperationsformen von Erwachsenenpsychiatrie und Jugendhilfe, um darauf aufbauend Vorschläge für angemessene Hilfs- und Unterstützungsangebote entwickeln zu können.

2002, ca. 280 S., ca. 20 EUR, ISBN 3-935984-27-8, Best.-Nr. 308

Renate Militzer, Ragnhild Fuchs,
Helga Demandewitz, Monika Houf

Der Vielfalt Raum geben

Interkulturelle Erziehung in Tagseinrichtungen für Kinder

Das Buch zeigt, wie unterschiedliche Aspekte interkultureller Erziehung in Verbindung mit elementarpädagogischen Überlegungen zu einem tragfähigen Fundament für die Arbeit Kindertageseinrichtungen werden. Mit der Erweiterung des situationsbezogenen Ansatzes um eine interkulturelle Dimension liegt den Tageseinrichtungen für Kinder damit eine Rahmenkonzeption vor, die interkulturelle Erziehung als pädagogisches Prinzip versteht, das sich in allen Bereichen der Arbeit mit Kindern und Eltern widerspiegelt und alle in der Tageseinrichtung einbezieht.
Ein zentraler Leitgedanke dieser Rahmenkonzeption ist, »Kinder dort abzuholen, wie sie stehen«, um ihnen eine an ihren Kompetenzen orientierte Förderung und Unterstützung zuteil werden zu lassen.
Herausgegeben vom Sozialpädagogischen Institut NRW – Landesinstitut für Kinder, Jugend und Familie.

2002, 320 S., 15 EUR, ISBN 3-933158-80-X, Best.-Nr. 280